FÜR ANTJE JOHANNA

INHALT

Heiß mich nicht reden, heiß mich schweigen,
Denn mein Geheimnis ist mir Pflicht;
Ich möchte dir mein ganzes Innre zeigen,
Allein das Schicksal will es nicht.

Zur rechten Zeit vertreibt der Sonne Lauf
Die finstre Nacht, und sie muß sich erhellen;
Der harte Fels schließt seinen Busen auf,
Mißgönnt der Erde nicht die tiefverborgnen Quellen.

Ein jeder sucht im Arm des Freundes Ruh,
Dort kann die Brust in Klagen sich ergießen;
Allein ein Schwur drückt mir die Lippen zu,
Und nur ein Gott vermag sie aufzuschließen.

Mignon, WILHELM MEISTERS LEHRJAHRE V, 16

Den anscheinenden Geringfügigkeiten des ‚Wilhelm Meister' liegt immer etwas Höheres zum Grunde, und es kommt bloß darauf an, daß man Augen, Weltkenntnis und Übersicht genug besitze, um im Kleinen das Größere wahrzunehmen. Andern mag das gezeichnete Leben als Leben genügen.

GOETHES GESPRÄCHE MIT ECKERMANN, 25. Dezember 1825

Prolog: Biographie und Staatsgeheimnis

Die Biographie von Johann Wolfgang v. Goethe (1749–1832), einem der bedeutendsten Dichter des Abendlandes, ist mit einem Geheimnis belastet, sein Werk mit dem Schleier einer unglaublichen Täuschung verhüllt. Es ist kein Geheimnis, dessen Geheimhaltung ewig währen sollte, denn zu seiner Aufdeckung wurden mannigfaltige Fährten gelegt. Ohne die Kenntnis dieses Geheimnisses ist ein wesentlicher Teil von Goethes Werk nicht richtig interpretierbar, seine Größe als Mensch und Dichter nur erahnbar. In TORQUATO TASSO (1780–1789) dichtet Goethe angesichts der Entdeckung von Tassos Geheimnis über die wahre Identität der von ihm geliebten Frau (Vers 3290 ff.):

> Wenn ganz was Unerwartetes begegnet,
> Wenn unser Blick was Ungeheures sieht,
> Steht unser Geist auf eine Weile still,
> Wir haben nichts, womit wir das vergleichen.

Wer sich mit dem „gezeichneten Leben" in WILHELM MEISTER nicht zufrieden geben und die autobiographischen Bezüge erkennen will, muss nach Goethe „Augen, Weltkenntnis und Übersicht genug" haben. Dies führt zu den Jahren 1775 bis 1786, Goethes erstem Weimarer Jahrzehnt. Goethe sagte im Alter vielbedeutend: „Die wahre Geschichte der ersten zehn Jahre meines Weimarischen Lebens könnte ich nur im Gewande der Fabel oder eines Mährchens darstellen; als wirkliche Thatsache würde die Welt es nimmermehr glauben. … Ich würde Vielen weh, vielleicht nur Wenigen wohl, mir selbst niemals Genüge thun … was ich geworden und geleistet, mag die Welt wissen; wie es im Einzelnen zugegangen, bleibe mein eigenstes Geheimnis."[1] Goethe, der Dichter der FAUST-Tragödie, konnte keine einfache Mitteilung über die wahren Zusammenhänge dieses Zeitraums abfassen, da er für weniger bedeutende Ereignisse bereits großartige Werke gedichtet hatte. Genügen konnte ihm nur, wenn er sein Geheimnis seinem dichterischen Gesamtwerk anvertraute: „Dir, Hexameter, dir, Pentameter, sei es vertrauet", wie er in seinen RÖMISCHEN ELEGIEN (1788–1790) dichtete. Es gab handfeste Gründe, weshalb Goethe über wesentliche Aspekte seines Lebens von 1775 bis 1786 „nur im Gewande der Fabel oder eines Mährchens" berichten konnte.

Goethes Autobiographie DICHTUNG UND WAHRHEIT (ab 1811) endet mit dem Aufbruch nach Weimar im 26. Lebensjahr. Einzelne autobiographische

Werke, etwa die ITALIENISCHE REISE (ab 1813), geben jeweils nur einen Ausschnitt aus Goethes Leben wieder. Den Lebensgang des Dichters und Staatsmannes doch ganz mitzuteilen, diente vor allem der aus zwei Teilen bestehende Roman WILHELM MEISTER, allerdings nicht wie in DICHTUNG UND WAHRHEIT als unmittelbare biographische Darstellung. Nur an zwei Werken hat Goethe fast sein ganzes Leben lang geschrieben, an FAUST (ca. 1772–1831) und an WILHELM MEISTER (1777–1829). In WILHELM MEISTER stellt Goethe seinen Werdegang verschlüsselt dar, wenn man jedoch mit „Augen, Weltkenntnis und Übersicht" sucht, kann nach Aussage des Dichters seine „wahre Geschichte" erkannt werden.

Bei einem historischen Sachverhalt obliegt es jedem an der Wahrheit Interessierten zu beurteilen, ob die vorgelegten, auf nachprüfbaren Tatsachen basierenden Beweise ihn überzeugen, weil, wie bei Gericht, „ein nach der Lebenserfahrung ausreichendes Maß an Sicherheit, demgegenüber vernünftige Zweifel nicht mehr aufkommen", angenommen werden kann.[2] Die bisherige Darstellung von Goethes Leben im ersten Weimarer Jahrzehnt überzeugt in einem wesentlichen Punkt nicht: seine angebliche Liebe zu Charlotte Albine Ernestine[3] v. Stein, geborene v. Schardt (1742–1827). Die Liebesbeziehung zu ihr soll kurz nach Goethes Ankunft in Weimar (November 1775) begonnen und bis ins Jahr 1789 bestanden haben. Seitdem 1848 Goethes Briefe an „Frau v. Stein" veröffentlicht wurden, ist diese Liebesbeziehung Gegenstand heftiger Auseinandersetzungen, die sich zwischen „Nichtswürdigkeit" der Frau v. Stein und „schönste Schöpfung" Goethes, zwischen „Erbärmlichkeit" und „ideelles Bild" bewegen, in den Worten des Dichters Friedrich Martin v. Bodenstedt (1819–1892): „Gesegnet sei der hohe Bund,/Der so viel herrliches gebar".[4] Was den Verbleib der Briefe von „Frau v. Stein" anbelangt, wird aufgrund der Interpretation von drei Briefen Goethes (1786), in denen es etwa heißt (8. Dezember): „Die Kasten auf dem Archive gehören dein, liebst du mich noch ein wenig; so eröffne sie nicht eher als biß du Nachricht von meinem Todte hast, so lang ich lebe laß mir die Hoffnung sie in deiner Gegenwart zu eröffnen", angenommen, dass sie diese zurückgefordert und vernichtet hat.[5]

Noch heute sind Versuche, das angebliche Liebesverhältnis zu charakterisieren, ein Zeugnis dafür, dass die Liebesgeschichte sich nicht reimen will: Von „eigenartiges Verhältnis",[6] „eine der mysteriösesten Liebesgeschichten der Weltliteratur", „dieses Luftgespinst einer Beziehung"[7] oder von „eine der widersprüchlichsten Erscheinungen der deutschen Literaturgeschichte"[8] ist etwa die Rede. Ein neuerlicher Versuch, das Verhältnis der beiden darzustellen, gelangt am Ende zu der traurigen Erkenntnis: „… man kann sich nicht des Eindrucks erwehren, daß das Schreiben ihn [Goethe] am

Ende glücklicher gemacht hat", als Frau v. Stein wirklich zu sehen.[9] Bedeutende Teile von Goethes Dichtung wären damit aus einem künstlich herbeigeführten, krankhaften seelischen Zustand heraus entstanden. Der Dichter bedarf jedoch höchster sittlicher Integrität, um Ideale, nach denen der Mensch streben soll, aufzuzeigen. Goethe wäre demnach für die ganz seltene Gabe der Dichtkunst ein Unwürdiger gewesen, für „das, was die Natur allein verleiht,/Was jeglicher Bemühung, jedem Streben/Stets unerreichbar bleibt, was weder Gold,/Noch Schwert, noch Klugheit, noch Beharrlichkeit/Erzwingen kann" (TASSO, Vers 2324 ff.).

Schon zu Lebzeiten des Dichters wusste man „mit diesem seltsamen Verhältnis Goethes zur Gattin des Oberstallmeisters nichts anzufangen".[10] Henriette v. Egloffstein (1773–1864) fasste etwa ein Jahr nach dem Tod der Frau v. Stein die Ansicht derer, die mit den Stadtgesprächen über die vermeintlich Liebenden vertraut waren, wie folgt zusammen: „Der Charakter dieser Frau [Frau v. Stein] gehörte unstreitig zu den edelsten, und ihr Verstand, der mir zwar nie bedeutend erscheinen wollte, führte sie glücklich an den mannigfachen Klippen des Hoflebens vorüber … Es läßt sich nicht leugnen, daß Frau v. Stein bei dem besten Herzen viel Schlauheit und Weltklugheit besitzen mußte; sonst wäre es ihr unmöglich gewesen, bis ans Ende ihrer sehr langen Laufbahn ohne die mindeste Unterbrechung eine Stellung zu behaupten, die sie der Herzogin Luise und Goethen so nahe brachte, daß nur der Tod dieses innige Verhältnis lösen konnte, auf welchem selbst jetzt noch, wo ich dies schreibe, ein undurchdringlicher Schleier ruht. Goethe allein vermöchte es, ihn zu lüften; aber schwerlich wird er sich dazu verstehen. Folglich [wird] auch die Nachwelt über eine Sache nicht klarer urteilen, die den Zeitgenossen des großen Mannes stets rätselhaft blieb. Dem sei nun, wie ihm wolle! Was auch jener Schleier verhüllen mag, Unwürdiges kann es nicht sein …"[11]

Frau v. Stein weicht krass von dem großartigen poetischen Bild, das Goethe von seiner Geliebten entwirft, ab. Selbst bei Zugrundelegung der positivsten Berichte über sie bleibt für die siebenfache Mutter das von Goethe gezeichnete Idealbild in unerreichbarer Ferne. Sie kann als eine praktische, kühle und kluge Frau bezeichnet werden, Goethe besingt aber so etwas wie eine Göttin, eine ganz seltene, überragende Frauengestalt. Dichter stellen die Wirklichkeit gerne idealisiert dar, doch Goethe wird nicht müde darauf hinzuweisen, dass er eine reale Frau beschreibt, ihm gar die Worte fehlen würden, diese in ihrer vollen Pracht zu besingen. In einem Brief an „Frau v. Stein" vom 20. März 1782 heißt es etwa: „O du beste! Ich habe mein ganzes Leben einen idealischen Wunsch gehabt wie ich geliebt seyn mögte, und habe die Erfüllung immer im Traume des Wahns vergebens gesucht, nun da mir die Welt täglich klärer wird, find ichs endlich in dir auf eine Weise daß ich's nie verlieren kann." Am 17. Juni 1784 schreibt er an dieselbe: „Durch dich habe ich einen Maasstab für alle Frauens ia für alle Menschen, durch deine Liebe ein Maasstab für alles Schicksal." Diese ungeheueren Vergleiche passen nicht zu der verheirateten Hofdame Frau v. Stein, denn damit erhöht Goethe die Geliebte in Sphären, in denen etwa Dantes Beatrice oder Petrarcas Laura begegnet werden kann. Eine Gleichstellung von Charlotte v. Stein mit diesen berühmten Frauengestalten hat bezeichnenderweise nicht stattgefunden, sie bleibt eine geheimnisumwitterte, widersprüchliche Gestalt im Hintergrund. Dass Goethe die Geliebte so gezeichnet hat, wie sie ihm tatsächlich auch erschienen ist, lässt er den Dichter in Tasso bekennen (Vers 1092 ff.):

> Was auch in meinem Liede widerklingt,
> Ich bin nur *einer*, *einer* alles schuldig!
> Es schwebt kein geistig unbestimmtes Bild
> Vor meiner Stirne, das der Seele bald
> Sich überglänzend nahte, bald entzöge.
> Mit meinen Augen hab ich es gesehn,
> Das Urbild jeder Tugend, jeder Schöne;
> Was ich nach ihm gebildet, das wird bleiben

Und wenige Verse später (Vers 1105 ff.):

> Und was hat mehr das Recht, Jahrhunderte
> Zu bleiben und im stillen fortzuwirken,
> Als das Geheimnis einer edlen Liebe,
> Dem holden Lied bescheiden anvertraut?

Vom „Geheimnis einer edlen Liebe" ist in Tasso, Goethes Liebesdenkmal für seine Geliebte, die Rede, mit Frau v. Stein gab es aber an sich kein Geheimnis, alles lag scheinbar offen zu Tage. Genau hier muss das, was Goethe mit „Augen, Weltkenntnis und Übersicht genug" bezeichnet, ansetzen, zumal neben Goethe auch Frau v. Stein und die Herzogin Anna Amalia (1739–1807) als Hauptbeteiligte Fährten gelegt haben. Die Fülle an Hinweisen zeigt deutlich, dass es von ihnen gewollt war, dass das Geheimnis in naher Zukunft gelüftet wird, dass endlich eine Entbindung Mignons, jenes geheimnisvollen Kindes in Wilhelm Meister, von der Pflicht der Geheimhaltung erfolgen soll: Goethe und die Fürstin Anna Amalia waren ein Liebespaar, ihre Liebe war aber verboten, weil sie gegen unverrückbare ständisch-monarchische Schranken verstieß.

Für Goethe ist die Aufdeckung seines Lebensgeheimnisses von fundamentaler Bedeutung, denn die Wahrhaftigkeit seines Gesamtwerks steht auf dem Spiel, da dieses bisher nicht richtig interpretiert werden konnte. Das von ihm „gezeichnete Leben als Leben" darf dem „echten Leser" nicht genügen, wenn der Dichter es wert sein soll, mit wenigen Erlauchten wie Dante Alighieri (1265–1321) oder Homer (8. Jh. v. Chr.) an der Spitze der Weltliteratur zu stehen. Goethes Spuren sind ernst zu nehmen, sie weisen den Weg zur Aufdeckung des Geheimnisses, damit in aller Deutlichkeit das „ganze Innre" sichtbar wird: „Zur rechten Zeit vertreibt der Sonne Lauf/Die finstre Nacht, und sie muß sich erhellen".

Anna Amalia und Charlotte v. Stein

Goethes Ankunft in Weimar am 7. November 1775 steht unter dem Zeichen des Regierungswechsels von der Herzogin Anna Amalia an ihren am 3. September 1775 für volljährig erklärten Sohn Carl August (1757–1828). Anna Amalia trägt nunmehr den Titel Herzogin-Mutter, unter dem man nicht eine bildschöne, lebenshungrige, 36-jährige Frau vermuten würde. Aus der Zeit nach dem Regierungswechsel zu Beginn der „Geniejahre" ist eine Begebenheit überliefert, die einen Einblick in das Verhältnis zwischen der Herzogin Anna Amalia und ihrer ehemaligen Hofdame Frau v. Stein vermittelt. Von einer Veranstaltung Ende 1775 bei Anna Amalias jüngerem Sohn Prinz Friedrich Ferdinand Constantin (1758–1793), an der auch Goethe teilnahm, wird berichtet: „Mit eins ging die Tür auf, siehe: die alte Herzogin kam herein mit der Oberstallmeisterin, einer trefflichen, guten, schönen Frau v. Stein. Beide trugen zwei alte Schwerter aus dem Zeughause, eine Elle höher wie ich und schlugen uns zu Rittern. Wir bleiben bei Tische sitzen, und die Damen gingen um uns herum und schenkten uns Champagner ein. Nach Tisch ward Blindekuh gespielt; da küßten wir die Oberstallmeisterin, die neben der Herzogin stand. Wo läßt sich Das sonst bei Hofe tun?"[12] Anna Amalia ist zwar am Spiel beteiligt, doch bei allem, was gegen Etikette oder Protokoll verstoßen würde, bildet die Hofdame ein Schutzschild für die Fürstin, denn geküsst wird Frau v. Stein.

In Weimar hatte Ernst August I. (1688–1748), „der Tyrann", ein kaiserlicher General der Artillerie, der 1741 das Herzogtum Eisenach mit Jena und Allstedt zu Weimar hinzuerbte, bei seinem Tod neben mehreren Töchtern aus zwei Ehen den kränklichen elfjährigen Erbprinzen Ernst August II. Constantin (1737–1758) und ein hoch verschuldetes Land hinterlassen. Zunächst stand der Erbprinz unter der Vormundschaft des Herzogs von Gotha, auf Betreiben des Herzogs von Coburg ließ man ihn im Dezember 1755 durch den Kaiser in Wien vorzeitig für volljährig erklären. Drei Monate später befand sich Ernst August Constantin auf Brautschau in Braunschweig. Im März 1756 fand die Hochzeit mit der Prinzessin Anna Amalia statt, die 1757 den Erbprinzen Carl August zur Welt brachte. Bereits 1758 starb ihr Ehemann, bei seinem Tod war Anna Amalia wieder schwanger und im selben Jahr wurde ihr zweites Kind Friedrich Ferdinand Constantin geboren. Durch die Geburt ihrer Söhne waren die Hoffnungen der benachbarten Fürstenhäuser in Coburg und Gotha auf Gebietserweiterungen endgültig vereitelt worden. Dank eines zweiten, in aller Heimlichkeit abgefassten Testaments sollte Anna Amalia nach dem Willen ihres verstorbenen Gatten die alleinige Vormünderin Carl Augusts und Regentin des Herzogtums Sachsen-Weimar-Eisenach werden.[13] Erst nach einem zähen Hin und Her mit der Kanzlei von Kaiser Franz I. (1708–1765) in Wien, einem Mann, der im Schatten seiner Mitregentin und Frau Kaiserin Maria Theresia (1717–1780) stand, konnte Anna Amalia Regentin werden. Zuvor war die gemeinschaftliche Vormundschaft zwischen Anna Amalia und König Friedrich V. von Dänemark im Gespräch gewesen, dann sollte der Kurfürst von Sachsen, Friedrich August II. (1696–1763), Mitvormund und Mitregent werden, jener Fürst, der die Regierungsgeschäfte seinem korrupten Minister Heinrich Graf v. Brühl (1700–1763) überließ, was dieser zur persönlichen Bereicherung nutzte. Nachdem auch gegen diese Lösung alle Hebel in Bewegung gesetzt worden waren, trat Anna Amalia am 30. August 1759 19-jährig die Regentschaft für ihren Sohn an, wobei bis zu ihrer Volljährigkeit mit 21 Jahren ihr Vater Mitregent war. Wenige Monate nach Übernahme der Regentschaft stürzte sie den mächtigen Minister Graf Heinrich v. Bünau (1697–1762), womit sie die Regierungsgeschäfte in Händen hielt. Als Regentin zeichnete sie sich durch geschicktes Taktieren in schweren Kriegszeiten aus; während der letzten Phase des Siebenjährigen Krieges (1756–1763), der das Ergebnis hatte, dass der Gebietsstand von 1756 unverändert blieb, wusste Anna Amalia geschickt zwischen ihrem Onkel, dem Preußenkönig Friedrich II. (1712–1786), und der kaiserlichen Partei zu lavieren. Für beide Kriegsparteien musste sie Soldaten zur Verfügung stellen, wobei sie inoffiziell eine Generalamnestie für jeden Fahnenflüchtigen anordnete.[14]

Anna Amalias 16-jährige Regierungszeit im Geiste eines aufgeklärten Absolutismus – eine Staatsform, bei der es noch keine Gewaltenteilung und verbrieften Grundrechte gab, in der jedoch der Herrscher, ohne Möglichkeiten der Kontrolle, sich immerhin als erster Diener seines Gemeinwesens verstand – zeichnet sich durch eine mit Strenge und Disziplin bewirkte Konsolidierung der Finanzen und den Ausbau der Infrastrukturen des Herzogtums aus. Zum Ende ihrer Regierungszeit waren die Voraussetzungen geschaffen, um in Weimar Wissenschaft und Kunst so zu fördern, dass Anna Amalias Musenhof Weltgeschichte schreiben konnte. Schon 1763 holte sich Anna Amalia den Schriftsteller und Lehrer Johann C. A. Musäus (1735–1787) in ihren Kreis. Sie berief 1772 den berühmten Dichter Christoph Martin Wieland (1733–1813) als Prinzenerzieher, die Nachricht davon verbreitete sich in ganz Deutschland. Carl Ludwig v. Knebel (1744–1834), 1774 als Erzieher von Prinz Friedrich Ferdinand Constantin berufen, schrieb noch als preußischer Soldat (seit 1765) in einem Brief über Wieland: „Der erste deutsche Dichter, der als solcher zum Hofmanne die Bahn bricht; so klein auch immer der Hof ist."[15] Diese Berufung war von großer Bedeutung, denn es war eine Epoche, in der das Theater noch als eine Stätte, in der die Sitten verdorben werden, angesehen wurde. Über Anna Amalia, die stets um ein Theater in Weimar bemüht war, schrieb Wieland 1773: „Und so genoß Weimar eines Vorzugs, dessen keine andere Stadt in Teutschland sich zu rühmen hatte: ein teutsches Schauspiel zu haben, welches jedermann dreimal in der Woche unentgeltlich besuchen durfte."[16] Goethe, der Anfang November 1775 in Weimar ankam, bot noch im selben Jahr im Auftrag Anna Amalias Corona Schröter (1751–1802), eine der besten Sängerinnen der Epoche sowie eine vielversprechende Schauspielerin, eine Stelle in Weimar an, die sie 1776 annahm. Johann Gottfried v. Herder (1744–1803), Philosoph und Theologe, übernahm 1776 auf Vermittlung Goethes, mit dem er seit 1770 befreundet war, das höchste kirchliche Amt im Herzogtum. Für die Bühnendekorationen des Liebhabertheaters (etwa 1776–1784) wurde neben Georg Melchior Kraus (1737–1806), der seit Oktober 1775 in Weimar angestellt war, etwa der Leipziger Maler, Bildhauer und Kunsttheoretiker Adam Friedrich Oeser (1717–1799) gewonnen.

Charlotte v. Steins Vater Johann Wilhelm Christian v. Schardt (um 1711–1790) diente bereits unter dem „Tyrannen" Ernst August I. Nach dessen Tod war er Erzieher von Anna Amalias späterem Gatten, dem Erbprinzen Ernst August Constantin. Sein Drang zu pompöser Repräsentation und seine Leidenschaft, Kunstobjekte zu sammeln, brachten ihn dem Konkurs nahe, der nur durch fast die gesamte Aussteuer seiner Frau abgewendet werden konnte, Geld, das eigentlich für die Ausbildung der Kinder vorgesehen war. Bezeichnend für die geringe Wertschätzung, die er genoss, ist der Umstand, dass, als 1755 Ernst August Constantin seine Regierung antrat und es seine Erzieher zu belohnen galt, v. Schardt 275 Taler, sein Kollege hingegen 20.000 Taler bekam.[17] Anna Amalia hielt ihn für einen Verschwender, der über seine Verhältnisse lebt, sie entließ ihn kurzerhand in den Ruhestand. Er scheint sich seinem Umfeld in unangenehmer Weise als selbst ernannter Humanist und Kunstkenner aufgedrängt zu haben. Ein „Hofmarschall, den man mit Recht außer Tätigkeit gesetzt hat", urteilte im Februar 1776 der musikalisch und schriftstellerisch ambitionierte, seit Ende 1775 am Weimarer Hofe weilende Kammerherr Siegmund v. Seckendorff (1744–1785).[18] Ein pedantischer Theologiestudent sowie der angeblich in seinen Qualitäten verkannte Vater waren die Erzieher der Geschwister v. Schardt, die ihre Jugend als unglücklich empfanden. Die Grundausbildung von Charlotte v. Schardt beinhaltete neben den häuslichen Arbeiten Lesen, Schreiben, Rechnen, Bibelstudium und Gesang. Die höhere Bildung umfasste Französisch, Tanzen, Klavierspiel und Konversation.[19] Später kamen durch den Umgang

16

mit Goethe noch Englisch und Malerei hinzu sowie Grundkenntnisse in den Naturwissenschaften und in der Astronomie, ohne dass sie dafür eine nennenswerte Leidenschaft entwickelte. Von 1758 an war Charlotte Hofdame Anna Amalias, die Fürstin „hatte die Güte, sie zu einem ihrer Hoffräulein zu erwählen".[20] Für Charlotte war der Hof mit seinen Bällen, Konzerten, Galatafeln und anderen Veranstaltungen verglichen mit ihrem Elternhaus eine prächtige Welt. Ein Lächeln der Fürstin zu erhalten machte eine Hofdame glücklich. 1764 vermählte sie sich mit Gottlob Ernst Josias Friedrich v. Stein (1735–1793), für die „arme" v. Schardt eine gute Partie, außerdem ein gut aussehender Mann sowie ein ausgezeichneter Tänzer und Reiter. Sie gebar ihm sieben Kinder, von denen nur drei Jungen das Säuglingsalter überlebten. Ihr jüngster Sohn war Gottlob Friedrich Constantin v. Stein (1772–1844), genannt Fritz, um dessen Erziehung sich Goethe besonders bemühte. 1762 gewährte die Herzogin Anna Amalia einem Bruder Charlottes ein Stipendium, damit dieser die Rechte studieren könne, 1773 verlieh sie ihrem Vater das Ehrenprädikat „Exzellenz" und einen Orden; zwar blieb er ohne eine konkrete Aufgabe, aber die Ehrung genügte ihm. Im Tagebuch der Schriftstellerin Sophie Becker (1754–1789) von 1785 findet sich eine Beschreibung der Exzellenz v. Schardt: „Der alte Schardt machte nunmehr auch seinen Besuch, und gleich bei seinem Eintritte lief Goethe davon. Der alte Mann ist gleichsam das Schreckbild jedes klugen Kopfes, eine verjahrte Hofschranze, die ihre Existenz in dem Lächeln des Fürsten sucht."[21] Friedrich v. Schiller (1759–1805) urteilte: „... in dieser Familie [v. Schardt] sind die Weiber gescheit und die Männer dumm bis zum Sprichwort".[22]

Frau v. Stein leistete in den Jahren des Regierungswechsels wichtige Dienste für Anna Amalia. Nach „langem, beharrlichen Werben"[23] wurde sie die Vertraute von Carl Augusts Frau, Herzogin Luise (1757–1830), sowie deren erste Hofdame. Damit war eine Anna Amalia treu ergebene Frau im engstem Umfeld ihrer Schwiegertochter Luise. Die zweite bedeutende Aufgabe war schwieriger und betraf die „Geheimsache Goethe".

Erste Zugänge zum Staatsgeheimnis

Im Jahr 1785 verlor Goethe die Nerven, als er von der Halsbandaffäre in Paris erfuhr, er berichtet in dem Eintrag von 1789 in den TAG- UND JAHRES-HEFTEN (1817–1830): „… im Jahr 1785 hatte die Halsbandgeschichte einen unaussprechlichen Eindruck auf mich gemacht. In dem unsittlichen Stadt-, Hof- und Staatsabgrunde, der sich hier eröffnete, erschienen mir die greulichsten Folgen gespensterhaft, deren Erscheinung ich geraume Zeit nicht loswerden konnte; wobei ich mich so seltsam benahm, daß Freunde … [mir] gestanden, daß ich ihnen damals wie wahnsinnig vorgekommen sei." Durch den darauf folgenden Prozess schien Goethe „die Axt an die Wurzel des Königtums gelegt".[24] Hier stellt sich die Frage, ob Goethe bei der Nachricht überreagierte, weil er um die politische Stabilität Frankreichs fürchtete, oder ob er andere Gründe hatte.

Bei der Halsbandaffäre machte eine Geliebte des Kardinal Rohan (1734–1803), die Gräfin de la Motte (1756–1791), diesem am Hofe in Ungnade gefallenen Kirchenfürsten vor, dass er die Gunst der Königin Marie-Antoinette (1755–1793) zurückgewinnen könne, wenn er ihr beim Erwerb eines sagenhaften, aus 647 Diamanten bestehenden Halsbandes als Bürge behilflich sein würde. Der Kardinal fiel auf den Schwindel herein, der unter anderem mit gefälschten Briefen und einem Treffen mit der „Königin" im Venushain von Versailles glaubhaft gemacht wurde. In Wahrheit traf Rohan auf eine Schauspielerin, eine gewisse Nicole Leguay d'Oliva (1761–1789), die der Königin ähnlich sah. Er bestellte das Halsband für die Königin und übergab es am 1. Februar 1785 ihrem angeblichen Kammerdiener, der es der Betrügerin la Motte aushändigte. Als die Ratenzahlungen durch die Königin ausblieben, flog der Schwindel auf, ab Mitte August 1785 fanden Verhaftungen statt. Wie ein Lauffeuer verbreitete sich die Kunde von der Halsbandaffäre in ganz Europa, der Prozess fand im Mai 1786 statt. Die Affäre erregte Widerwillen im französischen Volk und wird rückblickend als ein Fanal für die Französische Revolution gesehen. Der Umstand, dass die Juweliere glauben konnten, dass die Königin auf zwielichtige Art und Weise die Käuferin des Halsbandes gewesen sei, reichte, um das Vertrauen in die ohnehin leichtsinnige Marie Antoinette vollends zu untergraben.

Goethe urteilte am 15. Februar 1831 in einem Gespräch mit seinem literarischen Assistenten Johann Peter Eckermann (1792–1854): „Das Faktum [Ereignis] geht der Französischen Revolution unmittelbar voran und ist davon gewissermaßen das Fundament. Die Königin, der fatalen Halsbandgeschichte so nahe verflochten, verlor ihre Würde, ja ihre Achtung, und so hatte sie denn in der Meinung des Volkes den Standpunkt verloren, um unantastbar zu sein. Der Haß schadet niemand, aber die Verachtung ist es, was den Menschen stürzt."

Der Grund, warum Goethe, der im Gedicht PROMETHEUS (1774) selbst gegen die Götter Sturm lief („Ich kenne nichts Ärmeres/Unter der Sonn als euch, Götter!"), wegen der Halsbandaffäre seinen Freunden wie wahnsinnig vorkam, ist zunächst nicht nachvollziehbar, zumal damals die dramatischen Folgen für die Königsfamilie noch nicht absehbar waren. Goethes Reaktion ~~macht~~ hat dann Sinn, wenn man davon ausgeht, dass auch in Weimar sich eine vergleichbare Affäre abspielte, die, wäre sie bekannt geworden, schlimmste Folgen für ihn und die herzogliche Familie nach sich gezogen hätte. Die Affäre in Weimar war Goethes Liebe zur Herzogin Anna Amalia. Diese Liebesbeziehung durfte nicht bekannt werden, da einem Bürgerlichen, ab 1782 einem Mitglied des niederen Reichsadels es nicht erlaubt war, eine Verbindung mit einer Fürstin einzugehen. Hätten sich die Liebenden über dieses Verbot hinweggesetzt, so hätte Anna Amalia das kleine Fürstentum der Gefahr von schweren Sanktionen ausgesetzt, die vor allem ihr Sohn Carl August als regierender Herzog zu spüren bekommen hätte. An der Spitze der im Heiligen Römischen Reich Deutscher Nation (etwa 962–1806) organisierten Fürstentümer standen nur wenige, dem Hochadel angehörende Familien, die nur innerhalb ihres Standes Heiraten erlaubten. Um die verbotene Liebesbeziehung zu Anna Amalia zu ermöglichen, wurde Frau v. Stein als Goethes Geliebte ausgegeben. Goethes Reaktion bei der Halsbandaffäre spiegelte seine Angst vor den Konsequenzen einer Entdeckung seines Geheimnisses wider. Dieses Staatsgeheimnis ist letztlich eine potenzierte Halsbandaffäre, so brillant inszeniert, dass es über 200 Jahre unentdeckt bleiben sollte.

Die Liebe zwischen dem standesungleichen Paar Anna Amalia und Goethe ist ab dem Jahr 1776 nachweisbar. Ein gutes Beispiel für das Vorgehen von Goethe, Anna Amalia und Frau v. Stein bietet die Inszenierung eines Treffens des angeblichen Liebespaares. Frau v. Stein befindet sich auf der Rückreise von einem Badeaufenthalt in Pyrmont und macht einen Umweg über Ilmenau, um Goethe zu sehen, der dort amtlich unterwegs ist, wobei der Herzog Carl August, seine engen Mitarbeiter, der Maler Kraus und andere sich ebenfalls dort aufhalten. Am 5. August 1776 abends trifft Frau v. Stein ein, Goethe verbringt den ganzen 6. August mit seiner „Geliebten" und besucht mit ihr die Hermannsteiner Höhle in der Nähe von Ilmenau. Wer es noch nicht mitbekommen hatte, wusste nun, dass zwischen Goethe und Frau v. Stein sich irgend etwas abspielte. An Herder, der in Pyrmont

Frau v. Stein kennen gelernt hatte und bald nach Weimar berufen wurde, schreibt Goethe am 9. August von der Begegnung: „Den Engel die Stein hab ich wieder ... einen ganzen Tag ist mein Aug nicht aus dem ihrigen kommen". In seinem Brief vom 8. August 1776 an „Frau v. Stein", der auf den „gemeinsamen" Tag am 6. August 1776 Bezug nimmt, ergibt sich aber ein anderes Bild, Goethe schreibt: „Lieber Engel! Ich hab an meinem Falken geschrieben, meine Giovanna wird viel von Lili haben, du erlaubst mir aber doch, daß ich einige Tropfen deines Wesen's drein gieße, nur so viel es braucht um zu tingieren [färben]." Es sind also einige Tropfen des Wesens der Dame, der er schreibt, vonnöten, denn „viel" von Lili Schönemann (1758–1817), Goethes früherer Frankfurter Verlobten (1775), reicht nicht aus, um die gewünschte Substanz zu erhalten. Das Singspiel ERWIN UND ELMIRE, Goethes literarische Verarbeitung seiner Frankfurter Liebesgeschichte mit Lili, hatte Anna Amalia bereits für eine Aufführung am 24. Mai 1776 vertont. Aufschlussreich ist Goethes Angabe in dem Brief vom 8. August, dass er an DER FALKE arbeitet, ein Stück, dass er bald wieder beiseite legt. Der Titel und die darin auftretenden Personen weisen auf Boccaccios (1313–1375) Novelle DER FALKE (DEKAMERON V, 9).[25] In Boccaccios Geschichte geht es um den jungen Edelmann Federigo, der sein Vermögen für ritterlichen Aufwand verbraucht, um die Liebe der reichen adeligen Dame Giovanna zu gewinnen, doch erst später, als er völlig verarmt ist, gelingt es ihm, die Witwe Giovanna mit seiner edlen Gesinnung zu erobern. Vom Bruchstück DER FALKE sind nur wenige Worte auf einer Seite Konzeptpapier festgehalten, darunter: „Noch zittern! Beben! Überrascht zu werden ...", „Drängt mich's nicht hin zu ihr, küß ich nicht ihre Hand, ihren Handschuh, den Lippen ihres Kleids vor!". Goethe, der bald nach seiner Ankunft in Weimar schon mit der Notwendigkeit zu täuschen konfrontiert war, beschreibt im Fragment sein Lebensgefühl, das Zittern, das Beben, das ihn ergreift beim Gedanken, mit seiner Geliebten überrascht zu werden. Doch hätte Goethe das ihm auferlegte Staatsgeheimnis nicht wahren können, wenn er dieses Stück, in dem eine schöne, reiche Witwe die Hauptrolle spielte, ausgearbeitet hätte. Bereits in Goethes Fragment ist Giovanna als eine Fürstin erkennbar, da den Saum des Kleides einer Frau zu küssen bedeutet, dass diese Frau dem Fürstenstand angehört, denn derjenige, der die Ehrbezeichnung vornahm, musste sich tief verneigen und verlieh damit seiner ordentlichen untertänigen Gesinnung Ausdruck. Bei Hofbällen und im Theater wurden die Herrschaften beim Erscheinen der Herzogin Anna Amalia zum Rockkuss vorgelassen.[26] Bei der Hofdame Frau v. Stein wäre ein Rockkuss protokollarisch eine Anmaßung gewesen, ihre offizielle Aufgabe bestand darin, die

Fürstin, der sie diente, zu unterhalten, ihr treu zu Diensten zu stehen und für ihr Wohlbefinden zu sorgen – vom Fürstenstand trennten auch sie Welten. Die Eingangsformulierung, mit der die Fürstin Gesetze verkündete, zeigt eindrücklich die allmächtige Stellung ihres Standes: „Von Gottes Gnaden Wir Anna Amalia ... Entbieten allen und jeden Unsern ... Prälaten, Grafen und Herren, denen von der Ritterschaft und Adel, Beamten, GerichtsHerren, Bürgermeistern und Räthen in Städten, Schultheissen, Richtern, Heimbürgen, wie auch insgemein allen Unterthanen ...".[27]

Im Brief vom 8. August 1776 ist außerdem ein Gedicht für „Frau v. Stein" beigelegt:

Ach wie bist du mir,
Wie bin ich dir geblieben!
Nein an der Wahrheit
Verzweifl ich nicht mehr.
Ach wenn du da bist
fühl ich, ich soll dich nicht lieben
Ach wenn du fern bist
Fühl ich, ich lieb dich so sehr.

Goethe verzweifelt an der Wahrheit nicht mehr, denn um Anna Amalia zu lieben muss er die Wahrheit unterdrücken. Im gleichen Brief heißt es hinsichtlich Frau v. Steins Anwesenheit in der Höhle: „Es ist wie in der Geisterwelt, ist mir auch wie in der Geisterwelt. Ein Gefühl ohne Gefühl". Am Ende des Briefes schreibt Goethe: „... dein Verhältnis zu mir ist so heilig sonderbar ... Menschen könnens nicht sehen". Auf Frau v. Stein können sich diese Zeilen nicht beziehen, denn in Ilmenau hatte sie jeder neben ihm gesehen. Wieland, der den jungen Dichterkollegen vor den Gefahren einer Verbindung mit der verheirateten Frau von Stein gewarnt hatte, überzeugte Goethe auf besondere Weise von seiner „Liebe". In einem Gedicht vom 14. April 1776, das mit der Zeile „Warum gabst Du uns die tiefen Blicke" beginnt, heißt es: „Ach, du warst in abgelebten Zeiten/Meine Schwester oder meine Frau". Damit knüpft Goethe an den Gedanken der Reinkarnation an, eine Vorliebe von Wieland. Das Fragment eines für Wieland bestimmten Briefes von Goethe lautet (10. April 1776): „Ich kann mir die Bedeutsamkeit – die Macht, die diese Frau über mich hat, anders nicht erklären als durch die Seelenwanderung. – Ja, wir waren einst Mann und Weib! – Nun wissen wir von uns – verhüllt, in Geisterduft. – Ich habe keine Namen für uns – die Vergangenheit – die Zukunft – das All." Nach und nach wurde die ganze Hoföffentlichkeit so geblendet, dass niemand ihr Verhältnis anzweifelte.

Nach dem Aufenthalt in der Hermannsteiner Höhle mit Frau v. Stein am 6. August 1776 meißelt Goethe am 8. August ein großes S in die Felswand, es soll für die Sonne stehen, angeblich das Symbol für „Frau v. Stein".[28] Goethe ordnete in seinen Tagebüchern seinen engsten Freuden am Weimarer Hof Symbole aus dem Planetensystem zu, Anna Amalia den Mond (☾), „Frau v. Stein" die Sonne (☉).[29] Am Anfang des 13. Buches seiner Jugendbiographie DICHTUNG UND WAHRHEIT (ab 1811) beschreibt Goethe den Übergang seiner Neigung von Charlotte Kestner, geborene Buff (1753–1828) zu Maximiliane Brentano, geborene La Roche (1756–1793), seine Vorbilder für die Charlotte im Roman WERTHER (1774), mit den folgenden Worten: „Es ist eine sehr angenehme Empfindung, wenn sich eine neue Leidenschaft in uns zu regen anfängt, ehe die alte noch ganz verklungen ist. So sieht man bei untergehender Sonne gern auf der entgegengesetzten Seite den Mond aufgehn und erfreut sich an dem Doppelglanze der beiden Himmelslichter." Demnach muss Goethe, nachdem er die große Liebe seines Lebens gefunden hatte, dieser beide Symbole, Sonne und Mond, zuordnen. Goethe widmet eine seiner wenigen gleichzeitigen Beschreibungen von Sonne und Mond der Herzogin Anna Amalia. In einem Brief an „Frau v. Stein" von seiner Schweizer Reise mit dem Herzog Carl August berichtet er am 24. Oktober 1779, am 40. Geburtstag Anna Amalias, von einem erhabenen Erlebnis: „d. 24. Octor. a la Vallee de Joux … Wir machten uns mit Pferden, erstlich Mont hinan [den Berg hinauf] und hatten steigend die herrlichste Aussicht auf den Genfer See, die Savoyer und Wallis Gebürge hinter uns konnten Lausanne erkennen und durch einen leichten Nebel auch die Gegend von Genf. Grad über sahen wir den Montblanc der über alle Gebürge des Faucigny hervorsieht. Die Sonne ging klar unter es war ein so groser Anblick daß ein menschlich Auge nicht hinreicht ihn zu sehen. Der fast volle Mond kam herauf, und wir höher; durch Tannen Wälder stiegen wir immer den Jura hinan, und sahen den See im Duft und den Wiederschein des Mondes drinne. Es wurde immer heller". Dass sie auch in der Schweiz Anna Amalias Geburtstag gefeiert hatten, berichtet Carl August in einem Brief vom 28. Oktober: „Ihren Geburtstag, liebste Mutter, haben wir in einen wunderbaren Tale gefeiert; gewiss wir haben ihn gut gefeiert".

Anna Amalias Geburtstage sind ein Schlüssel, um das Weimarer Staatsgeheimnis zu lüften. Geburtstage spielten allgemein im höfisch-ständischen Leben eine herausragende Rolle, die Geburtstage der Fürsten wurden groß gefeiert, in Weimar erschienen seit 1764 Gedichte auf die Fürsten sowie die Beschreibung der Feierlichkeiten, bei denen der ganze Hofstaat beteiligt war und die Untertanen „ihre devotesten Glückwünsche ablegten".[30] Goethe gedenkt an Geburtstagen stets seiner engsten Freunde. Auch sein Geburtstag wurde selbst dann gefeiert, wenn er abwesend war. So feierte man etwa den Geburtstag des in Italien weilenden Goethe in Weimar mit Gartenfest, Illumination und Feuerwerk[31] und sandte ihm einen Bericht hiervon (ITALIENISCHE REISE, 22. September 1787). Die Reise in die Schweiz hatte am 12. September 1779 begonnen und dauerte mehrere Monate. Am 4. November 1779 schreibt Anna Amalia an Goethes Freund, den Kriegsrat Johann Heinrich Merck (1741–1791): „Ich kann Ihnen nicht genug danken, lieber Merck, für die Sorge, die Sie tragen, die unleidlichen Winterabende, besonders in diesem Jahre, da ich so allein bin, mir [durch Besorgung von Kupferstichen und dergleichen] erträglich zu machen".[32] Es tauchte sogar das Gerücht auf, Anna Amalia würde der kleinen Gesellschaft in die Schweiz nachreisen.[33] In einem Brief vom 1. Januar 1780 an „Charlotte v. Stein" aus Darmstadt, wohin auf der Rückreise ein Abstecher gemacht wurde, wird Goethe unmissverständlich: „Hier gefällt mir die Pr[inzess] Charlotte, |: der verwünschte Nahme verfolgt mich überall :| doch habe ich auch nichts mit ihr zu schaffen aber ich seh sie gerne an, und dazu sind ia die Prinzessinnen." Diesen Brief kann Goethe kaum Charlotte geschrieben haben, denn der Name seiner Angebeteten kann ihm unmöglich verwünscht sein. „Seine Charlotte" soll ihm ja so etwas wie eine Göttin sein. Auch wenn er sich von der Charlotte in seinem WERTHER distanzieren wollte, heißt Frau v. Stein nun mal Charlotte. Goethe verwendet hier sogar Wiederholungszeichen, der darin wiedergegebene Text ist also zwei Mal zu lesen: „|: der verwünschte Nahme verfolgt mich überall :|". Verständlich wird diese Äußerung, wenn man davon ausgeht, dass Goethe an Anna Amalia schrieb und Frau v. Stein die Korrespondenz nicht einsah. Diese Äußerung ist eine von vielen in Goethes Briefwechsel mit „Frau v. Stein", die einen Blick hinter das Täuschungswerk ermöglichen.

Die Schweizer Reise wurde zu einer erzieherischen Meisterleistung. Im Tagebucheintrag vom 17. Januar 1780 heißt es: „Jedermann ist mit ♃ [Jupiterzeichen für Carl August] sehr zufrieden preist uns nun und die Reise ist ein Meisterstück! eine Epopee [Heldengedicht]!" Bei dem jungen Herzog Carl August bedurfte es großer Anstrengungen, zu verhindern, dass aus ihm ein gewaltsamer, ungerechter, das Herzogtum in den politisch-moralischen Verfall treibender Fürst wurde. Die ganze Tragik der ständisch-monarchischen Staatsform kam darin zum Ausdruck, denn der Herrscher war fast allmächtig. Eine Begebenheit im Hause von Friedrich Johann Justin Bertuch (1747–1822), unter anderem Verleger und Schriftsteller, der 1777 eine Übersetzung von Cervantes' (1547–1616) Roman DER SINNREICHE JUNKER DON QUIJOTE VON DER MANCHA (1605–1615) vorlegte, zeigt, dass eine gewisse Sorge bei dem jungen Herzog durchaus angebracht war. Als Bertuch seine Frau Anfang Mai 1776 erstmals in seinem Haus einführte, bekam er Besuch vom Herzog Carl August und Goethe: „Sogleich fielen ihm [dem

23

Herzog] ein paar neue schöne Spiegel ins Auge, die er mit seinem Hieber zertrümmern wollte, sich aber doch, als Bertuch vorstellte, daß er sie auf des Herzogs Unkosten noch einmal so kostbar anschaffen würde, zureden ließ ... Darauf hielt der Herzog Revisio [Prüfung] auf Bertuchs Schreibpult, fand einen Roman von Göchhausen, mit dem er sogleich eine Exekution vornahm, Blätter heraus riß ... Tabak hinein streute, und so die Bescheerung der Fräulein von Göchhausen versiegelt unter Bertuchs Namen zuschickte. Endlich hieb und stach er in die neuen Tapeten, weil dieß verflucht spießbürgerisch sei, daß man die nackten Wände überkleistern wollte. ... Bertuch verbiß seinen Ärger, ward aber einige Tage darauf sterbenskrank." Später „kam der Herzog noch um Mitternacht um gleichsam Abbitte zu thun, und Goethe ging mit Thränen aus der Kammer, und drückte der tiefgekränkten Frau die Hand mit den Worten: sie habe einen harten Anfang."[34] Es gab noch ganz andere Berichte über das Gebaren von Fürsten, gerade politisch unbedeutende ragten da hervor. So wird von Prinz Joseph von Hildburghausen berichtet, dass er im Geheimen Konsilium einen scharf geschliffenen Dolch neben sich liegen hatte, mit dem er nach den Räten warf, wenn ihm ein Vorschlag missfiel; der Markgraf von Bayreuth soll einen Jägerburschen nur deswegen erschossen haben, weil dieser es gewagt hatte, ihm zu widersprechen, und der Fürst Hyazinth von Nassau-Siegen ließ einen Bauern hinrichten, um seinen Untertanen zu demonstrieren, dass ihm die Gewalt über deren Leben und Tod oblag.[35] Merck berichtet in einem Brief vom 18. September 1780 an Carl August von dessen Schwiegervater, dem Landgrafen Ludwig IX. von Hessen-Darmstadt (1719–1790). Dieser wollte von Regierungsgeschäften nichts wissen. Neben seiner Mätresse, die „den Trunk nicht wenig" liebte, in Dorfweihern nackt badete und dann den Bauern zurief: „N'ai je pas le C. plus beau que vos visages" („Habe ich nicht einen H.[intern], der schöner ist als eure Gesichter"), beschäftigte sich der Landgraf hauptsächlich mit dem Militär, indem er unentwegt Soldaten in allen erdenklichen Uniformen malen ließ und Marschmusik komponierte: „Zwey Capellmeister sind mit ihren Untergebenen angehalten, von Morgens 8 biß Nachmittags 4 Uhr, wenn die Bettpfanne gebracht wird, da zu seyn, um die Märsche in Noten zu sezen, die der Landgraf componiert. Mit 2 Fingern spielt er auf dem Clavier die Märsche vor, und alsdenn müssen sie gesezt und auch offt sogleich probirt werden. Er hat es so weit gebracht, daß er in Einem Tag gegen 300 componirt hat, und gegenwärtig stehen von seiner Arbeit aufm Papier 52365 Stück Märsche. Die Zahl der gemalten Soldaten ist unglaublich".

Aufstieg und Krise des Staatsministers

Goethes Mutter Catharina Elisabeth (1731–1808) schreibt dem Sohn am 17. Juni 1781 über einen Besuch Mercks und dessen Äußerungen über ihn, die im Freundeskreis für Unruhe sorgten: „… auf alle fälle solten Sie [Frau Goethe] suchen Ihn wieder her zu kriegen, das dortige Infame Clima ist Ihm gewiß nicht zuträglich – Die Hauptsache hat Er zu stande gebracht – der Herzog ist nun wie Er sein soll, das andere Dreckwesen – kan ein anderer thun, dazu ist Goethe zu gut u. s. w.". Goethe antwortet seiner Mutter am 11. August 1781: „Merk und mehrere beurteilen meinen Zustand ganz falsch, sie sehen das nur was ich aufopfre, und nicht was ich gewinne, und sie können nicht begreifen, daß ich täglich reicher werde, indem ich täglich so viel hingebe. Sie erinnern sich, der letzten Zeiten die ich bei Ihnen, eh ich hierherging [nach Weimar], zubrachte, unter solchen fortwährenden Umständen würde ich gewiß zu Grunde gegangen sein. Das Unverhältnis des engen und langsam bewegten bürgerlichen Kreises, zu der Weite und Geschwindigkeit meines Wesens hätte mich rasend gemacht … Wie viel glücklicher war es, mich in ein Verhältnis gesetzt zu sehen, dem ich von keiner Seite gewachsen war … wo ich, mir selbst und dem Schicksal überlassen, durch so viele Prüfungen ging die vielen hundert Menschen nicht nötig sein mögen, deren ich aber zu meiner Ausbildung äußerst bedürftig war." Von Anna Amalia beraten, bekleidete Goethe viele Staatsämter, um aus einer bedeutenden Stellung heraus wichtige Erfahrungen zu machen, die ihm als Dichter zugute kommen sollten. Wenn er später wegen seiner Arbeitsbelastung und den außenpolitischen Beschäftigungen des Herzogs an einen Weggang dachte, so band ihn seine Liebe zu Anna Amalia. Am 24. August 1784 schreibt er an „Frau v. Stein":

> Gewiß, ich wäre schon so ferne, ferne,
> Soweit die Welt nur offen liegt, gegangen,
> Bezwängen mich nicht übermächt'ge Sterne,
> Die mein Geschick an Deines angehangen,
> Daß ich in Dir nun erst mich kennen lerne!
> Mein Dichten, Trachten, Hoffen und Verlangen
> Allein nach Dir und Deinem Wesen drängt.

Anna Amalia hat mit ihrer ganzen Kraft dafür gesorgt, dass sich der Dichter unter idealen Bedingungen entwickeln konnte, daher schreibt Goethe an „Frau v. Stein" (12. März 1781) Sätze wie: „Ich bitte dich fusfällig vollende dein Werck, mache mich recht gut!" In einem Brief an seinen Freund Johann Caspar Lavater (1741–1801) vom 20. September 1780 spricht Goethe seinen Lebensplan an: „Das Tagewerck das mir aufgetragen ist, das mir täglich leichter und schweerer wird, erfordert wachend und träumend meine Gegenwart diese Pflicht wird mir täglich theurer, und darinn wünscht ich's den grössten Menschen gleich zu thun, und in nichts grösserm. Diese Begierde, die Pyramide meines Daseyns, deren Basis mir angegeben und gegründet ist, so hoch als möglich in die Lufft zu spizzen, überwiegt alles andere und lässt kaum Augenblickliches Vergessen zu. Ich darf mich nicht säumen, ich bin schon weit in Jahren vor, und vielleicht bricht mich das Schicksaal in der Mitte, und der Babilonische Thurn bleibt stumpf unvollendet. Wenigstens soll man sagen es war kühn entworfen und wenn ich lebe, sollen wills Gott die Kräffte bis hinauf reichen."

Goethes Aufstieg zum einflussreichsten Staatsminister war hart erkämpft. Schon bald nach Carl Augusts Regierungsantritt hatten sich verschiedene Parteien um den jungen Herzog gebildet, die um die Macht im Herzogtum kämpften: Neben den Konservativen, die auf Kontinuität unter Carl August hofften, hatte der Prinzenerzieher Graf Johann Eustach v. Schlitz, genannt Görtz (1737–1821), immer mehr Einfluss auf Carl August gewonnen. Anna Amalia hielt Görtz für „ehrgeizig, intrigant und unruhig"[36] und hätte ihn gerne im heftigsten Zorn „mit Schanden fortgejagt".[37] Anna Amalia verlor an Einfluss und wurde von ihrem Sohn Carl August nicht mehr gehört. Für sie stand viel auf dem Spiel, noch vor seiner Amtseinsetzung schrieb ihr Carl August am 16. März 1775, wie sehr es ihn und Graf Görtz freuen würde, dass sie sich nicht auf ihren im Heiratsvertrag festgelegten Witwensitz in Allstedt zurückziehen wolle, sondern mit ihrem Witwenhof in Weimar zu bleiben gedenke. Nach Belieben hätte also Carl August als Herzog von ihr verlangen können, sich auf ihren Witwensitz zurückzuziehen, so dass nur eine Wiederverheiratung Anna Amalia von einer Verbannung auf das Land hätte retten können. Mit Goethes Ankunft in Weimar war aber in kürzester Zeit Graf Görtz für den jungen Herzog uninteressant geworden und Goethe sein bester Freund. In einem Brief an Merck vom 22. Januar 1776 schreibt Goethe: „Ich bin nun ganz in alle Hof- und politische Händel verwickelt und werde fast nicht wieder weg können. Meine Lage ist vortheilhaft genug, und die Herzogthümer Weimar und Eisenach immer ein Schauplatz, um zu versuchen, wie einem die Weltrolle zu Gesichte stünde." Die konservative Fraktion sollte aber noch lange Zeit dem fremden Originalgenie ablehnend gegenüber stehen, so dass Goethe sich ohne Anna Amalia nicht in Weimar hätte halten können. Umgekehrt wäre auch Anna Amalia ohne Goethe wohl nicht in Weimar geblieben, denn sie hätte machtlos mit ansehen müssen, wie ihr Sohn, von Schmeichlern umgeben, einem fortschreitenden Verderbnis ausgesetzt worden wäre. Hätten beide damals ihre Liebe offenbart, so wäre es ihnen nicht möglich gewesen, entscheidenden Einfluss auf den Herzog auszuüben, abgesehen davon, dass Goethe nicht in Weimar hätte bleiben können.

Goethes wichtigste Aufgabe war es zunächst, dafür zu sorgen, dass aus dem überforderten 18-jährigen Herzog ein tüchtiger Landesvater wurde. Der Staatsapparat und seine Gesetzmäßigkeiten waren Carl August noch nicht vertraut, seine Ehe mit Luise von Anfang an unglücklich, da sich diese als kühl und verschlossen erwies. Nach seiner strengen Erziehung wollte der übermütige junge Herzog sich erst einmal austoben. Da Goethe selbst erst 26 Jahre alt war, konnte er mit Genuss mitmachen. Die „Geniejahre" zu Beginn von Carl Augusts Regierungszeit bedeuteten ausgelassene Feste, wilde Ausritte, durchzechte Nächte, Schlittschuhlaufen, dabei wurde nach allen Seiten karikiert, gespottet und gescherzt. Der Herzog war besonders auf Bürgerschreck aus, nicht selten in den Kleidern von Goethes Romanhelden Werther: blauer Frack, gelbe Kniehose und ein runder grauer Hut. In einem Brief von Frau v. Stein vom 6. März 1776 an ihren Bekannten, den Arzt Johann Georg v. Zimmermann (1728–1795), heißt es: „... ich wünschte selbst er mögte etwas von seinen wilden Wesen darum ihn die Leute hier so schieff beurtheilen, ablegen, daß im Grund zwar nichts ist als daß er jagd, scharff reit, mit der grosen Peitsche klatscht, alles in Gesellschaft des Herzogs. Gewiß sind diese seine Neigungen nicht, aber eine Weile muß ers so treiben um den Herzog zu gewinnen und dann gutes zu stifften".[38] Goethe, der Fremde, wurde von den Untertanen für alles Negative im Verhalten des jungen Herzogs verantwortlich gemacht, in ganz Deutschland war die „Geniewirtschaft" in Weimar Gesprächsstoff, der Dichterkollege Friedrich Gottlieb Klopstock (1724–1803) prophezeite Goethe schon einen gewaltsamen Tod.[39] Nur dank Anna Amalias Erfahrung als Regentin konnte Goethe alle politischen Klippen umschiffen und seine Stellung am Hof ausbauen und festigen. Ihrer beiden Einfluss ist es zu verdanken, dass Carl August schließlich seine Pflichten als Landesvater ernst nahm. Im Alter bekannte Wieland gegenüber dem Kanzler Friedrich v. Müller (1779–1849), dass Goethe „unglaubliche Verdienste ... um unsern Herzog in dessen erster Regierungszeit gehabt, mit welcher Selbstverläugnung und höchsten Aufopferung er sich Ihm gewidmet, wie viel Edles und Großes, das in dem fürstlichen Jüngling noch schlummerte, Er erst zur Entwicklung gebracht und hervorgerufen hat".[40] In GESPRÄCHE MIT GOETHE IN DEN LETZTEN JAHREN SEINES LEBENS (1836/1848) von Eckermann heißt es am 23. Oktober 1828 über den einige Monate zuvor verstorbenen Carl August: „Er war wie ein edler Wein, aber noch in gewaltiger Gärung. Er wußte mit seinen Kräften nicht wo hinaus, und wir waren oft sehr nahe am Halsbrechen … Doch aus dieser Sturm- und Drangperiode hatte sich der Herzog bald zu wohltätiger Klarheit durchgearbeitet … so daß es eine Freude wurde, mit ihm zu leben und zu wirken." Goethes rasanter Aufstieg wurde ihm geneidet, dem Genie begegneten viele mit Wut und Hass.[41] Noch Mitte 1776 wurde er Geheimer Legationsrat mit dem beachtlichen Gehalt von 1.200 Talern, was seine endgültige finanzielle Unabhängigkeit von seinen Eltern in Frankfurt bedeutete. Er hatte, zunächst ohne konkreten Geschäftsbereich, Sitz und Stimme im höchsten Regierungsgremium, dem Geheimen Consilium. Den entscheidenden Beitrag für seine Anstellung leistete Anna Amalia, denn sie machte ihren ganzen Einfluss als ehemalige Regentin für ihn geltend. In einem Brief vom 13. Mai 1776 an den Ersten Minister Jakob Friedrich v. Fritsch (1731–1814) bewegte sie diesen, wegen der Ernennung Goethes nicht seinen Rücktritt zu erklären: „Sie sind eingenommen gegen Goethe, den Sie vielleicht nur aus unwahren Berichten kennen oder den Sie von einem falschen Gesichtspunkt aus beurteilen … Wäre ich überzeugt, daß Goethe zu den kriechenden Geschöpfen gehörte, denen kein anderes Interesse heilig ist als ihr eigenes und die nur aus Ehrgeiz tätig sind, so würde ich die erste sein, gegen ihn aufzutreten. Ich will Ihnen nicht von seinen Talenten, von seinem Genie sprechen; ich rede von seiner Moral."[42] Dieser Brief machte auf v. Fritsch einen starken Eindruck, der „treubewährte[n] Staatsdiener … traute seinem eigenen Urteil nicht mehr".[43] Weil Anna Amalia im Brief angibt, ihr Sohn habe sie um Vermittlung gebeten, sieht es so aus, als wäre der 18-jährige Carl August allein die treibende Kraft für die Ernennung gewesen. In Wirklichkeit war sie damit, ohne dass Carl August es ahnte, wieder ins Zentrum der politischen Macht zurückgekehrt. Erst als Goethe 1786 im Westböhmischen Kurort Karlsbad den Herzog von seinem Geheimnis unterrichtete, begriff dieser, dass seine Mutter von Anfang an Goethes Geliebte war, diese ihr Verhalten also ständig aufeinander abgestimmt hatten. In einem Brief aus Italien vom 14. Oktober 1786 an Carl August nimmt Goethe auf dieses Gespräch Bezug: „Wie sonderbar unser Zusammenseyn in Carlsbad mir vorschwebt, kann ich nicht sagen. Daß ich in Ihrer Gegenwart gleichsam Rechenschafft von einem großen Theil meines vergangenen Lebens ablegen mußte, und was sich alles anknüpfte". Daher versprach er Carl August für die künftige Zusammenarbeit nach seinem Italienaufenthalt am 17. März 1788: „… ich komme! … mein erster und nächster Dank soll eine unbedingte Aufrichtigkeit seyn." Demnach war Goethe gegenüber Carl August bis dahin nur bedingt aufrichtig gewesen.

Die Ernennung zum Staatsminister ohne Geschäftsbereich eröffnete Goethe die Möglichkeit zu zeigen, dass er aufgrund seines Könnens mit an der Spitze des Herzogtums stand. Nach und nach erhielt er leitende Funktionen in der Bergwerkskommission, der Steuerkommission, der Kriegskommission und der Wegebaudirektion. Daneben leistete Goethe den entscheidenden Beitrag zum Aufblühen des Weimarer Liebhabertheaters, das von ihm und Anna Amalia ins Leben gerufen worden war. Dadurch hatte er in diesem Jahrzehnt dichterisch vieles angefangen, wenn auch gemessen am GÖTZ und WERTHER nichts richtig fertig gestellt wurde. Doch waren die IPHIGENIE, TASSO und EGMONT weit gediehen, kleinere Arbeiten entstanden, sowie unzählige Gedichte, darunter Perlen der Weltpoesie. Daneben sammelte der Frankfurter Patrizier wichtige Erfahrungen als Staatsmann, vertiefte sich in die Naturwissenschaften und genoss im Verborgenen die Liebe der Fürstin Anna Amalia. Diese nahm an allem, was ihn betraf, tiefen Anteil. Von ihr stammen treffende Aussagen über seine damaligen Freunde, die in seinem Sog in Weimar auftauchten und bis auf Herder allesamt nicht blieben. Anna Amalia lud Merck, von dem Goethe vor seiner Weimarer Zeit wichtige Anregungen und Förderung erhielt, ein, an ihrer Reise nach Frankfurt und an den Rhein teilzunehmen (1778) sowie nach Weimar zu kommen (1779). Sie führte mit ihm einen Briefwechsel, schätzte ihn als Kunstkenner und beauftragte ihn, als Agent Kunstkäufe für sie zu tätigen. Der Gleichklang im Denken der Liebenden zeigt sich etwa an Anna Amalias Kommentar hinsichtlich des seltsamen, wenig gebildeten aber willensstarken Christoph Kaufmann (1753–1795), ein Apotheker aus Winterthur, der Goethe 1776 und im folgenden Jahr besuchte. Er ritt in Weimar auf einem Schimmel mit freier wilder Mähne ein, die Brust bis zum Nabel nackt und predigte die Rückkehr zur Natur, was in dem Lehrsatz kulminierte: „Man kann, was man will!" Als er weiterziehen wollte, gab er an, dass er in Dessau die von dem Pädagogen Johann B. Basedow (1724–1790) gegründete Erziehungsanstalt „Philanthropin" („Menschenliebe"), die Grundsätze wie spielendes Lernen, Überkonfessionalität, körperliche Ertüchtigung sowie Erziehung zur Glückseligkeit und Gemeinnützigkeit vertrat, „verbessern oder zerschmettern wollte".[44] An Merck schrieb Anna Amalia am 28. Dezember 1778: „Lieber Merck! In Gedanken hab' ich immer an Sie geschrieben; da aber die weise Mutter Natur mich nicht mit einem solchen Nasenknochen beschenkte, als sie dem glücklichen Kaufmann gab, vermöge welches er alles kann, was er will, so hab' ich mir's gefallen lassen müssen, jetzt erst zu wollen, da ich kann."[45] Herder hatte Kaufmann einen „Gottesspürhund" genannt, dies aufgreifend spottet Goethe über den Schüler Lavaters, einem Theologen und „Physiognomik-Forscher", von dem Kaufmann die Charakterdeutung aus der Physiognomie gelernt hatte (1779): „CHRISTOPH KAUFMANN, von Winterthur im Gefolge Lavaters, der seine frömmelnd physiognomisierende Spionerei zu adeln sich Gottes Spürhund zu nennen beliebte."

> Als Gottes Spürhund hat er frei
> Manch Schelmenstück getrieben,
> Die Gottesspur ist nun vorbei,
> Der Hund ist ihm geblieben.

Der derbe Sturm-und-Drang-Schriftsteller Jakob M. R. Lenz (1751–1792), der sich in einem Brief an Herder vom 28. August 1775, wohl nicht zufällig an Goethes Geburtstag, als den „stinkenden Atem des Volks, der sich nie in eine Sphäre der Herrlichkeit zu erheben wagen darf",[46] bezeichnete, wurde den Liebenden eine Gefahr. Im April 1776 kam Lenz nach Weimar zu Freund Goethe, man stellte sich für ihn die Stelle eines Vorlesers und literarischen Gesellschafters vor. Ein Urteil über die Talente von Lenz durch Frau v. Stein findet sich in einem Brief an Zimmermann vom 10. Mai 1776: „Lenz, Goethens Freund ist hier, aber es ist kein Goethe."[47] Wieland urteilte: „... er hat nur die Hälfte von einem Dichter und hat wenig Anlage, irgend etwas ganz zu sein."[48] Lenz wurde des Landes verwiesen, in Goethes Tagebucheintrag vom 26. November 1776 finden sich zwei Worte: „Lenzens Eseley". Bis heute konnte nicht geklärt werden, was vorgefallen war, wobei Herder, Wieland und Carl August die „Eseley" nicht so hart zu beurteilen schienen wie Goethe.[49] Der unberechenbare und unbeherrschte Lenz war wohl für die Wahrung des Staatsgeheimnisses ein ernstes Problem geworden, denn er schien in unerlaubtem Maß an Goethes Liebesleben interessiert zu sein, von einem „persönlich-literarischen Nachfolge-Syndrom" ist die Rede.[50] Um die Gunst der Frau v. Stein werbend – nachdem er sich schon Friederike Brion, Goethes Liebe während seiner Studentenzeit in Straßburg, genähert und ihr Liebesgedichte gewidmet hatte – rief er eine scheinbare Konkurrenzsituation hervor, etwas, was Goethe und Anna Amalia zum Handeln zwingen musste, um ihr Geheimnis nicht zu gefährden. Später schreibt die falsch informierte Anna Amalia in einem Brief an Merck vom 4. November 1779: „... daß Lenz Professor geworden, kommt mir wunderbar vor; die Universität, die ihn dazu gemacht hat, muß toll und Lenz gescheut geworden sein. Indessen ist es mir herzlich lieb, daß der arme Lenz wieder so hergestellt ist."[51] Tatsächlich war Lenz in Riga, später in St. Petersburg und Moskau und betätigte sich als Erzieher und Übersetzer, ohne eine bleibende Anstellung zu finden, ab 1787 verfiel er dem Wahnsinn.

Über seine Ernennung zum wirklichen Geheimen Rat im Jahre 1779 schreibt Goethe: „... es kommt mir wunderbaar vor dass ich so wie im Traum, mit dem

30ten Jahre die höchste Ehrenstufe die ein Bürger in Teuschland erreichen kan, betrete" (Brief an „Frau v. Stein" vom 7. September 1779). 1782 folgt ein Adelsdiplom, das ihn letztlich erst wirklich hoffähig machte. Das Adelsdiplom hatte er Anna Amalia zu verdanken; in einem Brief vom 18. November 1781 schreibt Goethe an „Frau v. Stein", indem er der Geliebten über sie wie von einer dritten Person schreibt: „Die Herz[ogin] Mutter hat mir gestern eine weitläufige Demonstration gehalten daß mich der Herzog müsse und wolle adlen lassen, ich habe sehr einfach meine Meinung gesagt". Außerdem erlangt Goethe den Meistergrad in der Freimaurerloge „Anna Amalia zu den drei Rosen" (gestiftet 1764), in die er 1780 aufgenommen worden war. Das Jahr 1782 ist überhaupt der Höhepunkt von Goethes Karriere als Staatsmann. Im Sommer errang er einen vollen Sieg über die Konservativen in Weimar, denn er wurde als Kammerpräsident Chef der gesamten Verwaltung und der Finanzen und stand somit neben Carl August an der Spitze des Herzogtums. An Knebel schreibt er jedoch am 26. Februar 1782: „So viel von der glänzenden Schale unseres Daseins, das Innere ist im Alten, nur daß mit einem immerwährenden Wechsel, sich das eine Capitel verschlimmert, indem sich das andere verbessert." Goethe macht die Notwendigkeit, über seine verbotene Liebe täuschen zu müssen, immer mehr zu schaffen, was ihn oft in eine depressive Stimmung versetzt. Auch als Staatsmann gab es nicht nur das „Glänzende", denn Goethe bekleidete selbst für ein Genie zu viele Ämter. Zudem engagierte sich Carl August außenpolitisch mit der Idee eines Fürstenbundes als dritte Macht neben Preußen und Österreich, also etwas, was erst ein Napoleon Bonaparte (1769–1821) mit seinem zunächst aus 16 deutschen Fürstentümern gebildeten Rheinbund (1806–1813) zustandebrachte.

Mit dem Problem der Täuschung beschäftigte sich Goethe immer wieder. Während seiner Harzreise im Winter 1777 trägt er am 8. Dezember in sein Tagebuch ein: „Nachmittag durchgelogen." Auf der Reise legte er sich eine Identität als Zeichenkünstler zu, hieß Weber, stammte aus Gotha und war in Familienangelegenheiten unterwegs. Am nächsten Tag schreibt er: „In meiner Verkappung seh ich täglich wie leicht es ist ein Schelm zu seyn, und wieviel Vortheile einer der sich im Augenblick verläugnet, über die armlose Selbstigkeit der Menschen gewinnen kann." Später wird Goethe das Problem der Lüge und der Täuschung eingehend in DER GROßKOPHTA und in WILHELM MEISTER verarbeiten. Die inneren und äußeren Belastungen bewirkten allmählich eine Krise, die sich Jahr für Jahr steigerte und Goethe klar werden ließ, dass er seine Arbeitsbelastung als Staatsminister reduzieren und sein Liebesverhältnis endlich aus dem beschämenden Zustand einer „Nachtliebe" herausführen musste. Dennoch hielt ihn diese Liebe in Weimar fest, am 23. November 1783 schreibt er an „Frau v. Stein": „... wenn du nicht wärst hätt ich alles lange abgeschüttelt". Vermutlich wäre diese Situation lange unverändert geblieben, wenn Goethe nicht durch äußere Umstände zu einer Flucht gezwungen worden wäre. Zu einem gemeinsamen Aufbruch irgendwohin, vielleicht nach Amerika, schien Anna Amalia sich nicht entschließen zu können, obwohl die Liebenden oft daran gedacht haben dürften, etwa wenn sie in ihrem auf die Nächte beschränkten gemeinsamen Leben Reiseabenteuer lasen. In einem Brief an „Frau v. Stein" vom 5. Dezember 1783 heißt es: „Kom ia bald Liebste damit ich das beste meines Lebens geniese. Wir wollen im Pagé lesen". Von Vicomte de Pagès (1748–1793) waren 1782 seine Reiseabenteuer VOYAGES AUTOUR DU MONDE erschienen. Das erste Mal ist die Rede von Flucht in einem Brief an „Frau v. Stein" vom 8. Juli 1781 aus Ilmenau: „Ich sehne mich heimlich nach dir ohne es mir zu sagen, mein Geist wird kleinlich und hat an nichts Lust, einmal gewinnen Sorgen die Oberhand, einmal der Unmuth, und ein böser Genius misbraucht meiner Entfernung von euch, schildert mir die lästigste Seite meines Zustandes und räth mir mich mit der Flucht zu retten; bald aber fühl ich daß ein Blick, ein Wort von dir alle diese Nebel verscheuchen kan... Wir sind wohl verheurathet, das heist: durch ein Band verbunden wovon der Zettel aus Liebe und Freude, der Eintrag aus Kreuz Kummer und Elend besteht."

Italienflucht: Die befürchtete preußische Intervention

Die Korrespondenz zwischen Goethe und dem Herzog Carl August während des Italienaufenthaltes erweist sich für denjenigen, der Goethes Geheimnis kennt, als offenes Buch. Goethe geriet öfters in eine Krise, war hoffnungslos und erwog, Weimar zu verlassen. In einem Gespräch mit seinem „Urfreund" Knebel, der auch Vertrauter von Anna Amalia und Frau v. Stein war und auf dessen Verschwiegenheit man sich absolut verlassen konnte,[52] heißt es etwa: „Wie gut ist es, vertraulich über seinen Zustand mit Freunden hin- und widerreden!"[53] Mit Knebel unternimmt er 1785 erstmals eine Reise nach Karlsbad. Bei seinem zweiten Aufenthalt in Karlsbad flieht er am 3. September 1786 nach Italien. Goethe floh jedoch nicht, weil er das Weimarer Hofleben nicht mehr ertragen konnte oder weil die Amtsgeschäfte sein künstlerisches Talent zu ruinieren drohten, diese Aspekte waren nicht ausschlaggebend. In Wahrheit war Goethes Abreise aus Karlsbad eine staatspolitisch bedingte Flucht.

Am 17. August 1786 war der Preußenkönig Friedrich II. gestorben, ein König, dessen erste Amtshandlung 1740 ein Angriffskrieg, von ihm als „Rendezvous des Ruhmes" bezeichnet, auf das österreichische Schlesien gewesen war (Erster Schlesischer Krieg). Er tat dies unter dem Vorwand, dass er die österreichische weibliche Thronfolge, durch die 1740 die Erzherzogin Maria Theresia von Österreich an die Macht gelangte, nicht akzeptieren wolle. In Goethes Satire DIE VÖGEL (1780) wird Preußen als Adler dargestellt: „Schwarz, die Krone auf dem Haupt, sperrt er seinen Schnabel auseinander, streckt eine rote Zunge heraus und zeigt ein Paar immer bereitwillige Krallen … Es wird niemanden recht wohl, der ihn ansieht". Während des Bayerischen Erbfolgekrieges (1778/79) riet Goethe als Vorsitzender der Kriegskommission Carl August, freiwillig den Preußen Truppen zur Verfügung zu stellen, da andernfalls diese „mit offenbarer Gewalt, brauchbare, verheuratete, angesessene Leute mit wegnehmen" würden (Brief vom 9. Februar 1779). Der preußische Thronfolger Friedrich Wilhelm II. (1744–1797) war noch unberechenbarer. Knebel hatte, bevor er als Prinzenerzieher nach Weimar kam (1774), lange in der Militäreinheit des preußischen Erbprinzen gedient und beurteilte ihn als wenig geistreich und gleichgültig,[54] seine Günstlings- und Mätressenwirtschaft sollte Preußen an den Rand des Bankrotts bringen. Dass Carl August letztlich die Idee, neben Preußen und Österreich einen selbständigen Fürstenbund, zusammengesetzt aus den übrigen großen und kleinen Fürstentümern, als dritte Macht in Deutschland zu etablieren, zugunsten eines preußisch beherrschten Fürstenbundes (1785) aufgegeben hatte, der sogleich dazu genutzt wurde, den Erwerb Bayerns durch Österreich zu vereiteln, machte ihn noch nicht zum Freund Preußens. Während des preußischen Thronwechsels war kein Verlass mehr auf die bisherigen politischen Verhältnisse, nur Preußen und Österreich standen als entgegengesetzte Pole fest. In diplomatischen Kreisen kursierte sogar das Gerücht, der neue preußische König wolle zum Katholizismus übertreten, um auch für die Kaiserwürde, die seit 1438 fast ohne Ausnahme von den Habsburgern in Wien beansprucht wurde, in Frage zu kommen.[55] Ausgerechnet in dieser Zeit geschah in Weimar etwas Unerwartetes: Jemand wusste um Goethes Geheimnis, um seine verbotene Liebe zur Fürstin Anna Amalia, und gab dies anonym zu erkennen. Goethes Briefe aus Italien an den Herzog Carl August geben verschlüsselt von der Suche und dem Auffinden des „Verräters" Kunde. In dieser Zeit politischer Ungewissheiten war die Kenntnis des Staatsgeheimnisses durch einen unbekannten Dritten besonders brisant. Goethe befürchtete eine Intervention der Preußen, die sich seine verbotene Liebe zu einer Fürstin als Vorwand hätten zunutze machen können, vielleicht sogar bis zur Annexion des Herzogtums. Später verarbeitete Goethe den „Verrat" in seinem autobiographischen Roman WILHELM MEISTERS WANDERJAHRE, den er unmittelbar nach dem Tod Anna Amalias 1807 zu diktieren begann. Darin wird der Held durch einen Knaben mit dem Namen Fitz in eine Falle gelockt (I, 4). Auch der Titel „Wo stickt der Verräter?" in der ersten Romanfassung (1821), der in der zweiten (1829) in „Wer ist der Verräter?" geändert wurde, weist in Richtung „Verrat".

Am 3. September 1786 zieht Goethe die Konsequenzen aus der Entdeckung und flüchtet von Karlsbad unter dem Namen Johann Philip Möller nach Süden. Am 2. September 1786 schreibt Goethe dem Herzog: „Nur bitt ich lassen Sie niemanden nichts mercken, daß ich außenbleibe. Alle die mir mit und untergeordnet sind, oder sonst mit mir in Verhältnis stehen, erwarten mich von Woche zu Woche, und es ist gut daß das also bleibe und ich auch abwesend, als ein immer erwarteter würcke". Da der „Verräter" nicht bekannt ist, sollen alle möglichst im Unklaren über seinen Verbleib sein. Im Brief aus Verona vom 18. September 1786 kommt die Außenpolitik zur Sprache: „Manchmal wünscht ich denn doch zu wissen wie es in Berlin geht und wie der neue Herr sich beträgt? was Sie für Nachricht haben? Was Sie für Theil daran nehmen? ... Es wäre möglich daß der Fall käme da ich Sie unter fremden Nahmen etwas zu bitten hätte. Erhalten Sie einen Brief von meiner Hand, auch mit fremder Unterschrift; so gewähren Sie die Bitte die er enthält." Weiter heißt es: „Die Zeitungen lehren mich etwas spät wie es in der Welt bunt zugeht. Görtz im Haag, der Statthalter und die Patrioten in Waffen, der neue König für Oranien erklärt! Was wird das werden?" Entscheidend ist hier der Name Görtz. Graf Görtz war seit 1778 in preußischen Diensten und nun vom neuen König als außerordentlicher Gesandter nach Den Haag geschickt worden.[56] Zuvor war Görtz in Weimar tätig gewesen, 1762 wurde er 25-jährig von der Herzogin Anna Amalia zur Erziehung ihrer Söhne berufen, etwa zwei Jahre vor der Regierungsübernahme seines Zöglings Carl August verschlechterte sich seine Beziehung zu Anna Amalia rapide, die dann einen erbitterten Kampf gegen ihn führte. Sie entließ Görtz demonstrativ zwei Monate vor der Volljährigkeit Carl Augusts; in einem Brief an den Minister v. Fritsch vom 2. Juli 1775 schreibt sie: „Die Angelegenheit mit Görtz ist vollständig beendet", wobei sie am 4. Juli 1775 noch vom Minister v. Fritsch verlangte, zwei zu starke Dankbarkeitsfloskeln im Entlassungsdekret abzuschwächen, da sie „überzeugt [war] daß er [Görtz] meinen Sohn verzogen hat und zwar gründlich".[57]

Nach seiner Amtseinsetzung erhöhte Carl August großzügig seinem Erzieher Graf Görtz die Abfindung und die Herzogin Luise erwählte ihn zu ihrem Oberhofmeister, wohl ein erster vergeblicher Versuch, dem Witwenhof ihrer Schwiegermutter Anna Amalia etwas entgegenzusetzen. Vor Goethes Ankunft in Weimar im November 1775 hatte Anna Amalia auch Anlass gehabt, den Einfluss von Graf Görtz auf ihren Sohn zu fürchten. In einem Brief an v. Fritsch kurz nach dem Regierungsübergang am 3. September 1775 geht es etwa darum, etwas, was nicht näher bezeichnet wird, zu verhindern, da Anna Amalia sonst „ernstlich befürchte daß der ganze Plan von Görtz zur Ausführung kommt".[58] Nach Goethes Ankunft erträgt Görtz den kometenhaften Aufstieg Goethes nicht, der ihn um die Gunst des regierenden Herzogs brachte und von seinen hochfahrenden Plänen herunterholte – eine Gunst, durch 13 Jahre Erziehungsarbeit allmählich erlangt, die in wenigen Wochen dahingeschwunden war. Für Anna Amalia war die Berufung Goethes ein Befreiungsschlag, mit ihm konnte ein Zustand, der an den meisten Fürstenhöfen in Deutschland vorherrschte, verhindert werden, nämlich, dass korrupte und nach persönlichem Reichtum strebende Minister die Macht in Händen hielten. Vor allem aber war ihr Plan, in Weimar einen Musenhof ersten Ranges aufzubauen, nicht mehr ernsthaft gefährdet und mit Goethe die Hauptsäule feststehend. Noch als Herder sich „nur für seine Söhne" ein Adelsdiplom beim Kurfürsten von Bayern verschaffte (1802), versagte ihm Herzog Carl August dessen Anerkennung, weil Herder – abgesehen davon, dass er damals republikanischer Gesinnung war – „als Vermittler den zum Unfreund Weimars gewordenen"[59] Grafen Görtz einschaltete. Goethe erfand auch das Wort „gegörzt" für „politisieren" (Brief an „Frau v. Stein" vom 5. Mai 1780), da Graf Görtz im Bayerischen Erbfolgekrieg

(1778/79) als Diplomat beteiligt war. Graf Görtz' Beziehung zu Weimar war indessen nicht abgebrochen, seine Frau kam noch nach Weimar und wurde auch am Hofe empfangen, etwa am 10. Oktober 1782.[60] Vor allem Görtz war es gewesen, der die aufwiegelnden Gerüchte über das „Genietreiben" am Weimarer Hof in ganz Deutschland ausstreute, die für helle Aufregung sorgten. Solche Gerüchte bewegten Klopstock zu einem väterlich-warnenden Brief an Goethe (8. Mai 1776), den dieser verärgert abwies (21. Mai 1776): „Verschonen Sie uns ins Künftige mit solchen Briefen, lieber Klopstock!", was zum Bruch zwischen den Dichtern führte. Wieland, der ab 1772 mit Görtz zusammen die Erziehung der Prinzen übernommen und für kurze Zeit mit dessen ambitiösen Plänen liebäugelt hatte, schrieb, inzwischen ganz auf Seiten Anna Amalias und Goethes, in einem Brief an Freund Merck vom 5. Juli 1776 über Görtz: „Laßt die schäbichten Kerls schwatzen. Graf Görtz rüstet sich, um auch in eure Gegenden und nach Mainz und Mannheim zu gehen, und dort Alles gegen Goethe und mich aufzuwiegeln. Der Elende! Nichts weiter von dem Geschmeiß."[61]

An Görtz also dachte Goethe, als er eine preußische Verschwörung nach dem Thronwechsel befürchtete; er hielt es für möglich, dass Görtz in Kenntnis des Weimarer Staatsgeheimnisses nur auf den Thronwechsel gewartet hatte, um es politisch auszunutzen und sich beim neuen König Friedrich Wilhelm II. zu empfehlen. Bereits früh bewies der nunmehrige preußische König einen üblen Charakter. Sein „Opfer" war Anna Amalias jüngere Schwester, die ihm 1765 angetraute Elisabeth Christine Ulrike von Braunschweig (1746–1840). Der preußische Thronfolger hatte von Anfang der Ehe an mehrere Geliebte, verkehrte mit diesen ungeniert und beachtete seine Ehefrau kaum, die es ihm daraufhin gleichtat. König Friedrich II. beurteilte die Angelegenheit – es ging um die Tochter seiner geliebten Schwester Philippine Charlotte – wie folgt: „Der Gatte, jung und sittenlos, einem ausschweifenden Leben hingegeben, übte täglich Untreue an seiner Gemahlin; die Prinzessin, die in der Blüte ihrer Schönheit stand, sah sich gröblich beleidigt durch die geringe Rücksicht, die man ihren Reizen zeigte. Ihre Lebhaftigkeit und die gute Meinung, die sie von sich selber hatte, brachten sie dazu, sich für das Unrecht zu rächen, das man ihr antat. Bald ergab sie sich Ausschweifungen, denen ihres Gatten kaum nachstanden; die Katastrophe brach aus und wurde bald publik".[62] Gerade hier wird der unglaubliche Zynismus von Friedrich II. erkennbar. Seine zur Schau getragene Ablehnung einer skrupellosen Machtpolitik wie sie angeblich Machiavelli (1469–1527) vertrat, sollte nur seine politische und menschliche Skrupellosigkeit verdecken. Es ist nicht vorstellbar, dass das so wohl unterrichtete Staatsoberhaupt nicht seiner politisch unerfahrenen Nichte Elisabeth Christine Ulrike hätte helfen können. Die Schuld wurde, bei völliger Zustimmung ihrer Mutter, einhellig auf Seiten von Elisabeth Christine Ulrike gesehen, die Ehe 1769 geschieden und die erst 22-Jährige nach Stettin unter haftähnlichen Bedingungen verbannt, wo sie noch 72 Jahre leben sollte. Daraus folgt, dass König Friedrich II. der Ausgang des ehelichen Konflikts aus irgendwelchen Gründen ganz recht war, vielleicht wurde er durch den Namen seiner Nichte an seine Frau Elisabeth Christine (1715–1797) erinnert, ebenfalls eine Prinzessin aus Braunschweig; er musste sie 1733 heiraten, verbannte sie jedoch mit der Thronbesteigung (1740), wobei er sie nie berührt haben soll.[63]

Nun war aber Görtz 1786 in die Niederlande entsandt worden und die Preußen machten keine Anstalten, im Herzogtum Weimar einzufallen. Da die außenpolitische Lage in Bezug auf Weimar zunächst ruhig blieb, hatte Goethe endlich Zeit, sich über die nächsten Schritte klar zu werden. Am 28. September war er in Venedig eingetroffen, eine Stadt mit einem großen Hafen, von dem aus Schiffe in die ganze Welt abfuhren. Hätte er wirklich nur so schnell wie möglich Rom erreichen wollen, so hätte er den bedeutenden Umweg über Venedig und einen wochenlangen Aufenthalt dort nicht gemacht. Goethes Brief aus Verona vom 18. September klingt so, als würde er nie wieder zurückkehren: „Es wäre möglich daß der Fall käme da ich Sie unter fremden Nahmen etwas zu bitten hätte. Erhalten Sie einen Brief von meiner Hand, auch mit fremder Unterschrift; so gewähren Sie die Bitte die er enthält." Goethe wusste ursprünglich nicht, wohin die Reise gehen sollte, in TASSO heißt es (Vers 2238 ff.): „Wohin, wohin beweg' ich meinen Schritt,/ Dem Ekel zu entfliehn, der mich umsaust,/Dem Abgrund zu entgehn, der vor mir liegt?" Bei entsprechenden Entwicklungen, die es ratsam gemacht hätten, nicht mehr nach Weimar oder nach Deutschland zurückzukommen, hätte sich Goethe – dann aber ohne Anna Amalia – in Venedig eingeschifft und in der freien Welt sein Glück gesucht. Das Inkognito war zunächst für seine Flucht notwendig; später behielt er es bei, um frei von gesellschaftlichen Verpflichtungen arbeiten zu können.

Am 14. Oktober konnte Goethe, da sich seine Befürchtungen hinsichtlich Preußens als falsch erwiesen hatten und eine Flucht übers Meer nicht notwendig wurde, endlich seinen Jugendtraum erfüllen und nach Rom aufbrechen. Es galt der aus der Not geborenen Reise einen Sinn zu geben. Die Überzeugung, dass eine Bildungsreise Unendliches zur weiteren Ausbildung und Veredelung seiner Anlagen beitragen konnte, hatte er schon lange; bereits 1775 wollte er nach Italien aufbrechen, als die Kutsche, die ihn nach Weimar bringen sollte, zunächst ausblieb. Am 3. November 1786 bittet er den Herzog aus Rom: „… so laßen Sie mich das gut vollenden was gut angefangen ist und was jetzt mit Einstimmung des Himmels gethan scheint". Im Brief vom 20. Januar 1787 aus Rom dankt Goethe für den ersten Brief, den er vom Herzog erhalten hat: „Wie sehr danck ich Ihnen, daß Sie mir so freundlich entgegen kommen, mir die Hand reichen und mich über meine Flucht, mein Aussenbleiben und meine Rückkehr beruhigen." Die italienische Reise als Studien-, Bildungs-, aber auch als Arbeitsreise des Dichters war genehmigt, die Dauer aber noch ungewiss.

In einem Brief vom 23. Oktober 1787 an Carl August kommt Anna Amalia zur Sprache. Goethe wählt den 23. Oktober als Verschlüsselung, um auf das Thema an sich hinzuweisen, da der 24. Oktober Anna Amalias Geburtstag ist, weiß ihr Sohn Carl August, dass es um sie geht. Goethe ist bei diesem Thema sichtlich verlegen; er, 38-jährig, spricht zum 30-jährigen Carl August über dessen 48-jährige Mutter Anna Amalia: „So sehr mein Gemüth auch gewohnt ist sich mit Ihnen zu unterhalten, so gewiß ich nichts Gutes genieße ohne Sie dessen theilhaftig zu wünschen, so verlegen bin ich jetzt doch gewissermassen wenn ich die Feder ansetze Ihnen zu schreiben." Es folgt ein Hinweis auf den vulkanischen Ursprung der Albaner Berge, die vor den Toren Roms liegen: „Und wie auf ausgebrannten Vulkanen leben wir auch hier auf den Schlachtfeldern und Lagerplätzen der vorigen Zeit", die stürmische Leidenschaft ist bei Goethe also „ausgebrannt". „Nur zu sehr spüre ich in diesem fremden Lande daß ich älter bin. Alle Verhältniße knüpfen sich langsamer und loser, meine beste Zeit habe ich mit Ihnen mit den Ihrigen gelebt und dort ist auch mein Herz und Sinn, wenn sich gleich die Trümmern einer Welt in die andre Wagschale legen". Nach seiner Rückkehr aus Italien wird Goethe in den RÖMISCHEN ELEGIEN hinsichtlich seines ersten Weimarer Jahrzehnts, seiner Flucht und seiner Rückkehr dichten: „Sahst eine Welt hier entstehn, sahst dann eine Welt hier in Trümmern,/Aus den Trümmern aufs neu fast eine größere Welt!" (ELEGIE XV, Vers 43 f.).

Weiter beschäftigt sich der Brief vom 23. Oktober 1787 mit dem „Verräter". Goethe knüpft an den Zweiten Schlesischen Krieg (1744/45), der ebenfalls von Preußen als Angriffskrieg begonnen wurde, an, um etwas zu verschlüsseln. Ihm sei am Rande des Nemisees bei Rom ein alter hölzerner Trog aufgefallen, den die Österreicher im Zuge dieses Krieges bei ihrem Versuch, in Süditalien einzufallen, was bei der Schlacht von Velletri 1744 vereitelt wurde, benutzt hätten, um ihre Pferde zu tränken. Ein zweiter Trog sei bereits verfallen, was zu der Frage führt, warum der erste, der ebenso aus Holz bestand, nicht auch verfallen oder zumindest morsch war. Dann heißt es: „Gleich erinnerte ich mich, was Sie mir einst von ihrem Anteil, an der Schlacht bey Velletri schrieben". Da Carl August 1757 geboren wurde, also 13 Jahre nach der Schlacht von Velletri, konnte er an dieser keinen direkten

Anteil gehabt haben, es geht hier also um einen Angriffskrieg im übertragenen Sinn. Mit diesem Vergleich bestätigt Goethe, Nachrichten über den „Verräter" seines Geheimnisses erhalten und verstanden zu haben. Weiter schreibt er: „Fast hätte ich Ihnen einen Span aus dem Troge geschnitten und Ihnen so eine recht landsmännisch militarische Reliquie geschickt". Damit gibt er Carl August zu verstehen, dass er verstanden hat, dass es in Sachen „Verräter" noch keine Entwarnung gibt. Im nächsten Brief vom 17. November 1787 wird die „Reliquie" besonders erwähnt: „Sie haben indeß zwey Briefe von mir erhalten … [einer] enthielt die Nachricht von einer militärischen Reliquie der dortigen Gegend". Doch erst wenn der „Verräter" gefunden ist, wird er berichten, dass er die „Reliquie" hat. Noch im Brief vom 7. Dezember 1787 bezeichnet Goethe Preußen, in dessen Dienste Carl August am 25. September 1787 im Rang eines Generalmajor eingetreten war, als „halb feindlichen Lande". Inzwischen war es am 24. August 1787 zu einer türkischen Kriegserklärung gegen Russland gekommen, Österreich war mit Russland verbündet, Preußen, England und Holland bildeten einen Schutzbund auf Seiten der Türkei. Carl August nahm auf Seiten Preußens an den Verhandlungen des Schutzbundes in Den Haag teil.[64]

In einem Brief an den Herzog vom 29. Dezember 1787 macht sich Goethe über seine Überwachung in Rom lustig: „… wenn Sie mir manchmal etwas bedeutenderes schreiben wollen; können Sie es ohne Sorge thun. Niemals habe ich an einem Briefe nur eine Spur einer Eröffnung bemerckt". Goethe scheint hier ganz naiv, in Wirklichkeit wiegt der Staatsmann die Spione etwa auf Seiten des Kirchenstaates oder Österreichs in falscher Sicherheit.[65] Dass Goethes Mitbewohner, der Maler Johann Heinrich Wilhelm Tischbein (1751–1829), ihn ausspionierte, ist sehr wahrscheinlich,[66] ausgerechnet der Maler, der das wohl bekannteste Bild des Dichters, GOETHE IN DER CAMPAGNA DI ROMA (ABB. 4), gemalt hat. Tischbein wurde zunächst günstig geschildert, etwa: „… mein herzlicher Freund … wo hätte mir ein werterer Führer erscheinen können?" (ITALIENISCHE REISE, 7. November 1786). Dann aber am 2. Oktober 1787: „… er ist nicht so rein, so natürlich, so offen wie seine Briefe. Seinen Charakter kann ich nur mündlich schildern".[67] Erst als 1799 Tischbein nach Deutschland zurückkehrte und mit Anna Amalia, die mit ihm während ihres Italienaufenthalts oft verkehrte, in Kontakt stand, überwand Goethe seinen Zorn und näherte sich ihm wieder etwas an. Da Goethe mit Spionen rechnete, schickte er am 10. Januar 1787 seinen Freunden in Weimar einen geschnittenen Stein mit der Bitte, künftig die Briefe damit zu siegeln, „Frau v. Stein" bekam einen extra. Am 17. Februar 1787 teilt er „Frau v. Stein" mit: „Deine Briefe werden alle gleich verbrannt, wie wohl ungern. Doch dein Wille geschehe." Dabei scheinen ihre Briefe ohnehin stets bedeckt formuliert worden zu sein, so heißt es etwa in einem Brief vom 8. Juni 1784 aus Eisenach: „Deine liebe Briefe sind angekommen, und ach ich bin deiner Gegenwart so gewohnt daß sie mir kalt vorkamen, daß ich erst wieder mich gewöhnen musste deiner Handschrift eben den Sinn zu geben den die Worte von deinen Lippen haben." Goethe wusste also, dass seine Briefe jederzeit unbefugt geöffnet werden konnten, sein Briefwechsel war aber so verschlüsselt, dass er sich deswegen keine allzu großen Sorgen zu machen brauchte.

Für besonders wichtige Mitteilungen gab es ohnehin sicherere Wege, wie aus dem Eintrag vom 16. Februar 1788 hervorgeht: „Mit dem preußischen Kurier erhielt ich vor einiger Zeit einen Brief von unserm Herzog … Da er ohne Rückhalt schreiben konnte, so beschrieb er mir die ganze politische Lage, die seinige und so weiter." Der Herzog berichtet in einem Brief an seine Mutter Anna Amalia vom 11. Januar 1788: „Göthen schrieb ich gestern durch einen Kurier, der nach Rom ging, einen Brief von 12 Seiten." In seinem Brief an den Herzog vom 25. Januar 1788 aus Rom berichtet Goethe, dass er den Tag des Erhaltes des 12-seitigen Briefes „als den fröhlichsten … den ich in Rom erlebt habe", ansah, der „Verräter" ist nämlich endlich entdeckt, seine Rückkehr nach Weimar ohne Ungewissheiten möglich: „Anfang Dezembers durchlief ich noch einmal das vulkanische Gebirg hinter Rom, von Fraskati bis Nemi und schnitt bey dieser Gelegenheit einen Span aus jenem Troge. Mit nächstem Transport wird diese Reliquie sich Ihrem Hausaltar empfehlen." Die außenpolitische Lage ist also endgültig geklärt, von Preußen ist keinerlei Gefahr zu erwarten, denn Graf Görtz weiß nichts vom Weimarer Staatsgeheimnis.

Versteckt hinter unscheinbaren Personalfragen war in Weimar nach dem „Verräter" gefahndet worden. Goethe verdächtigte zunächst seinen ehemaligen Diener und Sekretär Philipp Friedrich Seidel (1755–1820), der ihn von Frankfurt nach Weimar begleitet hatte; im Brief vom 7. Dezember 1787 heißt es: „Nun ein Wort, daß sich auf Ihre innere Wirthschafft bezieht … Ich wünschte Sie veranlaßten Schmidten, daß er Seideln … prüfe … Lassen Sie ihn prüfen, prüfen Sie ihn bey Ihrer Rückkunft selbst, ich müßte mich sehr betrügen, wenn Sie in dieser Classe Menschen einen gleichen fänden". Vordergründig ging es nur um eine Beförderung Seidels zum Rentkommissar, bei diesem alltäglichen Vorgang wäre aber eine derart sorgfältige Mehrfachprüfung nicht nötig gewesen, schon gar nicht durch den Herzog selbst. Mit „Prüfung" ist hier eine kriminalistische Untersuchung gemeint, die zur Demaskierung des „Verräters" führen soll. Weiter stellte Goethe eine Liste zusammen, die die Namen aller Personen beinhaltete, die theoretisch von seinem Geheimnis wissen konnten: „Noch eine andere Übung habe ich vor:

daß ich … heroische Süjette nach meinen Anläßen zeichnen lasse … Fr. v. Stein kann etwas näheres, wenigstens die Liste der Süjette mittheilen" (Brief an den Herzog vom 15. Dezember 1787). Mit dem 12-seitigen Brief Carl Augusts erhielt Goethe nunmehr Kenntnis von der Identität des „Verräters", denn in seiner Erwiderung vom 25. Januar 1788 heißt es: „Meine größte Sorge, die ich zu Hause habe ist Fritz. Er tritt in die Zeit wo die Natur sich zu regen anfängt und so leicht sein übriges Leben verdorben werden kann. Sehen Sie doch ein wenig auf ihn." Der 14-jährige Fritz v. Stein, der jüngste Sohn der Frau v. Stein, war also der „Verräter" gewesen, jener Fritz, um dessen Erziehung Goethe sich seit dessen siebten Lebensjahr gekümmert hatte und der seit 1783 in seinem Hause wohnte. Fritz war ständig um Goethe gewesen, er begleitete ihn auf Reisen, bekam Briefe diktiert, auch an „Frau v. Stein", Rechnungen, Kassenbücher und anderes gingen durch seine Hände, er lernte allerlei, darunter in verschiedenen Schrifttypen zu schreiben.[68]

In einem Brief vom 19. Januar 1788 an „Frau v. Stein" hieß es bereits: „Grüse Fritzen. Seine Augen machen mir Sorge". Von einem Augenleiden von Fritz war jedoch zuvor nie die Rede, Goethe weist damit darauf hin, dass dieser in seiner Nähe zuviel gesehen haben könnte. Indem er systematisch an einer Liste der „heroischen Süjette" arbeitete, dürfte Goethe gegenüber Fritz misstrauisch geworden sein. Schon früher hätte er allen Grund dazu gehabt, etwa als er im Nachtrag zu einem Brief an „Frau v. Stein" vom 6. Juli 1786 vom eigenmächtigen Aufbrechen eines versiegelten Briefes durch Fritz berichtet: „Da Fritz den Brief wieder aufgebrochen hat, kann ich dir auch noch ein Wort sagen." In ihrem Lustspiel Neues Freiheitssystem oder Die Verschwörung gegen die Liebe (1798) wird Frau v. Stein hinsichtlich des „Verräters" – verschlüsselt – eine andere Version geben, bei der ein gefälschter Brief von Carl August Anlass der Trennung ist. Goethe bestellte, nachdem er von der Italienreise mit dem Vollmond nach Weimar zurückkam, als erstes Fritz um 6 Uhr früh zu sich. Dieser berichtete anschließend dem Bruder Carl: „[Ich hatte mich] so gefreut ihn wieder zu sehen daß ich ihm kein Wort sagen konnte".[69] Diese Sprachlosigkeit war tatsächlich durch sein schlechtes Gewissen bedingt, denn er hatte durch sein anonymes Bekenntnis, dass das Geheimnis ihm bekannt sei, die Liebenden getrennt und die Angst vor militärischen Sanktionen Preußens erregt. Doch hatten Goethe und Anna Amalia sich auch in den Augen des Knaben eine Ungeheuerlichkeit mit seiner Mutter geleistet. Wenn Fritz als Inschrift seines Wappens „Trachte nach Wahrheit" wählte, die auch auf seinen Grabstein kam, so knüpft dies an seine Rechtfertigungsgründe an. Goethes weiteres Vorgehen bezüglich Fritz wird in einem Brief an seinen Vertrauten Seidel vom 9.

Februar 1788 deutlich: „Nun habe wegen Fritzens etwas mit dir zu reden. Überlege doch, ob du Zeit Muße und Lust hast dich seiner anzunehmen und ihm einigen Unterricht zu geben." Es folgt Goethes Vorstellung über die Ausbildung von Fritz im Bereich des Rechnungswesens; er soll auf eine Karriere als Weimarer Beamter vorbereitet werden, schließlich ist Goethe froh, dass der „Verräter" letztlich nur ein harmloser Knabe war. Verziehen wurde ihm sein „Verrat" aber, insbesondere vom Herzog Carl August, dessen Untertan er war, nicht. Dieser Jugendstreich des um die liebevolle Erziehung durch Goethe beneideten Fritz sollte sein ganzes Leben überschatten. Er traute fortan Goethe und dem Herzog Carl August nie ganz. Diese schienen ihm zwar eine gesicherte Zukunft bereiten zu wollen; mit 15 Jahren wurde er zum Hofjunker und Kammerassessor ernannt, er studierte in Jena, Hamburg und London, danach wollte ihn Carl August aber überraschend ins rückständige, von Preußen eroberte Schlesien schicken. Charlotte v. Stein war immer um Vermittlung für ihren Lieblingssohn durch Goethe bemüht. Doch Fritz zog eine zunächst unbezahlte Anstellung in Breslau vor, mehrmals endeten Verhandlungen mit Carl August ergebnislos, in der Ferne sollte er jedoch sowohl privat als auch beruflich scheitern.[70] Als Fritz sich 1801 entschloß, in Weimarer Dienste einzutreten, zeigten ihm sowohl Goethe als auch der Hof die kalte Schulter, was für Frau v. Stein ein schwerer Schlag war. Goethes Freund Wilhelm v. Humboldt (1767–1835), der Fritz zu sich holte, um ihn an der Reform des preußischen Bildungswesens mitarbeiten zu lassen, war bald von ihm enttäuscht: „Stein ist ein sehr guter Mensch, allein zur Arbeit doch nur sehr bedingter Weise tauglich … fast keine Sache, die er macht, hat Hand und Fuß; man muß immer ändern und weiß nie anzufangen, weil man eigentlich das Ganze ausstreichen müßte."[71] Goethes Verhältnis zu seinem ehemaligen Zögling sollte nach seiner Rückkehr aus Italien kühl bleiben;[72] als Fritz sich 1803 verlobte, später heiratete und Vater wurde, gratulierte Goethe ihm nicht.[73]

Der Italienaufenthalt: „auf dem Wendepuncte"

Die Umstände der Flucht und Goethes Briefe und Werke erlauben es, die Einzelheiten der Trennung Goethes von seiner Geliebten genau zu erschließen. Die ITALIENISCHE REISE (ab 1813) stellt in vier Teilen mit insgesamt etwa 800 Seiten Umfang die Reisebeschreibung (1786–1788) dar. Auffällig ist, dass im ersten Teil, dem TAGEBUCH FÜR FRAU V. STEIN, in mehreren Eintragungen Inschriften nur auf Lateinisch wiedergegeben werden, etwa am 21. September 1786: „Das Ganze, besonders der Schluß, ein herrlicher Text zu künftigen Unterredungen." Am 26. September (lateinische Inschrift), am 1. Oktober (italienisch-lateinischer Text eines Oratoriums), am 7. Oktober (italienischer Satz) und öfters finden sich solche Eintragungen, die von Goethe nicht übersetzt wurden. Frau v. Stein konnte diese aber nicht verstehen, da sie die alten Sprachen nicht beherrschte und stets auf Übersetzungen angewiesen war.[74] Im Gegensatz zu Anna Amalia konnte sie auch kein Italienisch. Latein war für eine Fürstin zu einem gewissen Grad Pflicht; als Anna Amalia regierende Herzogin war, trugen ihr Schüler des Gymnasiums auf Lateinisch „gelehrte Sachen" zu ihrem Geburtstag vor.[75] Mit Beendigung ihrer Regentschaft vertiefte Anna Amalia systematisch ihre Sprachkenntnisse.[76] Goethe wäre aber alles andere als ein Kavalier gewesen, wenn er Frau v. Stein Texte geschickt hätte, die sie nicht verstehen konnte, zumal er in seinem Brief vom 18. September 1786 bat, diese keinem Dritten zu zeigen, indem er das Tagebuch mit den Worten ankündigte: „Sag aber niemanden etwas von dem, was Du erhältst. Es ist vorerst ganz allein für Dich." Kurze Zeit später ohne Datum heißt es aus Venedig: „Mein Tagebuch ist zum erstenmal geschlossen; … Behalt es aber für Dich, wie es nur für Dich geschrieben ist". Diese Bitte wurde auch ernst genommen, denn im Brief vom 6. Januar 1787 heißt es: „Mit meinem Tagebuch wenn es ankommt mache was du willst … Gieb davon zu genießen wem und wie du willst, mein Verbot schreibt sich noch aus den stockenden Zeiten her, mögen die doch nie wieder kehren."

Der offenbare Widerspruch mit den Sprachkenntnissen der vermeintlichen Empfängerin taucht auch im sonstigen Briefwechsel mit „Frau v. Stein" auf, etwa in einem Brief vom 14. November 1781, in dem Goethe schreibt: „Schicke mir meine liebste, den Schädel, die Zeichnung davon, das lateinische Büchel in Oktav, und eine Versicherung deiner Liebe." Die Geliebte trieb hier offensichtlich anatomische Studien und las dafür ein lateinisches Buch, es konnte sich also nicht um Frau v. Stein handeln. In einem Brief an

„Frau v. Stein" vom 19. November 1784 heißt es: „Ich bringe den Spinoza lateinisch mit wo alles viel deutlicher und schöner ist". Das klingt nicht so, als wolle er laufend der Geliebten übersetzen, vielmehr sollten beide beim Vorlesen den Inhalt genießen. Dass Goethe nicht an Frau v. Stein, sondern an Anna Amalia schrieb, beweist in aller Deutlichkeit ein Brief vom 12. Dezember 1781. Goethe hatte eine italienische Übersetzung seines Briefromans DIE LEIDEN DES JUNGEN WERTHER (1774) von Michele Salom aus Padua erhalten, mit deren Qualität er nicht zufrieden war, er schreibt daher an „Frau v. Stein": „... seine Übersetzung ist fast immer Umschreibung; aber der glühende Ausdruck von Schmerz und Freude, die sich unaufhaltsam in sich selbst verzehren, ist ganz verschwunden und darüber weis man nicht was der Mensch will. ... Du sollst es sehen und selbst urtheilen." Hierfür sind ausgezeichnete Kenntnisse der italienischen Sprache erforderlich, über die nur Anna Amalia verfügte, denn diese ließ sich bereits seit Mitte der 1760er Jahre in Italienisch unterrichten und fertigte Übersetzungen aus dem Italienischen ins Französische und ins Deutsche, später aus dem Deutschen ins Italienische an.[77] Zu dem Zeitpunkt, als Goethe ihr die WERTHER-Übersetzung zur Prüfung vorlegen will, ist Anna Amalia mit der Übersetzung des Märchens AMOR UND PSYCHE von Apuleius (um 125 – nach 161 n. Chr.) aus dem Italienischen beschäftigt, das ab November 1781 in ihrem TIEFURTER JOURNAL, eine Zeitung mit einer Auflage von elf handschriftlichen Exemplaren (1781–1784), erschien. Ab 1775 nahm sie Italienischunterricht bei Christian Joseph Jagemann (1735–1804), den sie als Bibliothekar bei sich angestellt hatte. Jagemann war in Deutschland einer der besten Kenner der italienischen Sprache, als Mönch hatte er lange Jahre in Florenz gelebt und war dann nach Erfurt als Direktor des katholischen Gymnasiums berufen worden, anlässlich seiner Einstellung konvertierte er zum Protestantismus. In Erscheinung trat er etwa mit einer italienischen Grammatik, einem umfassenden italienischen Wörterbuch und von Anfang 1787 bis Mitte 1789 mit der Zeitung LA GAZZETTA DI WEIMAR, einer in Weimar herausgegebenen Wochenzeitung in italienischer Sprache, die über Italien, aber auch über andere Länder einschließlich Deutschland berichtete. Anna Amalia baute die umfangreichste Italienbibliothek einer deutschen Fürstin im 18. Jahrhundert auf.[78] Wenn Goethe im Brief vom 25. Mai 1787 aus Neapel an „Frau v. Stein" schreibt: „Es freut mich daß du von Italien so viel liesest, du wirst mit den Gegenständen bekannter", so trifft dies auf Frau v. Stein nicht zu, denn diese interessierte sich nicht besonders für Italien, sie spottete sogar über das Italienfiber, das seit Goethes Reise in den Süden ausgebrochen sei, und lobte die gute Heimat.

Am 23. und am 24. Oktober 1786, dem Geburtstag Anna Amalias, findet sich kein Eintrag im Tagebuch, erstmals seit Aufbruch von Karlsbad sind zwei Tage ausgelassen. Am 25. Oktober versichert ihr Goethe: „Ich habe dir so viel gedacht diese zwei Tage, daß ich wenigstens etwas zu Papier bringen möchte." In diesem Tagebucheintrag ist eine Auslassung gegenüber der allgemeinen Fassung der ITALIENISCHEN REISE. Diese ist aus Briefen, Tagebucheinträgen, Einlagen etc. zusammengesetzt und mit dem TAGEBUCH FÜR FRAU V. STEIN (Karlsbad – Ankunft in Rom) im wesentlichen inhaltsgleich, allerdings ohne die persönlichen Bezüge zu seiner Geliebten. Im letzteren wird ein Graf Cesare als Reisegefährte nur kurz erwähnt, in der allgemeinen Fassung ist das Gespräch mit ihm wiedergegeben. Den Grafen interessiert es, dass Goethe Protestant ist, und er stellt die Frage, ob man nach diesem Glauben „mit einem hübschen Mädchen auf einem guten Fuß leben [kann], ohne mit ihr gerade verheiratet zu sein". Goethe bejaht dies, denn die protestantischen „Priester sind kluge Leute, welche von solchen Kleinigkeiten keine Notiz nehmen". Goethe spricht hier den Grund seiner Flucht an, er lebte „auf gutem Fuß" mit seinem hübschen protestantischen Mädchen Anna Amalia, er durfte diese aber nicht heiraten. Am 26. Oktober folgt eine Vorsichtsmaßnahme, indem er, nicht ohne Spott, Frau v. Steins Gut Kochberg erwähnt: „Da ich die armen Bauern auch hier so mit Mühseligkeit die Steine umwenden sah, dacht ich an dein Kochberg und sagte recht mit innerlichen Herzenstränen: Wann werd ich einmal wieder in Kochberg einen schönen Abend mit ihr feiern? Ich sage dir, meine Liebe, wenn sie nur hier das Klima nicht voraus hätten!" Die Vorstellung, dass Goethes Geliebte Frau v. Stein sei wird dadurch unterhalten. Am nächsten Tag heißt es dann: „Wieder in einer Höhle sitzend … wend ich mein Gebet zu Dir, mein lieber Schutzgeist. Wie verwöhnt ich bin, fühl ich erst jetzt. Zehn Jahre mit Dir zu leben, von Dir geliebt zu sein, und nun in einer fremden Welt. Ich sagte mir's voraus, und nur die höchste Notwendigkeit konnte mich zwingen, den Entschluß zu fassen. Laß uns keinen anderen Gedanken haben, als unser Leben miteinander zu endigen. … Spoleto hab ich bestiegen und war auf dem Aquädukt, der zugleich Brücke von einem Berg zum andern ist. Die zehen Bogen, die das Tal füllen, stehn, von Backsteinen, ihre Jahrhunderte so ruhig da, und das Wasser quillt noch immer in Spoleto an allen Orten und Enden." Es gibt eine Zeichnung Goethes, die an diese Schilderung des Aquädukts von Spoleto anknüpft, und zwar ein Aquarell von 1806, das ein Aquädukt in gebirgiger Landschaft darstellt, das aus den Buchstaben AMALIE gebildet wird (ABB. 8). Anna Amalia ist für Goethe die Brücke zu einer Lebensweise gewesen, die die Entfaltung seines Genies ermöglichte. Sie verbindet aber nicht nur, sie führt zugleich Wasser, für Thales von Milet (um 625 – um 547 v. Chr.), einen der Sieben Weisen der Antike, der Ursprung aller Dinge, die Grundbedingung für alles Leben. Ein weiteres Bild, das Goethe 1787 in Sizilien malte und das eine Felsenformation zeigt, weist ebenfalls auf Anna Amalia hin (ABB. 3). Das Bild befand sich bis 1999 in Privatbesitz, Goethe wurde es vor allem aufgrund der charakteristischen Strichführung und des verwendeten Papiers zugeschrieben.[79] Ein Zweifel an Goethes Autorschaft kann dann nicht mehr aufkommen, wenn man den Bezug zu Anna Amalia sieht: Die Felsen bilden zwei Bögen, durch die ein Blick auf den Horizont frei wird; der Strich für den Meeresspiegel macht aus den Bögen zwei A. „AA" ist das Siegel Anna Amalias, in ihrem Wappen stehen zwei goldene A auf blauem Grund. Im ersten A der Zeichnung, das etwas größer ist als das zweite, ist kurz oberhalb des Meeresspiegels die Sonne zu sehen – in Goethes Tagebuch das Symbol für „Frau v. Stein".

Am 13. Dezember 1786 schreibt Goethe: „Ich erhole mich nun hier nach und nach von meinem Salto mortale". Goethe versucht sich Klarheit über seine Zukunft mit Anna Amalia zu verschaffen, wobei seine Sizilienreise die Entscheidung bringen wird. Den einzigen Brief aus Sizilien, den Goethe nicht verbrannt hat, schenkte er am 16. Februar 1818 seinem Freund Carl Friedrich Zelter (1758–1832) mit den Worten: „... so sende ich Dir ein uralt Blättchen, das ich nicht verbrennen konnte, als ich alle Papiere, auf Neapel und Sicilien bezüglich, dem Feuer widmete. Es ist ein so hübsches Wort auf dem Wendepuncte des ganzen Abenteuers und gibt einen Dämmerschein rückwärts und vorwärts." In diesem Brief vom 18. April 1787 aus Palermo erscheint Goethe erleichtert, er weiß nun, wie es mit ihnen weitergehen soll: „Meine liebe noch ein Wort des Abschieds aus Palermo. ... Leb wohl Geliebteste mein Herz ist bey dir und jetzt da die Weite Ferne, die Abwesenheit alles gleichsam weggeläutert hat was die letzte Zeit über zwischen uns stockte so brennt und leuchtet die schöne Flamme der Liebe der Treue, des Andenkens wieder fröhlich in meinem Herzen." Hier ist von Abschied und Lebewohl im tieferen Sinne die Rede, das Motiv der Entsagung wird erstmals erkennbar. Die Liebe zur 48-jährigen Anna Amalia wird sich wandeln. Sie selbst gibt später in dem ersten ihrer FÜNF BRIEFE ÜBER ITALIEN, die in den 1790er Jahren geschrieben wurden,[80] einen wichtigen Einblick in ihr Verständnis von Liebe: „Daher muß man bey den Römischen Weibern keine zärtliche liebe noch das Sitliche Gefühl suchen welches die Sinnlichen Triebe fesselt u veredelt auch sind sie der art von Freundschaft, welche sonst nach erloschene Leidenschaft überbleibt, nicht fähig." Während der Leidenschaft werden die sinnlichen Triebe vom sittlichen Gefühl gefesselt und veredelt, danach geht diese bei ihr und Goethe in eine besondere Art der Freundschaft über. Mit „erloschener Leidenschaft" wird man an Goethes

Brief an Carl August vom 23. Oktober 1787 erinnert: „Und wie auf ausgebrannten Vulkanen leben wir auch hier auf den Schlachtfeldern und Lagerplätzen der vorigen Zeit." Ursprünglich dachte Goethe daran, nie wieder nach Weimar zurückzukehren. Erst die Sizilienfahrt bringt die Entscheidung, und zwar zwischen den Stücken TASSO und NAUSIKAA.

Nur die Dichtung TASSO wollte Goethe zur Bearbeitung nach Sizilien mitnehmen: „Tasso wird mit auf den Weg genommen, allein von allen und ich hoffe er soll zu eurer Freude vollendet werden" (Brief vom 19. Februar 1787). Doch dort drängt sich ihm der Stoff der Nausikaa aus Homers ODYSSEE (VI, Vers 13 ff. und öfters) auf, wonach der schiffbrüchige göttergleiche Odysseus die Tochter des Phäakenkönigs Nausikaa kennen lernt, die schön wie eine Göttin ist. Odysseus kann jedoch Nausikaa kein Gatte sein, denn er will zurück nach Ithaka zu seiner Frau Penelope. Während der Schifffahrt von Neapel nach Palermo nahm Goethe, angeblich wegen der Seekrankheit, mehrere Tage nur Brot und Wein zu sich (Eintrag vom 30. März 1787), das Gleiche machte er auf der Rückfahrt von Messina nach Neapel (Eintrag vom 13. Mai). In einem Brief von Tischbein an Goethe nach dem 10. Juli 1787, den der Dichter in seiner ITALIENISCHEN REISE (ab 1813) zitiert, weil er die damalige Stimmung gut wiedergeben würde, berichtet Tischbein, dass Goethes sizilianischer Begleiter ihm erzählte, wie „Sie [Goethe] für Ihr gutes Geld, teils aus Übelbefinden, teils aus Vorsatz gefastet und so gut als gehungert [hätten]." Goethe verstand demnach seine Fahrt nach Sizilien als Feier eines Gottesdienstes, und zwar zum einen, weil er auf diesem „überklassischen Boden" mit Homer in der Hand die Schauplätze der Antike sah, zum anderen, weil er dort sein künftiges Liebesverhältnis zu seiner Prinzessin Anna Amalia klären wollte. Am 2. April meldet er noch: „Der Plan meines Dramas [TASSO] war diese Tage daher, im Wahlfischbauch, ziemlich gediehen." Am 16. April in Palermo heißt es aber, dass er sich mit dem Plan der NAUSIKAA herumträgt. Am 8. Mai am Meer bei Messina wird am Plan zu NAUSIKAA weitergedacht. Aus der Erinnerung fügt er dem Eintrag drei Seiten hinzu, die über den geplanten Aufbau der NAUSIKAA, die er als Tragödie behandeln wollte, Auskunft geben: Nausikaa wird von vielen Freiern umworben, sie fühlt sich aber nur von Odysseus, dem namenlosen, seltsamen Fremdling, angezogen, ihre Leidenschaft entzündet sich und die treffliche Nausikaa „kompromittiert sich unwiderruflich mit ihren Landsleuten". Doch erst als Odysseus sich viel später zu erkennen gibt, weiß Nausikaa, dass er schon verheiratet ist, weshalb sie im Meer den Tod sucht. „Es war in dieser Komposition nichts, was ich nicht aus eigenen Erfahrungen nach der Natur hätte ausmalen können." Goethe berichtet, beinahe seinen ganzen Aufenthalt in Sizilien an NAUSIKAA verträumt zu haben: „Nach meiner löblichen oder unlöblichen Gewohnheit schrieb ich wenig oder nichts davon auf, arbeitete aber den größten Teil bis aufs letzte Detail im Geiste durch, wo es denn, durch nachfolgende Zerstreuungen zurückgedrängt, liegengeblieben, bis ich gegenwärtig nur eine flüchtige Erinnerung davon zurückrufe." Nach der Konzeption besteht für eine Liebe zwischen Nausikaa und Odysseus von Anfang an keinerlei Hoffnung, sie wird sterben und Odysseus weiterziehen – eine Option in seiner Beziehung zu Anna Amalia. Doch die Ausarbeitung von NAUSIKAA wird zugunsten der Dichtung TASSO aufgegeben, die aber auch noch keinen Schluss hat, denn der „Verräter" ist noch nicht erkannt, die Zukunft ungewiss. Noch im Eintrag aus Rom vom 5. Januar 1788 schreibt Goethe: „Es spitzt sich gegen Ostern eine Epoche zu, das fühl ich; was werden wird, weiß ich nicht." Einige Tage später erhält Goethe aber einen 12-seitigen Brief vom Herzog und am 25. Januar 1788 erwidert Goethe hinsichtlich des „Verräters" endlich die Nachricht der Entwarnung erhalten zu haben.

Das Problem mit dem „Verräter" war gelöst, doch noch nicht die Frage, was aus seiner Liebesbeziehung zu Anna Amalia werden sollte. Anna Amalia bietet Goethe an, noch 1787 zu ihm nach Italien zu reisen. Doch Goethe lehnt ab, in einem Brief vom 17. November 1787 an den Herzog heißt es: „Und nun ein Wort von Ihrer Frau Mutter Reise, die mir schwer auf dem Herzen liegt. Sie wollte noch dieses Jahr hierher". Goethe rät von einer Reise im Herbst dringend ab: „[Ich] bin nun über ein Jahr im Lande und weiß was vornehme Reisende hier erwartet und wie schwer es für fremde ist Genuß, Menage [Verpflegung] und Anstand nur einigermassen zu verbinden." Anna Amalia will nunmehr 1788 nach Italien kommen und hofft, dass Goethe mit ihr in Italien bleibt. Gegen Ende des Berichts vom Oktober 1787 in der ITALIENISCHEN REISE spricht Goethe an, dass einige „Zurückgelassene" sich anschickten, auch eine Italienfahrt anzutreten, um „das gleiche Glück zu genießen", darunter Anna Amalia: „Freilich, in dem geistreichen und kunstliebenden Kreise unserer Herzogin Amalie war es herkömmlich, daß Italien jederzeit als das neue Jerusalem wahrer Gebildeter betrachtet wurde und ein lebhaftes Streben dahin, wie es nur Mignon ausdrücken konnte, sich immer in Herz und Sinn erhielt." Diese Erwähnung von Mignon im Zusammenhang mit Anna Amalia deutet bereits an, für was die geheimnisvolle Frauengestalt aus dem autobiographischen Roman WILHELM MEISTER steht, in deren Mund Goethe eine Reihe seiner schönsten Lieder legt. Am 25. Januar 1788 schreibt Goethe dem Herzog: „Sie wünschen daß ich Ihre Frau Mutter in Italien erwarten möge, ich will mich darüber aufrichtig erklären ... Die Hauptabsicht meiner Reise war: mich von den phisisch moralischen Übeln zu heilen die mich in Deutschland quälten und mich zuletzt

48

unbrauchbar machten; sodann den heisen Durst nach wahrer Kunst zu stillen, das erste ist mir ziemlich das letzte ganz geglückt. Da ich ganz frei war, ganz nach meinem Wunsch und Willen lebte; so konnte ich nichts auf andere, nichts auf Umstände, Zwang, oder Verhältnisse schieben". Hiermit lehnt Goethe auch die zweite Möglichkeit eines gemeinsamen Aufenthalts in Italien ab und nennt als Motiv, dass er die Täuschungen über seine Liebe nicht mehr ertragen könne. „Bestimmt mich nun aber Ihr Wille hier zu bleiben, Ihrer Frau Mutter zu dienen", so will Goethe es gerne tun, aber es passt ihm nicht, „weil ich täglich mehr Abneigung empfinde etwas halb zu thun". Für den Fall, dass er doch in Rom bleiben soll, gibt er Carl August zu erkennen, dass er weiter der Geliebte seiner Mutter sein würde: „Was den Genuß der Natur und der Kunst betrifft; so bin ich gewiß daß ihr ihn niemand so verschaffen kann, wie ich es im Stande bin". Daraufhin ruft Carl August Goethe nach Weimar, am 17. März 1788 antwortet Goethe „mit einem fröhlichen: ich komme! … mein erster und nächster Dank soll eine unbedingte Aufrichtigkeit seyn."

Indem Goethe die Möglichkeit, in Italien zu bleiben und Anna Amalia bei ihrem Aufenthalt als Hofmarschall zu dienen, ablehnte, macht er deutlich, dass eine Wiederaufnahme ihrer früheren „Nachtliebe" ihm unmöglich ist. Dabei hoffte Anna Amalia lange, Goethe werde diesem Plan doch noch zustimmen und gemeinsam mit ihr vor der italienischen Kulisse eine unvergessliche Zeit verbringen. In einem Brief an Merck vom 6. Januar 1788, worin Anna Amalia über ihr „kühnes Unternehmen", nach Italien reisen zu wollen, berichtet, heißt es: „Goethe wird wohl Ostern zurückkommen, doch ist es noch nicht ganz gewiß."[81] Mit der Entscheidung für die Ausarbeitung von TASSO steht Goethe an seinem endgültigen Wendepunkt, denn aus dem heimlichen Liebespaar werden „die Entsagenden", der Untertitel zu WILHELM MEISTERS WANDERJAHREN. Nur als Entsagender einer sinnlichen Liebe zu Anna Amalia kann Goethe zurück nach Weimar kommen und weiter in ihrer Nähe bleiben. Deswegen spricht der Dichter im Alter gegenüber dem Kanzler Müller am 30. Mai 1814 den Satz aus: „Seit ich den Ponte Molle [Brücke in Rom] heimwärts fuhr, habe ich keinen rein glücklichen Tag mehr gehabt". Es fällt den Liebenden nicht leicht, den Entschluss, einander zu entsagen, auch einzuhalten; am 31. Oktober 1788 schreibt Goethe aus Weimar der seit kurzem in Rom weilenden Anna Amalia: „Warum bin ich doch zurückverschlagen!", und fast zeitgleich heißt es bei Anna Amalia (Brief vom 5. November 1788): „Appropos man erwartet Ihnen hier ach komen Sie auch!" Nach über zehn Jahren wollte Goethe jedoch nicht mehr eine nur durch ständige Täuschung mögliche Liebesbeziehung aufrechterhalten, daher blieb nur die Entsagung. Diese ist bildlich in dem Gemälde ANNA

AMALIA IN POMPEJI AM GRABMAL DER PRIESTERIN MAMMIA von 1789 (ABB. 5) dargestellt, das sie auf ihrer Italienreise (1788/90) malen ließ. Dieses Gemälde ist ein Pendant zu dem ebenfalls von Tischbein stammenden Gemälde GOETHE IN DER CAMPAGNA DI ROMA von 1786/87 (ABB. 4), was die Haltung Anna Amalias im Gemälde zu erkennen gibt, denn sie und Goethe schauen sich an, wenn die Bilder entsprechend nebeneinander aufgestellt werden. Während Goethe auf einem umgestürzten und zerbrochenen Obelisken ruht, sitzt Anna Amalia auf einer Exedra, einer halbrunden Steinbank, die zugleich das Grabmal einer antiken Priesterin ist. Damit knüpft sie an die Priesterin Iphigenie an, die hinter Goethe auf einem Relief zu sehen ist.[82] Sie fühlt sich nun selbst als eine Priesterin, ihre Liebe soll von der Notwendigkeit der Täuschung gereinigt werden, zugleich will sie ihr Leben dem Dienst an etwas Höherem weihen. Anna Amalia schenkte Goethe das Gemälde, die darauf dargestellte halbrunde Steinbank ließ sie nachbilden und am Eingang zum Park in Weimar gegenüber dem Haus der Frau v. Stein aufstellen.[83] Schon zwischen 1775 und 1786 mussten die Liebenden Verzicht üben, denn ihr Glück durften sie nicht offen zeigen, nunmehr ist auch dem verborgenen Glück einer erfüllten Liebe zu entsagen. Dass der Dichter seine Geliebte nicht besitzen und vor aller Welt als seine Frau ausgeben durfte, war letztlich der Grund für die Trennung. In einem Brief vom 21. Februar 1787 drückt Goethe dies aus: „An dir häng ich mit allen Fasern meines Wesens. Es ist entsetzlich was mich oft Erinnerungen zerreisen. Ach liebe Lotte du weist nicht welche Gewalt ich mir angethan habe und anthue und daß der Gedanke dich nicht zu besitzen mich doch im Grunde, ich mags nehmen und stellen und legen wie ich will aufreibt und aufzehrt. Ich mag meiner Liebe zu dir Formen geben welche ich will, immer immer – Verzeih mir daß ich dir wieder einmal sage was so lange stockt und verstummt." In TASSO lässt Goethe den Dichter den Standpunkt formulieren: „Erlaubt ist, was gefällt" (Vers 994), worauf ihm die Prinzessin erwidert: „Noch treffen sich verwandte Herzen an/Und teilen den Genuß der schönen Welt:/Nur … Erlaubt ist, was sich ziemt" (Vers 1006). Es geht hier um einen Dauerkonflikt zwischen den Liebenden, ein Tagebucheintrag Goethes vom 12. August 1779 lautet: „… hatte eine starke Erklärung mit ☾ [Anna Amalia] die auf das alte hinauslief. bey Verhältnisse die nicht zu ändern sind müssen gewisse Schärfigkeiten sich sammeln, und zuletzt irgendwo ausbrechen. Von Zeit zu Zeit wiederholt sich das." Während seines Aufenthalts in Sizilien, auf „überklassischem Boden", fand Goethe endlich die gesuchte Lösung, die zum Wendepunkt seines Lebens wurde: die Entsagung von Anna Amalia.

Die scheinbar zufällige Annäherung von Christiane Vulpius an den Entsagenden Goethe ist vor diesem Hintergrund unglaubwürdig. Goethe kommt nach 22 Monaten Italienaufenthalt zurück nach Weimar, seine große Liebe Anna Amalia bereitet sich gerade für eine ebenfalls 22 Monate während Italienreise vor, die am 15. August 1788 beginnen wird, und er lernt Christiane am 11. Juli kennen. Dass Goethe noch vor Anna Amalias Abreise mit einer anderen Frau eine Liebesaffäre beginnt, legt die Vermutung nahe, dass dies von Anna Amalia und dem Herzog Carl August gebilligt oder gar für notwendig gehalten wurde. Goethe selbst hatte mit seiner Figur des Klärchen im Trauerspiel EGMONT (1788) seine Leser mit einer weiblichen Hauptperson konfrontiert, die nicht den damaligen Vorstellungen eines Frauenideals entsprach. Der Fürst und Freiheitskämpfer Egmont findet in Klärchen, einem Mädchen aus dem Volk, eine einfache und aufrichtige Seele. Sie ist zwar keine ebenbürtige Partnerin für Egmont und nicht seine große Liebe, dennoch stilisiert Goethe sie zur Heldin und schließlich zur Siegesgöttin.[84] Indirekt hat er damit wohl die Richtung zu erkennen gegeben, welche Frau er nach der Entsagung der sinnlichen Liebe zu Anna Amalia an seiner Seite wünscht. Immer wieder ist eine Verbindung zwischen Klärchen und Christiane gesehen worden. Caroline Herder (1750–1809) schrieb etwa an ihren Mann am 8. März 1789 nach Italien: „... er hat die junge Vulpius zu seinem Clärchen und läßt sie oft zu sich kommen usw."[85] Nachdem Christiane einen Sohn zur Welt gebracht hat, besiegelte Goethe die Entsagung als unumkehrbar. Dabei war Christiane Ziel von Anfeindungen aus der Weimarer Hofgesellschaft ausgerechnet deswegen, weil sie für den Geheimrat v. Goethe als nicht standesgemäß angesehen wurde, während Anna Amalia für ihn „zu hoch" gewesen wäre.

Kurz nach dem Tod Anna Amalias 1807 charakterisierte Goethe gegenüber Bekannten Christiane: „Zuerst muß ich Ihnen sagen, daß von allen meinen Werken meine Frau keine Zeile gelesen hat. Das Reich des Geistes hat kein Dasein für sie, für die Haushaltung ist sie geschaffen. Hier überhebt sie mich aller Sorgen, hier lebt und webt sie; es ist ihr Königreich. Dabei liebt sie Putz, Geselligkeit und geht gern ins Theater. Es fehlt ihr aber nicht an einer Art von Kultur, die sie in meiner Gesellschaft und besonders im Theater erlangt hat."[86] Goethe schätzte Christiane als das, was sie ihm sein konnte, denn seine Versuche, sie für seine geistige Arbeit zu interessieren und somit als eine Gesprächspartnerin zu gewinnen, scheiterten. Der letzte Versuch Goethes war wohl das Lehrgedicht DIE METAMORPHOSE DER PFLANZE (1798), das ihr die Erkenntnisse des Dichters über das die Natur durchwebende Gesetz darlegt. Christiane war Goethe kein Ersatz für Anna Amalia, denn neben seiner Prinzessin konnte keine weitere Frau bestehen. In einem Gespräch mit dem Weimarer Prinzenerzieher Frédérik Soret (1795–1865) vom 5. März 1830 führt Goethe in Bezug auf seine Frankfurter Verlobte Lili (1775) aus: „Sie war in der Tat die erste, die ich tief und wahrhaft liebte. Auch kann ich sagen, daß sie die letzte gewesen; denn alle kleinen Neigungen, die mich in der Folge meines Lebens berührten, waren, mit jener ersten verglichen, nur leicht und oberflächlich." Die Formulierung impliziert, dass Goethe etwas nicht sagen kann, nämlich dass er in Anna Amalia seine unsterbliche Liebe gefunden hatte. Außerdem ist Lili die tiefste und wahrhaftigste der „kleinen Neigungen" gewesen. Anders aber Anna Amalia, der er etwa schrieb: „Ich bitte dich fusfällig vollende dein Werck, mache mich recht gut!" (Brief an „Frau v. Stein" vom 12. März 1781), denn zu ihr sprach das „Genie des Genies"[87] zu einer gleichberechtigten Geliebten. Anna Amalia schenkt er daher am 24. Oktober 1782 zu ihrem 43. Geburtstag alle seine ungedruckten Schriften. Die Entsagung traf ihn schwer, viele Äußerungen um 1791 belegen, dass er als unglücklicher Mann empfunden wurde. Goethe nahm nach außen eine verschlossene, wortkarge und steife Haltung an, gerade bei der Weimarer Hofgesellschaft, was man ihm übel nahm,[88] doch war eben diese mitschuldig an seiner Entsagung. Vom „ausgelöschten Stern" sprach Frau v. Stein in einem Brief an ihren Sohn Fritz vom 10. Juli 1793.

In der Zeit, in der Anna Amalia und Goethe nicht gemeinsam in Weimar an ihrer Idee eines Musenhofes arbeiteten, war Weimar wieder das in nichts außergewöhnliche Städtchen, das es vorher gewesen war. Erst mit Anna Amalias Rückkehr wurde etwa in ihrem Wittumspalais von Goethe die Freitagsgesellschaft als Forum für Wissenschaftler und Künstler gegründet und im September 1791 hielt der Dichter als Präsident die Eröffnungsrede. Jena wurde nicht zuletzt dank Goethes Politik im Bereich der Kultur und der Wissenschaft zu einer der führenden Universitäten in Deutschland. Keine andere Universität „wurde freisinniger verwaltet, und so fanden sich hier gerade solche Lehrer und Schüler ein, die in Kunst und Wissenschaft das Protestieren liebten."[89]

Dass für die Entsagenden ihre Liebesepoche endgültig zu Ende gegangen war, bringen sie in verschlüsselter Form zum Ausdruck. Goethe, der bis zu seinem Tod der Geliebten literarische Denkmäler setzen wird, markiert den Übergang zur endgültigen Entsagung mit der Beschreibung der Igeler Säule bei Trier, ein um 250 n. Chr. aus Sandstein entstandenes 23 Meter hohes Pfeilergrabmal mit Reliefs (ABB. 16). An dieser kam Goethe, als er 1792 mit Carl August am ersten Koalitionskrieg gegen das revolutionäre Frankreich teilnahm, vorbei. Am 22. Oktober hält sich Goethe beim Denkmal auf, jedoch erst am 24. Oktober 1792, an Anna Amalias Geburtstag, will er Zeit gefunden haben, seine Aufzeichnungen zu bearbeiten. Einer Legende folgend wurde das Monument mit der Heiligen Helena (um 250–329) in Verbindung gebracht, der Mutter von Kaiser Constantin I. (um 272–337), jener

Kaiser, der das Christentum aus den Katakomben herausholte, um es mit den antiken Religionen rechtlich gleichzustellen (313). Goethe untersuchte eingehend den Aufbau des Monuments, die einzelnen Reliefbilder, die Grabinschrift und interpretierte es als Erster „im wesentlichen richtig".[90] Das Denkmal zeigt das Leben der Tuchhändlerfamilie der Secundiner und verwebt ihre Existenz mit Motiven aus der römischen Mythologie „nach dem Aspekt eines Überganges in ein besseres Leben, in die Unsterblichkeit".[91] In Goethes KAMPAGNE IN FRANKREICH (1822), die er aus der Perspektive von 1792 verfasste, heißt es nach einer eingehenden Studie des Grabmals: „So war es mir recht erwünscht, mit solchen Betrachtungen beschäftigt, den Geburtstag unserer verehrten Herzogin Amalie im stillen zu feiern, ihr Leben, ihr edles Wirken und Wohltun umständlich zurückzurufen; woraus sich denn ganz natürlich die Aufregung ergab, ihr in Gedanken einen gleichen Obelisk zu widmen und die sämtlichen Räume mit ihren individuellen Schicksalen und Tugenden charakteristisch zu verzieren". Das Wort „zurückzurufen" und der Umstand, dass er ihr ein Grabmal errichten will, ist aus der Sicht von 1792, als die Fürstin noch lebte, ein Anachronismus.[92] Das Denkmal bezieht sich aber nicht auf die Person Anna Amalias, sondern auf ihre verbotene Liebe, die sich nur noch auf der höheren Ebene der Entsagung abspielt, auf der sinnlichen aber „gestorben" ist. Goethe, der sich für die bessere Erforschung und Erhaltung des Denkmals einsetzte, widmet Anna Amalia dessen erste zutreffende Interpretation. Als Anna Amalia 1807 stirbt, verfasst Goethe die offizielle Gedenkrede, daneben entwirft er eine Grabinschrift:

Anna Amalia
zu Sachsen
Gebohrne zu Braunschweig
erhabenes verehrend
Schönes geniesend
Gutes wirkend
förderte sie alles
was Menschheit
ehrt ziert bestatigt
sterbligt
von
1739–1807
unsterblich nun
fortwirkend
fürs Ewige

Auch Anna Amalia fand Wege, sich verschlüsselt zu ihrer Liebe zu Goethe zu äußern. In einem Bild, das Kraus zugeschrieben wird, sind zumindest wichtige Details von Anna Amalia hinzugefügt worden; auch sonst fertigte sie mit ihm als Zeichenlehrer Bilder gemeinsam an.[93] Das „Paradebild"[94] des Weimarer Musenhofes, das um 1795 entstandene Aquarell GESELLIGES ZEICHNEN IM WITTUMSPALAIS (ABB. 6), verschlüsselt ihre verbotene Liebe. Auf diesem Bild wird Goethe von Anna Amalias Kammerherr Friedrich Hildebrand v. Einsiedel (1750–1828) weitgehend verdeckt, gerade mal sein Rücken und sein Hinterkopf sind noch zu sehen. Da dieses Bild das einzige zeitgenössische ist, das die berühmte Geselligkeit bei Anna Amalia darstellt, stellt sich die Frage, warum ausgerechnet Goethe, die tragende Säule der Weimarer Klassik, nicht gut sichtbar dargestellt wurde. Am rechten Bildrand ist Herder und hält ein Blatt in der Hand, das das Profil eines Jünglings zeigt; er schaut dabei in die Höhe mit einem Blick und Gesichtsausdruck, als würde er sich als Geistlicher gerade Gott zuwenden. Vor Goethe liegt ein Buch ausgebreitet, auf das er in einer unnatürlichen Art und Weise einen Finger aufgelegt hat. Dieser Finger weist auf Anna Amalias Pinsel, die in der Mitte des Bildes thront, was auf ihre Autorschaft schließen lässt. Verfolgt man Goethes Fingerzeig weiter, so deutet er auf das Blatt mit dem Profil eines Jünglings, das Herder in Händen hält. Dieser Jüngling soll also Goethe selbst darstellen, dessen Gesicht damit auf dem Bild doch zu sehen ist. Die Haltung Herders, der aufgestützte linke Arm und die frei herabhängende Hand sowie der ausgestreckte rechte Arm mit einem Blatt, auf dem das Profil einer Person zu erkennen ist, bis hin zu den zwei Manschetten am linken Arm weisen auf das Bild DER JUNGE GOETHE, das Kraus 1775/76 im Auftrag von Anna Amalia gemalt hat (ABB. 7).[95] Dieses Bild zeigt Goethe in der gleichen Haltung, die jetzt Herder einnimmt, nur dass er auf das Profil einer Dame schaut und nicht verklärt in den Himmel. Die Dame auf dem Schattenriss, den Goethe in Händen hält, wird als Frau v. Stein gedeutet,[96] tatsächlich handelt es sich um Anna Amalia, die durch Verwendung derselben Pose bei Herder im Bild GESELLIGES ZEICHNEN selbst den Bezug zu sich herstellt. Nachdem Anna Amalia Goethes Mutter 1778 in Frankfurt kennen gelernt hatte, gab sie eine Kopie ihres Bildes DER JUNGE GOETHE in Auftrag, um es der neuen Freundin 1779 zu schenken. Im Jahre 1795, als die glühende Leidenschaft in eine besondere Art der Freundschaft übergegangen war, soll der Kirchenmann Herder auf dem Gemälde GESELLIGES ZEICHNEN um Vergebung für die verbotene Liebe und eine der unglaublichsten Täuschungen der Geschichte bitten.

Tasso: *Eine „gefährliche Unternehmung"*

Im Herbst 1780 beginnt Goethe die Arbeit an der Dichtung Tasso, nachdem ihm die Idee dazu auf dem Weg nach Tiefurt gekommen war. Bis 1781 liegt eine erste, nicht überlieferte Fassung vor, Goethe überarbeitet diese 1788/89. Gegen Ende der italienischen Reise, am 1. Februar 1788, heißt es: „,Tasso' muß umgearbeitet werden, was da steht, ist zu nichts zu brauchen, ich kann weder so endigen noch alles wegwerfen." Am 28. März 1788 teilte er dem Herzog mit: „... so schließt sich auch jetzt die Arbeit die ich unternehme um es zu endigen ganz sonderbar ans Ende meiner Italienischen Laufbahn, und ich kann nicht wünschen daß es anders seyn möge". Zu diesem Zeitpunkt weiß der Dichter, wie er das Vergangene darstellen soll, weil er eine Vorstellung hat, wie er sein künftiges Verhältnis zu Anna Amalia gestalten wird. Wäre er in Italien geblieben, um Anna Amalias Aufenthalt als Hofmarschall zu betreuen, dann wäre Tasso wieder in Frage gestellt worden, zumindest anders zu schreiben gewesen.

In Tasso blickt Goethe vor allem auf sein erstes Weimarer Jahrzehnt zurück, „mit unerlaubte[r] Sorgfalt" arbeitet er daran, so die Formulierung in einem Brief an Herder vom 10. August 1789. Die Skepsis des Herzogs Carl August gegenüber einer Ausarbeitung dieses Stoffes ist ein Indiz, dass er um die Wahrung des Staatsgeheimnisses fürchtete. Am 1. Oktober 1788 versucht Goethe den Herzog zu beschwichtigen: „... hoffe nun bald über den ‚Tasso' das Übergewicht zu kriegen. Es ist einer der sonderbarsten Fälle, in denen ich gewesen bin, besonders da ich nicht allein die Schwierigkeit des Sujets, sondern auch Ihr Vorurteil zu überwinden arbeiten muß. Je weiter ich komme, desto mehr Hoffnung habe ich zu reüssieren". Goethe verspricht also ein Meisterwerk der Verkleidung, nur diejenigen, die sein Geheimnis kennen, sollen in der Lage sein, Tasso zu verstehen, und der Herzog ist bald zufrieden. Am 6. April 1789 schreibt ihm Goethe: „Ihre Frau Gemahlin sagt mir daß sie Freude an den ersten Szenen des Tasso gehabt, dadurch ist ein Wunsch, den ich bei dieser gefährlichen Unternehmung vorzüglich gehegt, erfüllt". In einem Brief vom 3. August 1789 an seine in Italien weilende Mutter Anna Amalia schreibt Carl August: „,Tasso' ist fertig, ein grosses Kunststück; ich bin neugierig, wie es ihnen gefallen wird." Es ging also nicht darum, das Stück so zu formen, dass es dem Herzog und dem Hof schmeichelte,[97] vielmehr darum, wie man den Inhalt des Geheimnisses so ausdrücken konnte, dass es zwar als Liebesdenkmal ohne Abstriche dasteht, in seinen biographischen Teilen jedoch nicht ohne weiteres erkannt wird; deshalb bezeichnet Goethe Tasso als „gefährliche Unternehmung". Weil ihm dies gelungen ist, nennt es der bei allem, was mit dem Geheimnis zu tun hat, immer zu äußerster Vorsicht ratende Carl August ein großes Kunststück.

Da Goethes Biographie aufgrund der Täuschung in einem wesentlichen Punkt nicht bekannt war, findet sich bei der Tasso-Interpretation ein „Chaos von Meinungen und Gegenmeinungen".[98] Zwar wurden biographische Hintergründe stets vermutet, in der Prinzessin aber vor allem Frau v. Stein oder Carl Augusts Frau Luise gesehen.[99] Dabei hat Goethe viele Hinweise für die richtige Interpretation gegeben. In einen Gespräch mit Eckermann vom 3. Mai 1827 heißt es: „[Ich habe] die Geschichte des Tasso ergriffen, um mich in Behandlung dieses angemessenen Stoffes von demjenigen freizumachen, was mir noch aus meinen weimarischen Eindrücken und Erinnerungen Schmerzliches und Lästiges anklebte." Sodann sagt Goethe mit Bezug auf die Aussage eines Besuchers, die er ihm aber nur in den Mund legte: „Sehr treffend nennt er [der Besucher] daher auch den ‚Tasso' einen gesteigerten ‚Werther'." Sofern dieses Zitat auf die Figuren Werther und Tasso bezogen wird, wäre die gegenteilige Aussage zutreffend, denn Werther geht am Ende in den Freitod, Tasso hingegen durchleidet nur innere Qualen. Goethe bezieht sich mit dieser Aussage auf die Vorbilder für die Frauengestalten, in WERTHER Charlotte Kestner und Maximiliane Brentano, in TASSO Anna Amalia. Bei WERTHER handelte es sich um den Liebeskummer eines unerfahrenen Jünglings; im Alter erwähnte Goethe Charlotte und Maximiliane in einem Gespräch vom 5. März 1830 überhaupt nicht, denn mit Lili Schönemann will er erstmals wahrhaft geliebt haben: „Sie [Lili] war in der Tat die erste, die ich tief und wahrhaft liebte. Auch kann ich sagen, daß sie die letzte gewesen; denn alle kleinen Neigungen, die mich in der Folge meines Lebens berührten, waren, mit jener ersten verglichen, nur leicht und oberflächlich." Über seine Anna Amalia kann er öffentlich nicht sprechen, ihr musste er, obwohl sie die große Liebe seines Lebens ist, entsagen. Die Frau, auf die Tasso verzichten musste, steht für Goethe unendlich höher als die Frau, auf die Werther verzichten musste, zudem ist Charlottes Ehe theoretisch mit einer Scheidung zu überwinden, nicht aber der an die Geburt anknüpfende Standesunterschied zwischen Tasso und seiner Prinzessin; daher ist TASSO ein gesteigerter WERTHER.

Den Anblick der Angebeteten schildert der Dichter in TASSO in den Versen 2798 ff.:

> Vernahm ich ihre Stimme, wie durchdrang
> Ein unaussprechliches Gefühl die Brust!
> Erblickt' ich sie, da ward das helle Licht

Des Tags mir trüb; unwiderstehlich zog
Ihr Auge mich, ihr Mund mich an, mein Knie
Erhielt sich kaum, und aller Kraft
Des Geists bedurft' ich, aufrecht mich zu halten,
Vor ihre Füße nicht zu fallen

Am 19. April 1781 in einem Brief an „Frau v. Stein" heißt es: „Da Sie sich alles zu eignen wollen was Tasso sagt, so hab ich heut schon soviel an Sie geschrieben daß ich nicht weiter und nicht drüber kann." Am 20. April 1781 schreibt er: „Ich habe gleich am Tasso schreibend dich angebetet. Meine ganze Seele ist bei dir." Ein halbes Jahrhundert später, in einem Brief vom 10. Januar 1829, urteilt der Dichter: „Ich hatte … in meinem ‚Tasso' des Herzensblutes vielleicht mehr, als billig ist, transfundiert [übertragen]". Aufschlussreich ist hier ein Brief von Susette Gontard (1769–1802) vom Sommer 1799 an Friedrich Hölderlin (1770–1843), der sie unter dem Namen Diotima in Gedichten und im Roman HYPERION (1797–99) besang und die damit mit Anna Amalia eine der wenigen Frauen ist, die auf so unsterbliche Weise verherrlicht wurden: „Handele nur nie aus dem falschen Begriff Du müßtes mir Ehre machen, und alles was Du im verborgenen treibst und würkest, wäre mir nicht so lieb. Du müßtest lauter meine Neigung zu Dir rechtfertigen. Deine Liebe ehrt mich genug und wird mir immer genügen, und nach daß, was man Ehre nennt verlange ich nicht, Dich ehren große Männer Dich finde ich in allen Schilderungen edeler Naturen, und brauche das elende Zeugniß unserer Welt nicht dazu, noch heute laß ich im ‚Tasso', und fand unverkennbare Züge von Dir. ließ ihn auch einmal wieder."[100] Unter dem Eindruck der Lektüre des TASSO bittet Susette ihren Geliebten, sie nicht in seiner Dichtung zu besingen, weil sie fühlte, dass Goethe seiner Prinzessin, wer sie in Wirklichkeit auch immer war, ein Liebesdenkmal geschaffen hatte.

Die Liebesgeschichte in TASSO wurde jedoch zugunsten des Hofmotivs vernachlässigt, im 20. Jahrhundert stand insbesondere die Existenz des Dichters sowie sein Verhältnis zur Gesellschaft im Vordergrund. Dies sind wichtige Aspekte, nur sie dürfen nicht das Wesentliche von Goethes Dichtung verdrängen, denn TASSO ist ein autobiographisches Stück, in dem seine Liebe zu seiner Prinzessin Anna Amalia besungen wird. Diese Dichtung ist dabei ein Meilenstein in der Entwicklung der deutschen lyrischen Sprache: „‚Tasso' gibt die Goethe'sche Sprache in der Vollendung. Diese Jamben haben Schiller Jamben machen gelehrt und Schlegel die Sprache geliefert in der er Shakespeare wie zu einem Deutschen Dichter umwandelte."[101] Dass TASSO Goethes Liebe behandelt, sagt der Dichter deutlich (Vers 1092 ff.):

Was auch in meinem Liede widerklingt,
Ich bin nur *einer, einer* alles schuldig!
...
Und was hat mehr das Recht, Jahrhunderte
Zu bleiben und im stillen fortzuwirken,
Als das Geheimnis einer edlen Liebe,
Dem holden Lied bescheiden anvertraut?

Dass die Tasso-Dichtung von keinen „Märchen" handelt, spricht die Prinzessin aus (Vers 276 ff.): „Er will nicht Märchen über Märchen häufen,/Die reizend unterhalten und zuletzt/Wie lose Worte nur verklingend täuschen." Die Gräfin Leonore weist auch darauf hin, dass Tasso nur eine Frau besingt (Vers 183 f.): „Mit mannigfalt'gem Geist verherrlicht er/Ein einzig Bild in allen seinen Reimen." Goethes Tasso handelt von einer Liebe des Dichters, die er im Verborgenem hegt: „... mein Herz im stillen dir geweiht" (Vers 911).

Von Richard Wagner (1813–1883), der ständig an großen Stoffen arbeitete, stammt eine treffende Einschätzung des Tasso. In einem Brief an die Schriftstellerin Mathilde Wesendonck (1828–1902) vom 15. April 1859 schreibt er: „Ich griff heute zum ‚Tasso' und las ihn schnell hinter einander. ... Wie das Göthe schreiben konnte! – Wer hat hier Recht? wer Unrecht? ... Endlich gewinnt doch nur unser Herz, wer am meisten leidet, und eine Stimme sagt uns auch, daß er am tiefsten blickt. ... Aber die Meisterin des Leidens ist offenbar die Prinzessin. Für den sehr tief Blickenden giebt es hier eigentlich nur einen Gegensatz, den zwischen Tasso und der Prinzessin: Tasso und Antonio sind weniger Gegensätze, auch interessirt ihr Conflict den Tieferen weniger, denn hier kann es zur Ausgleichung kommen. Antonio wird den Tasso nie verstehen, und dieser wird jenen nur gelegentlich, wenn er in der Abspannung sich verliert, zu verstehen der Mühe werth halten. Alles, um was es sich zwischen diesen beiden Männern handelt, ist ganz wesenlos, und nur dazu da, das Leiden für Tasso, sobald er will und heftig verlangt, in das Spiel zu setzen. Blicken wir aber über das Stück hinaus, so bleibt uns nur die Prinzessin und Tasso übrig".[102]

Anna Amalia hat auf sich als unmittelbares Vorbild für die Prinzessin in Tasso deutlich hingewiesen. Ausgangspunkt ist das Aquarell BESUCH DER VILLA D'ESTE von 1789 (ABB. 2). Goethe sandte einen Teil des Tasso nach Italien, damit Anna Amalia ihn dort lesen könne; in seinem Brief vom 17. April 1789 an sie heißt es: „Herder wird Ew [Euer] Durchl[aucht] einige Szenen von Tasso vorgelegt haben, es kommt hauptsächlich darauf an wie sie sich in Rom lesen lassen".[103] Schon die Wortwahl lässt hier an Klarheit nichts mehr zu wünschen übrig, denn es geht nicht darum, wie die Szenen vorgelesen werden, sondern wie sie, Anna Amalia, „sich lesen lässt", sie ist also die weibliche Hauptperson. Goethe deutet sodann Sorrent, den Geburtsort Tassos, als geeigneten Ort zum Vorlesen an. Anna Amalia hat aber einen besseren Plan, der nach Tivoli zur Villa D'Este führt. Tivoli hieß in der Antike Tibur, mit Tibur verglich Anna Amalia schon 1776 das schöne Tiefurt, das damals noch ihr zweitgeborener Sohn bewohnte.[104] Am 20. Dezember 1788 schreibt Anna Amalias Hofdame Luise v. Göchhausen (1752–1807) an Wieland, dass Herder schon in Tivoli gewesen sei, „wo wir noch nicht waren, um es in noch besserer Zeit zu sehn". Diese Fahrt scheint also gut vorbereitet worden zu sein. In einem Brief der in Rom lebenden Schweizer Malerin Angelika Kauffmann (1741–1807) an Goethe vom 23. Mai 1789 schreibt diese: „Heute vor 14 Tagen war ich noch mit der respectablen Gesellschaft in Tivoli, in der Villa D'Este, unter den großen Cipressen hat Herr Herder uns den überschickten theil von ihrem Tasso vorgelesen".[105] In einem Brief an Angelika Kauffmann vom 7. September 1789 unterstreicht Anna Amalia die Bedeutung dieses Ortes: „Goethe wird Ihnen seinen ‚Tasso' schicken; vielleicht haben Sie ihn schon. Denken Sie, wenn Sie ihn lesen, an das Plätzchen in der Villa D'Este. Da muss man ihn genießen!"[106] Der Erbauer der berühmten Villa mit ihrem in Terrassen abgestuften Park und mannigfaltigen Wasserspielen, Hippolyt v. Este, ist in TASSO erwähnt (Vers 69). Der Stammvater der Welfen, Welf IV. (gestorben 1101), war ein Sprössling des italienischen Geschlechts der Este, Welfen wiederum gründeten das Herzogtum Braunschweig-Lüneburg (1235).[107] Daher floss in den Adern Anna Amalias selbst, der Prinzessin aus dem welfischen Hause Braunschweig-Wolfenbüttel, Blut der Este. Im zweiten der FÜNF BRIEFE ÜBER ITALIEN schreibt Anna Amalia: „Mein erster Gang war zu der Villa d'Este gerichtet, welche die prächtigste lage hat, und ein auffallender beweiß von der großen und edlen Denckart dieses Geschlechts ist."

Vor diesem Hintergrund kann das Aquarell BESUCH DER VILLA D'ESTE interpretiert werden. Bedeutend ist hier eine schwierige Identifikation von Anna Amalia, da sie entweder als die dritte oder als die fünfte Person von links bezeichnet wird,[108] womit Anna Amalia und Angelika Kauffmann nicht sicher unterschieden werden können. Eine eindeutige Zuordnung ergibt sich, wenn der gespreizte Zeigefinger des referierenden Herder als Fingerzeig für die verschlüsselten Botschaften des Bildes herangezogen wird. Dieser deutet zunächst auf den Kopf der dritten Person, die ein Blumengebinde in Händen hält, dann auf den Kopf einer Statue, die ebenfalls ein Blumengebinde hält. Diese Statue ist nicht nur „eine Huldigung an die ebenfalls mit Blumen geschmückte Herzogin",[109] sie stellt Anna Amalia selbst dar, denn das Aquarell BESUCH DER VILLA D'ESTE ist eine Bühne für

das Stück Tasso. Dies folgt aus den Regeln für die Gestaltung des Bühnen-
bildes nach dem klassischen französischen Drama, an das auch Tasso for-
mal anknüpft, nach denen die Protagonisten eines Stückes auf der Bühne
zu überhöhen sind.[110] Das Blumengebinde, das Anna Amalia im Schoß hält,
ist bewusst undeutlich gezeichnet, es handelt sich dabei um den Lorbeerkranz, mit dem in Tasso die Prinzessin den Dichter krönt. Am unteren rechten Rand des Bildes ist ein „sarkophagähnliche[r] Stein mit einem Greifenre-
lief an der Schmalseite und einem geflügelten Genius an der fast ganz
verdeckten Vorderseite".[111] Der geflügelte Genius stellt nach der Mythologie das Genie, die schöpferische Begabung des Menschen als Verkörpe-
rung des Göttlichen, dar. Anna Amalia als die Prinzessin in Tasso wird
durch die Statue überhöht dargestellt, für Goethe als Tasso steht der geflügelte Genius. Im Mittelpunkt der Bühne ist ein Schaf, Symbol der Unschuld
und der Hilflosigkeit. Unschuldig und schutzlos ist auch die Liebe zwischen Tasso und der Prinzessin, diese Liebe wird im Stück dem Adelssys-
tem geopfert, das eine Verbindung zwischen ihnen verbietet. Das Opfer
wird von den Liebenden aber um der Dichtung willen erbracht, was einem
weiteren Detail im Aquarell zu entnehmen ist. Das Schaf wird von der Hofdame v. Göchhausen mit einem Teil des Lorbeers gefüttert, den die neben
ihr sitzende Fürstin im Schoß hält. Anna Amalia verzichtete auf ein gemeinsames Liebesglück, damit Goethe weiter unter idealen Bedingungen dichten konnte. Daher stehen in Tasso die Verse (2038 f.): „Der Lorbeerkranz ist,
wo er dir erscheint,/Ein Zeichen mehr des Leidens als des Glücks." Goethes
Dichtung ist der kostbare Schatz, der durch viel Leid errungen wird, daher
ist im Aquarell neben dem geflügelten Genius ein Greif abgebildet. Dieses
Fabeltier ist eine Mischung aus Löwe und Adler und war im klassischen
Altertum vor allem der Hüter von Goldschätzen, in dieser Funktion behan-
delten ihn Goethe und Wieland in ihrer Dichtung.[112] Im Gemälde Anna Amalia in Pompeji am Grabmal der Priesterin Mammia (Abb. 5) schließt die
halbrunde Steinbank, auf der die Fürstin sitzt, mit einem Greifenfuß; Anna
Amalia als Priesterin weihte ihr künftiges Leben dem Dienst an etwas Höherem, dem Schutz von Goethes poetischem Genie.

Das Aquarell Besuch der Villa d'Este ist angeblich von Johann Georg
Schütz (1755–1815) im Atelier gemalt worden. Es haben sich Vorzeichnungen von Schütz zu allen Personen außer Anna Amalia, Herder und Angelika
Kauffmann erhalten und datieren von 1788, also vor dem Aufenthalt in
Tivoli. Das Namenszeichen auf dem Aquarell ist jedoch nicht von Schütz,
denn dieses entspricht nicht seiner üblichen Signatur; auch sind die ihm
eindeutig zugeschriebenen Vorstudien besser als die Ausführung: „Kaum
etwas von dieser scharfen Beobachtungsgabe [der Vorzeichnungen] hat

sich auf das Aquarell hinübergerettet. Hier wirkt alles etwas schlaff und fast zum Schema erstarrt", zudem steht das Aquarell im „zeichnerischen Werk des Johann Georg Schütz ... in seiner strengen, statuarischen Haltung allein".[113] Daraus kann geschlossen werden, dass Anna Amalia auf der Grundlage der Vorzeichnungen von Schütz das Aquarell selbst gemalt hat. Die Unterschrift von Schütz wurde wohl ganz bewusst nicht richtig nachgeahmt, um damit den Hinweis zu geben, dass es in Wirklichkeit gar nicht von ihm stamme. Anna Amalia ist die Prinzessin in Goethes TASSO, aus ihren Händen erhält Goethe den Lorbeerkranz (Vers 478 ff.):

> PRINZESSIN *(indem sie den Kranz in die Höhe hält)*.
> Du gönnest mir die seltene Freude, Tasso,
> Dir ohne Wort zu sagen, wie ich denke.
> TASSO. Die schöne Last aus deinen teuern Händen
> Empfang ich knieend auf mein schwaches Haupt.
> *(Er kniet nieder, die Prinzessin setzt ihm den Kranz auf.)*

Anna Amalias Interesse an Torquato Tasso (1544–1595) zeigt auch ihr Bemühen, in Italien seine Totenmaske zu sehen, die in einem Kloster aufbewahrt wurde. Im ersten der FÜNF BRIEFE ÜBER ITALIEN schreibt sie: „Es that mir leid daß die Klösterlichen Gesetze mir den eintrit versagten, diese schätzbahren Denckmäler des Großen Torquato Tasso zu sehen." Goethe, der diese am 3. Februar 1787 gesehen hatte – an „Frau v. Stein" schrieb er: „Wie hab ich nicht heute an dich gedacht!" –, gelang es aber, einen Abguss für die Geliebte zu bekommen.

Goethe verarbeitet die Biographie von Tasso nicht nach der historischen Vorlage. Schon bevor er die zweite Fassung der Dichtung schrieb, stellte sich heraus, dass die Prinzessin Leonore d'Este, die nach der ersten Biographie von Giambattista Manso (1619/1634) die Geliebte Tassos war, tatsächlich kein Liebesverhältnis mit ihm hatte, denn in der zweiten Biographie von Pierantonio Serassi (1785), die Goethe in Italien erwarb, wurde nachgewiesen, dass eine solche Beziehung nicht bestand.[114] Das zentrale Thema in TASSO, die Liebe zur Prinzessin, war also nicht eine Anleihe aus Tassos Leben. Damit war eine äußerst bedeutsame Passage historisch hinfällig,[115] nämlich die, dass Tasso ungescholten die von ihm angebetete Prinzessin besingen konnte, weil durch die Namensgleichheit mit ihrer Hofdame offen blieb, wen er meinte. Genau diese Passage aber brauchte Goethe, um die Rolle der Frau v. Stein zu veranschaulichen, denn es ist eine geniale Vorlage, um dahinter das Weimarer Staatsgeheimnis zu verbergen, gerade vor den Zeitgenossen, die mit Tasso und seinem Werk vertraut waren, da es zu den Grundlagen der damaligen Bildung gehörte.[116] Im Stück meint Tasso die Prinzessin Leonore, er verwendet aber nur den Namen Leonore, so dass für die Öffentlichkeit die Gräfin Leonore Sanvitale gemeint sein kann. Die Identitätstäuschung mit Frau v. Stein, die ihren Namen für die Öffentlichkeit hergab, um Anna Amalia zu schützen, wird damit in Anlehnung an die ältere biographische Vorlage von Manso zum Ausdruck gebracht (Vers 197 ff.):

> PRINZESSIN. Und wenn er seinen Gegenstand benennt,
> So gibt er ihm den Namen Leonore.
> LEONORE. Es ist dein Name, wie es meiner ist.
> Ich nähm' es übel, wenn's ein anderer wäre.
> Mich freut es, daß er sein Gefühl für dich
> In diesem Doppelsinn verbergen kann.
> Ich bin zufrieden, daß er meiner auch
> Bei dieses Namens holdem Klang gedenkt.

Dass die Gräfin Leonore zufrieden ist, dass der Dichter wenigstens auch an sie denkt, erinnert an eine Äußerung Frau v. Steins in Bezug auf Goethe: „Ich halte mich glücklich, daß mir beschieden ist, seine goldenen Sprüche zu hören" (Brief an Knebel vom 7. Juli 1783). Insgesamt stimmt keine Person des TASSO mit der historischen Vorlage überein, schon die Freundschaft zwischen den beiden Leonoren ist frei erfunden, der Herzog Alfons II. anders gezeichnet.[117] Tassos Leben war nur eine Vorlage, nach der Goethe lange gesucht hatte, um der Geliebten ein Liebesdenkmal setzen zu können. In einem Gespräch mit Eckermann vom 6. Mai 1827 sagt Goethe: „Ich hatte das Leben Tassos, ich hatte mein eigenes Leben, und indem ich zwei so wunderliche Figuren mit ihren Eigenheiten zusammenwarf, entstand in mir das Bild des Tasso ... Die weiteren Hof-, Lebens- und Liebesverhältnisse waren übrigens in Weimar wie in Ferrara, und ich kann mit Recht von meiner Darstellung sagen: sie ist Bein von meinem Bein und Fleisch von meinem Fleisch." Da das in TASSO dargestellte Ferrara unhistorisch ist, bleibt als historische Vorlage nur Weimar. Goethe sagt damit deutlich, dass in Weimar ein Dichter heimlich eine Prinzessin liebte. In einem Gespräch mit dem Kanzler Müller vom 23. März 1823 über den Erfolg des TASSO fällt der Satz: „Alles geschieht darin nur innerlich; ich fürchtete daher immer, es werde äußerlich nicht klar genug werden." TASSO ist ein Seelendrama, denn Goethes Liebe zu Anna Amalia ist für Außenstehende nicht erkennbar gewesen: „... dein Verhältnis zu mir ist so heilig sonderbar ... Menschen könnens nicht sehen" (Brief an „Frau v. Stein" vom 8. August 1776).

TASSO spielt nicht am eigentlichen Hof von Ferrara, vielmehr am Musenhof Belriguardo, was eine Parallele zum Musenhof Anna Amalias ist, der ebenfalls getrennt vom Hof des regierenden Herzogs Carl August bestand.[118]

Am Musenhof Anna Amalias wurde am 23. August 1781 die später wohl vernichtete erste Fassung von TASSO erstmals vorgelesen. Die Handlung spielt an einem Tag, die erste und letzte Szene erwecken das Gefühl, sie begännen mit dem Frühling und endeten mit dem Herbst. Die Liebenden führen zwei Dialoge, die etwa 1/6 der Verse der Dichtung ausmachen, einen am Anfang und einen am Ende des Stücks. Diese sind zentral, der Rest ergänzt und vervollständigt ihre Angaben zu einem Gesamtbild. Gleich zu Beginn des ersten Dialoges zwischen der Prinzessin und Tasso sieht man ihn unsterblich in seine Prinzessin verliebt (Vers 750 ff.):

> TASSO. Unsicher folgen meine Schritte dir,
> O Fürstin, und Gedanken ohne Maß
> Und Ordnung regen sich in meiner Seele.
> ...
> Doch werf ich einen Blick auf dich, vernimmt
> Mein horchend Ohr ein Wort von deiner Lippe,
> So wird ein neuer Tag um mich herum,
> Und alle Bande fallen von mir los.

Tasso ist der unerfahrene Knabe (Vers 813), der junge Freund (Vers 844), er lernt seine Prinzessin kennen, nachdem diese eine schwere Krankheit überstanden hat. Nach Antritt der Regierung für ihren minderjährigen Sohn schreibt Anna Amalia in MEINE GEDANKEN (um 1772): „... [in den] Jahren, wo sonst alles blühet, war bei mir nur Nebel und Finsternis." Die Prinzessin schildert ihre erste Begegnung so (Vers 860 ff.):

> Zum erstenmal trat ich, noch unterstützt
> Von meinen Frauen, aus dem Krankenzimmer,
> Da kam Lucretia voll frohen Lebens
> Herbei und führte dich an ihrer Hand.
> Du warst der erste, der im neuen Leben
> Mir neu und unbekannt entgegentrat.
> Da hofft' ich viel für dich und mich; auch hat
> Uns bis hierher die Hoffnung nicht betrogen.

Mit dem Bild der jüngeren Schwester Lucretia, von der in TASSO nur vereinzelt die Rede ist, die jedoch gar keine Bedeutung für den Handlungsablauf hat, wagt Goethe einen deutlichen Hinweis auf die biographischen Hintergründe seiner Dichtung. Die historische Prinzessin Eleonore (1537–1581) hatte zwei Schwestern, eine davon hieß Lucretia. Für Goethe war dieser Name eine passende Vorlage, denn er erinnert an die als lasterhaft geltende Papsttochter Lucretia Borgia (1480–1519), die in dritter Ehe als Fürstin auch an den Hof von Ferrara kam. Anna Amalias jüngere Schwester ist Elisabeth

Christine Ulrike, jene Unglückliche, die vom preußischen Erbprinzen geschieden und 22-jährig verbannt wurde. In TASSO ist es Lucretia, die mit dem jungen Dichter an der Hand zu Leonore kommt; sie ist ein Sinnbild für die Warnung, was mit einer Frau geschieht, die sich wie Elisabeth Christine Ulrike in den Augen der Öffentlichkeit nicht den überkommenen Moral- und Sittenvorstellungen entsprechend verhielt. Anna Amalia und Goethe hatten es bis dahin verstanden, ihre für die Gesellschaft inakzeptable Liebe im Verborgenen zu leben, daher kann die Prinzessin Leonore sagen: „Da hofft' ich viel für dich und mich; auch hat/Uns bis hierher die Hoffnung nicht betrogen." Wenn das schöne, ungetrübte Glück mit dem Verweilen Lucretias am Hof verbunden ist, denn „seit jenem Tage,/Da sie von hinnen schied, vermochte dir/Die reine Freude niemand zu ersetzen" (Vers 895 ff.), so spielt Goethe auf die Aufrechterhaltung des Täuschungswerks an. Für Goethe und Anna Amalia bestand das gemeinsame Glück nur so lange, wie sie die Warnung, die Lucretia verkörperte, ernst nahmen und niemand ihr Geheimnis entdeckte. Tasso selbst wird jedoch – geblendet von der Hoffnung, seine Liebe zur Prinzessin endlich offen bekennen zu können – so weit gehen, das Geheimnis preiszugeben. Damit besiegelt er aber ihre endgültige Trennung.

Mit dem schönen Jüngling hat die Prinzessin zunächst einen besonderen Plan: Der Dichter soll sich mit dem Staatsmann verbinden. Um seine zwei entgegengesetzten Stellungen in Weimar, die des Dichters und die des Staatsministers, zum Ausdruck zu bringen, dient Goethe neben der Figur des Tasso die des Antonio. Die Prinzessin lässt er zu Tasso sagen (Vers 956 ff.): „Ihr müßt verbunden sein! Ich schmeichle mir,/Dies schöne Werk in kurzem zu vollbringen. Nur widerstehe nicht, wie du es pflegst!" Tasso ist offen für den Plan seiner Prinzessin (Vers 1159): „Ihr bin ich, bildend soll sie mich besitzen". Die Prinzessin ist sich des Gelingens ihres Planes sicher (Vers 1686 f.): „Ich trieb den Jüngling an; er gab sich ganz;/Wie schön, wie warm ergab er ganz sich mir!" Die Gräfin Leonore stimmt dem Plan zu (Vers 1707 ff.):

> Und wären sie zu ihrem Vorteil klug,
> So würden sie als Freunde sich verbinden;
> Dann stünden sie für *einen* Mann und gingen
> Mit Macht und Glück und Lust durchs Leben hin.

Nun sollen beide Personen zueinander finden, Tasso wird zum Staatsmann Antonio sagen (Vers 1266 ff.): „O nimm mich, edler Mann, an deine Brust/ Und weihe mich, den raschen, Unerfahrnen,/Zum mäßigen Gebrauch des Lebens ein." Warum diese Vereinigung stattfinden soll, erklärt Tasso (Vers 1277 ff.):

Die Fürstin hofft's, sie will's – Eleonore,
Sie will mich zu dir führen, dich zu mir.
O laß uns ihrem Wunsch entgegengehn!
Laß uns verbunden vor die Göttin treten,
Ihr unsern Dienst, die ganze Seele bieten,
Vereint für sie das Würdigste zu tun.

Die Schilderung der Prinzessin wird zu einem Loblied auf Anna Amalia.
Die Gräfin Leonore sagt über die Prinzessin (Vers 59 f.): „Ein edler Mensch
zieht edle Menschen an/Und weiß sie festzuhalten, wie ihr tut." Hier ist vor
allem der Weimarer Musenhof gemeint. In Vers 107 gibt die Prinzessin an,
alte Sprachen zu beherrschen, Anna Amalia beherrschte Latein und Altgriechisch, nur von der Herzogin Luise ist sonst bekannt, dass sie gute
Kenntnisse in Latein besaß.[119] Die Prinzessin sagt zudem von sich (Vers 116
ff.):

Ich freue mich, wenn kluge Männer sprechen,
Daß ich verstehen kann, wie sie es meinen.
Es sei ein Urteil über einen Mann
Der alten Zeit und seiner Taten Wert;
Es sei von einer Wissenschaft die Rede,
Die, durch Erfahrung weiter ausgebreitet,
Dem Menschen nutzt, indem sie ihn erhebt:
Wohin sich das Gespräch der Edlen lenkt,
Ich folge gern, denn mir wird leicht, zu folgen.

Anna Amalia scharte gerne Gelehrte um sich. In Jena hatte man sie nicht nur
wegen der Verbesserung der Professorengehalte in guter Erinnerung.[120] Aus
der akademischen Gedächtnisrede 1807 geht hervor, dass sie um Berufun-
gen von erstklassigen Professoren bemüht war,[121] sie zeigte „bewunderns-
werte Charakterstärke und Zuverlässigkeit bei deren wohlwollender Förderung, gewährte ihnen auch, wenn nötig, Schutz und Verteidigung." Als der
Theologe Ernst Jakob Danovius (1741–1782) der Ketzerei „bezichtigt wurde, verteidigte sie diesen intelligenten Theologen unerschrocken vor den
Anschuldigungen seiner mißgünstigen Kollegen und erklärte bei dieser
Gelegenheit ganz richtig, daß es ohne Freiheit der Lehre und Meinungen an
den Universitäten keine Wissenschaft und Gelehrsamkeit geben und selbst
von vorzüglichen Begabungen nichts Großes zuwege gebracht werden könne ... Wir wissen ..., wie gern Amalia sich in der Gesellschaft der Professoren aufzuhalten pflegte, um die Gelehrten entweder des Lernens halber über
die Wissenschaft reden zu hören oder um sie zu Rate zu ziehen".[122]

Die Prinzessin hat den Dichter als Muse zu seinen Gesängen inspiriert, ohne sie kann er gar nicht dichten. Gegenüber der Gräfin Leonore bringt Tasso die Konsequenz einer Trennung von seiner Geliebten zum Ausdruck (Vers 2251 ff.):

> TASSO. Und wenn das alles nun verloren wäre?
> Wenn einen Freund, den du einst reich geglaubt,
> Auf einmal du als einen Bettler fändest?
> Wohl hast du recht, ich bin nicht mehr ich selbst,
> Und bin's doch noch so gut, als wie ich's war.
> Es scheint ein Rätsel, und doch ist es keins.
> Der Stille Mond, der dich bei Nacht erfreut,
> Dein Auge, dein Gemüt mit seinem Schein
> Unwiderstehlich lockt, er schwebt am Tage
> Ein unbedeutend blasses Wölkchen hin.
> Ich bin vom Glanz des Tages überschienen,
> Ihr kennet mich, ich kenne mich nicht mehr.

Der Dichter, der seine Muse verliert, ist ein Bettler, äußerlich bleibt er zwar der Gleiche, innerlich ist er aber seines Schatzes beraubt. Der Zeitpunkt, in dem dies geschehen kann, ist der, in dem Tasso „vom Glanz des Tages überschienen", seine „Nachtliebe" also entdeckt wird. Als der Dichter nach Rom aufbrechen will, macht ihm die Prinzessin Leonore Vorwürfe (Vers 3179 f.) „... du wirfst/Unwillig alles weg, was du besitzest", denn sie will nicht erkennen, dass er nur bleiben kann, wenn sie sich öffentlich zu ihrer Liebe bekennen (Vers 3212 ff.):

> PRINZESSIN. Ich finde keinen Rat in meinem Busen
> Und finde keinen Trost für dich und – uns.
> Mein Auge blickt umher, ob nicht ein Gott
> Uns Hilfe reichen möchte? möchte mir
> Ein heilsam Kraut entdecken, einen Trank,
> Der deinem Sinne Frieden brächte, Frieden uns!
> Das treuste Wort, das von den Lippen fließt,
> Das schönste Heilungsmittel, wirkt nicht mehr.
> Ich muß dich lassen, und verlassen kann
> Mein Herz dich nicht.

Der Grund dafür, dass Tasso nicht mehr wie bisher weiterleben kann, ist, dass er sich auf etwas eingelassen hat, was ihn als Dichter zerstört, denn er darf nur unter dem Schutzmantel einer Täuschung seine Geliebte besingen. Da er aber nicht von ihr loskommt, ist er bereit, sich zerstören zu lassen (Vers 2222 ff.): „So kann mich's nicht gereun, und wäre selbst/Auf ewig das

Geschick des Lebens hin –/Ich widmete mich ihr und folgte froh/Dem Win-
ke, der mich ins Verderben rief". Tassos Zustand wird immer schlimmer
(Vers 3254 ff.):

> Ist es Verirrung, was mich nach dir zieht?
> Ist's Raserei? Ist's ein erhöhter Sinn,
> Der erst die höchste, reinste Wahrheit faßt?
> Ja, es ist das Gefühl, das mich allein
> Auf dieser Erde glücklich machen kann,
> Das mich allein so elend werden ließ,
> Wenn ich ihm wiederstand und aus dem Herzen
> Es bannen wollte. Diese Leidenschaft
> Gedacht' ich zu bekämpfen, stritt und stritt
> Mit meinem tiefsten Sein, zerstörte frech
> Mein eigen Selbst, dem du so ganz gehörst

Der Dichter hat nicht nur das Problem, dass er seine Liebe wegen der Gesetze einer ständisch-monarchischen Gesellschaft verschleiern muss, wozu
die Prinzessin resignierend sagt: „Ach daß wir doch, dem reinen stillen
Wink/Des Herzens nachzugehn, so sehr verlernen!" (Vers 1670 f.). Auch
eine Verbindung mit Antonio ist unmöglich, wie auch Goethe in Gefahr ist,
nur noch Staatsminister zu sein und seine Dichtung zu vernachlässigen,
denn beiden Aufgaben kann er nicht gleichzeitig gerecht werden. Die Prinzessin muss daher erkennen, dass ihr Plan, Tasso und Antonio zu verbinden, gescheitert ist: „Sieh das Äußre nur/Von beiden an, das Angesicht,
den Ton,/Den Blick, den Tritt! Es widerstrebt sich alles". Die Gräfin Leonore
pflichtet ihr bei (Vers 1704 ff.): „Zwei Männer sind's, ich hab es lang gefühlt,/Die darum Feinde sind, weil die Natur/Nicht *einen* Mann aus ihnen
beiden formte." Nun will sich der Dichter vom Staatsmann trennen, um
dichten zu können und damit seinen göttlichen Auftrag auszuführen (Vers
2339 ff.): „Tasso. Und irre ich mich an ihm [Antonio], so irr ich gern!/Ich
denk ihn mir als meinen ärgsten Feind,/Und wär' untröstlich, wenn ich mir
ihn nun/Gelinder denken müßte.... /Nein, ich muß/Von nun an diesen Mann
als Gegenstand/Von meinem tiefsten Haß behalten; nichts/Kann mir die
Lust entreißen, schlimm und schlimmer/Von ihm zu denken." Auf dem Spiel
steht die Dichtung (Vers 2324 ff.): „... das, was die Natur allein verleiht,/Was
jeglicher Bemühung, jedem Streben/Stets unerreichbar bleibt, was weder
Gold,/Noch Schwert, noch Klugheit, noch Beharrlichkeit/Erzwingen kann".
Tasso hat zwar dem Herzog Alfons sein Lied geschenkt, er will es aber
zurückhaben, um es in Rom zu veredeln. Goethe konnte entweder ganz ein
Staatsmann oder ganz ein Dichter sein. Deswegen schreibt er am 17. März
1788 in einem Brief: „Ich darf wohl sagen: ich habe mich in dieser andert-

halbjährigen Einsamkeit selbst wiedergefunden; aber als was? – Als Künstler!" Nur am Musenhof in Weimar fand er die Bedingungen, um als Dichter zu leben. Das hauptberufliche Dichten ist nach wie vor ungewöhnlich, die dichterische Arbeit Goethes galt als Nebenbeschäftigung. Der historische Tasso in Ferrara machte hier eine Ausnahme, Klopstock konnte aufgrund der Förderung durch den dänischen König sich auch hauptsächlich der Dichtung widmen. In der Regel war der Dichter jedoch vor allem mit anderen Tätigkeiten beschäftigt, etwa als Prinzenerzieher (Wieland), als Hauslehrer (Hölderlin, Maccari) oder als Bibliothekar (Lessing). Nun durfte Goethe sich zwar nicht ausschließlich der Dichtung widmen, die Gewichtung seiner Tätigkeiten kehrte er aber um; jetzt ist er vor allem Dichter, nur daneben Staatsmann und Berater des Herzogs. Diesen Drang, sich hauptsächlich mit Dichtung beschäftigen zu können, hat Goethe dargestellt, so lässt er Tasso dem Herzog sagen (Vers 3079 ff.):

> Ich halte diesen Drang vergebens auf,
> Der Tag und Nacht in meinem Busen wechselt.
> Wenn ich nicht sinnen oder dichten soll,
> So ist das Leben mir kein Leben mehr.
> Verbiete du dem Seidenwurm zu spinnen,
> Wenn er sich schon dem Tode näher spinnt.
> Das köstliche Geweb entwickelt er
> Aus seinem Innersten, und läßt nicht ab,
> Bis er in seinen Sarg sich eingeschlossen.

Das zweite Problem ist Tassos Verhältnis zur Prinzessin. Es gibt eine Lösung, Goethe kennt also das heilsame Kraut, den Trank, der beiden Frieden bringt, wonach die Prinzessin vergeblich sucht (Vers 3216 f.). Goethes Regieanweisung lautet (unter Vers 3283): „Er fällt ihr in die Arme und drückt sie fest an sich." Dies macht Tasso vor den Augen aller anderen Personen im Stück, die laut Regieanweisung „sich schon eine Weile im Grunde sehen lassen". Indem Tasso die einzige Möglichkeit ergreift, die er sieht, um weiter am Hof leben zu können, nämlich indem er seine Liebe zur Prinzessin offen bekennt, verliert er sie, denn dazu ist sie nicht bereit. Sie stößt ihn weg und eilt davon. Das Geheimnis ihrer Liebe ist dennoch dem Herzog bekannt geworden, der dafür sorgt, dass sie getrennt werden. Antonio wird daraufhin sagen (Vers 3290 ff.): „Wenn ganz was Unerwartetes begegnet,/Wenn unser Blick was Ungeheures sieht,/Steht unser Geist auf eine Weile still,/Wir haben nichts, womit wir das vergleichen." Bevor Tasso Antonio erwidert, steht die Regieanweisung „nach einer langen Pause", was die Bedeutung der Aussage unterstreicht. Es gibt kein historisches Vorbild, mit dem Goethes Schicksal verglichen werden kann. Die Täuschung über die wahre Identität seiner Geliebten ist deshalb unfassbar, weil Goethes Werk, ohne die Bezüge zu seiner verbotenen Liebe zu Anna Amalia zu erkennen, nicht interpretiert werden kann. Große Teile der Literatur über den einzigartigen Dichter und sein Werk – diese hatte schon zu Goethes Lebzeiten einen beachtlichen Umfang – müssen durch die Aufdeckung seines Geheimnisses zu Makulatur werden. Tasso sucht selbst vergeblich nach historischen Vorbildern (Vers 3422 ff.): „Hilft denn kein Beispiel der Geschichte mehr?/ Stellt sich kein edler Mann mir vor die Augen,/Der mehr gelitten, als ich jemals litt;/Damit ich mich mit ihm vergleichend fasse?" Seine Verzweiflung drückt er in den Versen 3409 ff. aus: „Ist denn alles verloren? .../Ist kein Talent mehr übrig .../? .../Ist alle Kraft erloschen .../Bin ich nichts,/Ganz nichts geworden?/Nein, es ist alles da! und ich bin nichts!/Ich bin mir selbst entwandt, sie ist es mir!" Für die letzte Szene heißt die Regieanweisung: „Antonio tritt zu ihm und nimmt ihn bei der Hand". Tasso sagt zu Antonio (Vers 3434 f.): „Du stehest fest und still,/Ich scheine nur die sturmbewegte Welle." Antonio ist also wie ein Fels, Tasso wie eine Welle (Vers 3442 ff.): „In dieser Woge spiegelte so schön/Die Sonne sich, es ruhten die Gestirne/ An dieser Brust, die zärtlich sich bewegte." In seiner Not hat der Dichter einen Ausweg (Vers 3446 ff.):

> Ich kenne mich in der Gefahr nicht mehr,
> Und schäme mich nicht mehr, es zu bekennen.
> Zerbrochen ist das Steuer, und es kracht
> Das Schiff an allen Seiten. Berstend reißt
> Der Boden unter meinen Füßen auf!
> Ich fasse dich mit beiden Armen an!
> So klammert sich der Schiffer endlich noch
> Am Felsen fest, an dem er scheitern sollte.

An Antonio, der ihn bei der Hand genommen hat, klammert sich der Dichter fest. Anna Amalia hatte also richtig gesehen, um wirklich mit „Macht und Glück und Lust durchs Leben" zu kommen, musste Goethe ihrem Rat folgen und sich auch als Staatsmann einen Stand erobern, auch wenn es lange so aussah, als würde er dadurch als Dichter zugrunde gehen. Der Dichter verfügt nun über eine feste Grundlage, von der aus er sein Leid dichterisch umsetzen kann (Vers 3432 f.): „Und wenn der Mensch in seiner Qual verstummt,/Gab mir ein Gott, zu sagen, wie ich leide." Von ihrem toten Dichterfürsten verabschiedeten sich die Weimaraner am 27. März 1832 mit einer Inszenierung des Tasso, das ganze Publikum trug Trauerkleidung.

Anna Amalia als überragende Frauengestalt

Wenn von der Fürstin Anna Amalia die Rede ist, wird mit Superlativen nicht gespart, obwohl sie stets bemüht war, im Hintergrund zu bleiben. Schon ihr Erzieher, der Abt Johann F. Jerusalem (1709–1789), charakterisierte die damals 15-jährige Prinzessin entsprechend (1754): „Sie wird daher vielleicht nie von allen gekannt werden, denn sie wird auch ihre Wolthaten verbergen, aber denen, die das Glück haben, ihr nahe zu seyn, wird sie allemal unendlich schätzbar seyn."[123]

In einem Brief an Merck vom August 1778 schreibt Wieland, Anna Amalia sei „eines der liebenswürdigsten und herrlichsten Gemische von Menschheit, Weiblichkeit und Fürstlichkeit ..., das je auf diesem Erdenrund gesehen worden ist".[124] Henriette v. Egloffstein berichtet (1787): „Sie [Anna Amalia] sagte wenig und dennoch elektrisierte sie Jeden, der ihren Zauberkreis betrat."[125] Goethes Mutter Catharina Elisabeth konnte ihrer Begeisterung kaum Ausdruck verleihen, nachdem sie im Sommer 1778 Anna Amalia in Frankfurt empfangen hatte, in ihrer gemütsvollen Art schreibt sie ihr am 4. Januar 1779: „... ja Große und Beste Fürstin! ich habe in meinem Leben manches gute genoßen, manches Jahr vergnügt zurückgelegt, aber vor dem 1778 müßen die vorigen alle die Seegel streichen – wahr ists, ich habe große und edle Seelen gekandt ... Aber Eine Amalia kennen zu lehrnen!!! Gott! Gott! das ist kein gepappel, oder geschwätz, oder erdachte Empfindsamkeit, sondern so wahres gefühl, daß mir die Thränen anfangen zu laufen". Auch lange nach ihrem Tod wurde Anna Amalia etwa „eine der anziehendsten Gestalten aller Zeiten und Völker ... eine Erscheinung, in der sich echte, edelste Weiblichkeit mit männlicher Thatkraft und Entschlossenheit in seltenem Maße paarte", genannt.[126]

In das Schlösschen Tiefurt, das erheblich näher an Weimar liegt als Schloss Ettersburg, verlegte sie ab 1781 für die Sommermonate ihren Musenhof. Tiefurt wurde ein Zentrum für Kunst und Wissenschaften inmitten eines wunderschönen Parks. „Schon am frühen Morgen sah man dort die Herzogin im Schlichten Gewande, das aufgerollte schöne Haar unter dem einfachen Strohhut verborgen, ihre lieben englischen Hühner und Tauben füttern".[127] Sie reduzierte für ihre Sommeraufenthalte drastisch ihren Hofstaat und nahm nur ihre Hofdame v. Göchhausen sowie zwei Bedienstete mit; Gäste logierten woanders, Wieland etwa, ein häufiger Gast in Tiefurt, wurde für die Übernachtung in einem Bauernhaus im angrenzenden Dorf untergebracht.[128] Dies waren für die Fürstin ideale Bedingungen, um einen heimlichen nächtlichen Besucher zu empfangen, ohne dass er leicht entdeckt werden konnte.

Die Interessenfelder Anna Amalias waren genauso weit gesteckt wie jene von Goethe. Anna Amalia war eine sehr gelehrige Schülerin des Malers Kraus,[129] später auch des häufig als ihr Gast in Tiefurt weilenden Malers Oeser. Anna Amalia brachte es im Zeichnen zu einer gewissen Kunstfertigkeit. In einem Brief an Merck vom 25. April 1784 berichtet sie, dass sie sich auf die Portraitmalerei verlegt habe, und beauftragt ihn, ihr Zeichnungen des menschlichen Kopfes von Petrus Camper zu besorgen, der als der bedeutendste Anatom seiner Zeit galt: „Um nun etwas vollkommener in dieser Kunst zu werden, wünschte ich sehr einige solche Zeichnungen zu sehen, wie Camper den Kopf des Menschen einteilt".[130] In einem Brief vom 3. Juni 1784 berichtet Merck ihr begeistert über sein Zusammentreffen mit Camper: „Ich bin einer der glüklichsten Menschen; wenn anders noch Glückseligkeit in dieser Welt ist". Am 25. Juni 1784 schreibt Goethe an „Frau v. Stein": „Merckens Glückseligkeit freut mich herzlich." An „Frau v. Stein" schrieb Goethe schon am 19. Juni 1784, dass er einen Brief von Merck an Anna Amalia teilweise von Fritz habe kopieren lassen. Mit der Kopie von Mercks Brief machte er wohl Fritz plausibel, dass er im Briefwechsel mit seiner Mutter auf Camper und Merck zu sprechen kommt. Doch Frau v. Stein hatte im Gegensatz zu Anna Amalia kein besonderes Interesse an anatomischen Studien. Zudem war Merck nicht ihr Freund, da er sie eines Goethe für nicht würdig hielt und dies auch unverblümt zu verstehen gab, etwa in einem Brief vom 21. Juli 1779 an die von ihm verehrte Anna Amalia, in dem er über seinen Besuch in Weimar schreibt: „Von [Schloss] Ettersburg ist mir an Menschen nichts in der Reminiscenz [Erinnerung] übrig geblieben, als gerade die merkwürdigsten, und von den übrigen oder unangenehmen beynahe kein Schatten. Die Steinische Familie hab' ich nicht einmal in Gedanken genennt." Auch später informierte Goethe seine Geliebte über Camper, so am 11. September 1785: „Camper hat gar einen guten Brief über den ersten Theil der Ideen [1784] an Herder geschrieben. Ich mögte alles Gute mit dir theilen." Frau v. Stein hingegen war zwar eine einflussreiche und kluge Gesellschaftsdame, letztlich war sie aber an Hochgeistigem nicht interessiert. Die Stelle, in der Tasso gegenüber der Prinzessin die Gräfin Leonore charakterisiert, dürfte Goethes Eindruck von Frau v. Stein wiedergeben (Vers 963 ff.):

> Ich habe dir gehorcht, sonst hätt' ich mich
> Von ihr entfernt, anstatt mich ihr zu nahen.
> So liebenswürdig sie erscheinen kann,
> Ich weiß nicht, wie es ist, konnt' ich nur selten

Mit ihr ganz offen sein, und wenn sie auch
Die Absicht hat, den Freunden wohlzutun,
So fühlt man Absicht, und man ist verstimmt.

Später im Stück fügt er noch hinzu (Vers 2495 ff.): „Nein, sie war/Und bleibt ein listig Herz; sie wendet sich/Mit leisen klugen Tritten nach der Gunst." Anna Amalia war eine gute Kunstkennerin. Auf dem Weg nach Italien 1788 ließ sie sich in der Münchener Galerie vom Maler Ferdinand Kobell (1740–1799) führen, von dem sie in ihrer eigenen Sammlung Werke besaß. Dieser urteilte in einem Brief an Knebel: „Sie besitzt neben vieler Kenntnis der Malerei eine Kunstliebe und forschenden Blick bei jedem Gemälde, der selbst bei Künstlern oft vermißt wird."[131] Noch mehr war der Verehrerin von Wolfgang Amadeus Mozart (1756–1791) die Musik. Sie spielte Klavier, Querflöte, Laute, Harfe und Gitarre, trat im Liebhabertheater als Sängerin auf und komponierte einiges. Auch versuchte sie sich an musiktheoretischen, musikästhetischen und musikhistorischen Schriften,[132] und dies in einem Jahrhundert, „in dem man der Frau jegliches Talent für die Musik absprach".[133] Sie trachtete immer nach Weiterentwicklung und Verfeinerung, besonders die Reise nach Italien sollte ihr neue Horizonte eröffnen. Ihre Sprachkenntnisse übertrafen das übliche Maß weit, bald nach der Übergabe der Regierungsgeschäfte an ihren Sohn arbeitete sie an deren weiterer Vervollkommnung. Sie beherrschte neben Französisch, Englisch und Italienisch auch Latein. Unter der Anleitung von vortrefflichen Lehrern, etwa Wieland und Villoison (1750–1805), machte sie in Altgriechisch stetige Fortschritte. An Knebel schrieb sie am 23. Juni 1782: „Ich kann sieben anakreontische Oden lesen und verstehen. Ich bin aber auch ‚une princesse pleine de génie' [eine äußerst begabte Prinzessin]! Knebel, was sagen Sie dazu?"[134]

Anna Amalia ließ sich von Goethe in den Gebieten der „Geologie, Mineralogie, Botanik, Zoologie, Anatomie, Chemie, Physik usw." unterrichten.[135] Insgesamt ist ihre Liebe ein ständiges Geben und Nehmen, über das sie zu einer Einheit verwachsen, was besonders in den literarischen Zeugnissen der Italienreise Anna Amalias von 1788 bis 1790 zu erkennen ist. Dass Anna Amalia jedoch die Ablehnung des Geliebten, mit ihr in Italien zu verweilen, und damit die endgültige Absage an eine Fortsetzung ihrer „Nachtliebe" schmerzte, ist an den Briefen ihrer Hofdame v. Göchhausen zu erkennen, die darin auch Botschaften ihrer Herrin weitergibt. Anna Amalia dürfte deren Korrespondenz eingesehen haben, was etwa aus einem Brief an Wieland vom 20. Dezember 1788 hervorgeht, in dem die kleinwüchsige Hofdame berichtet, eine prächtige Statue gesehen zu haben, denn die hinzukommende Fürstin fügt noch die Zeile hinzu: „Tusneldens [v. Göchhausens] Nase stieß gerade an den großen Zähe". Anna Amalia ist für die Entsagung noch nicht bereit, in einem Brief der Hofdame v. Göchhausen an Goethe vom 22. November 1788 heißt es: „… wenn ich Ihre Gegenwarth mit Körperlichen Schmerzen (oder auch mit Seelen Leiden!) erkaufen könte, ich willig und bereit dazu wäre … was gäb ich nicht, daß Sie hier wären! Könte ich Ihnen durch ein Gelenk meiner magern Finger erkaufen, ich glaube, ich gäb den ganzen Finger hin". Dass die Hofdame für Goethes Anwesenheit das übertriebene Bild der Bereitschaft zu einer Selbstverstümmelung wählt, zeigt, wie sehr Anna Amalia unter der Trennung litt. Unsterblich schön lässt Goethe Anna Amalia als Prinzessin in TASSO trauern, als der Dichter nach Rom geht und sie verlassen muss (Vers 1859 ff.):

> Die Hoffnung, ihn zu sehen, füllt nicht mehr
> Den kaum erwachten Geist mit froher Sehnsucht;
> Mein erster Blick hinab in unsre Gärten
> Sucht ihn vergebens in dem Tau der Schatten.
> Wie schön befriedigt fühlte sich der Wunsch,
> Mit ihm zu sein, an jedem heitern Abend!
> Wie mehrte sich im Umgang das Verlangen,
> Sich mehr zu kennen, mehr sich zu verstehn!
> Und täglich stimmte das Gemüt sich schöner
> Zu immer reinern Harmonien auf.
> Welch eine Dämmrung fällt nun vor mir ein!
> Der Sonne Pracht, das fröhliche Gefühl
> Des hohen Tags, der tausendfachen Welt
> Glanzreiche Gegenwart ist öd und tief
> Im Nebel eingehüllt, der mich umgibt.
> Sonst war mir jeder Tag ein ganzes Leben

In der Beschreibung ihres Italienaufenthaltes in FÜNF BRIEFE ÜBER ITALI-EN gewährt Anna Amalia einen Einblick in ihre Gedankenwelt. In diesen Briefen zeigt sie, die 16 Jahre an der Spitze eines Fürstentums gestanden hat und die bis zu ihrem Tod ihrem Sohn beratend zur Seite stand, ihre viel gerühmte scharfe Beobachtungsgabe. Sie stellt Betrachtungen über Vegetation, Geologie, Geschichte, Verwaltung, Soziales und vor allem die Kunst, insbesondere über Musik, Theater und Literatur, an. Ihre Ausführungen bewegen sich auf hohem Niveau und sind mit Ironie und Witz, aber auch mit verhaltener Kritik an den italienischen Verhältnissen durchsetzt. Gleich zu Beginn des ersten ihrer FÜNF BRIEFE ÜBER ITALIEN, die an eine nicht näher gekennzeichnete „liebe Schwester" gerichtet sind, beschreibt Anna Amalia den Besuch des Petersdoms: „Bei meinem eintritt glaubte ich in einen Labyrinth versetzt zu werden. Meine Augen irreten hin und her, bald auf Colossalische Säulen, bald auf ungeheure Figuren Von Heiligen und Päbsten, auf die Kostbahrsten Arbeiten von bronze, auf prächtige Grabmähler von feinsten Marmor, auf Mosaische Gemählde. Alles setzte mich in erstaunen; meine Seele blieb aber so kalt, als sie beym Anblick des Pantheons von warmen und erhabenen Gefühl belebt wurde. ... Wer nicht wüßte, daß dieses Gebäude [der Petersdom] zu einer Kirche bestimt ist, der könte sich eben so wohl ein Großen Pallast oder ein Theater darin vorstellen." Als sie am 23. November 1788 bei Papst Pius VI. zu einer Audienz empfangen wurde, befand die protestantische Fürstin: „Es war ein comischer und Theatralischer aufzug." Damit teilt Anna Amalia Goethes Ansichten, dieser schreibt am 8. Juni 1787 über die römische Kirche: „Gestern war Fronleichnam [ab 1246, Feier des leiblich gegenwärtigen Christus]. Ich bin nun ein für allemal, für diese Kirchlichen Cerimonien verdorben, alle diese Bemühungen eine Lüge gelten zu machen kommen mir schaal vor und die Mummereyen [Einhüllungen] die für Kinder und sinnliche Menschen etwas imposantes haben, erscheinen mir auch sogar wenn ich die Sache als Künstler und Dichter ansehe, abgeschmackt und klein. Es ist nichts groß als das Wahre und das kleinste Wahre ist groß."

Anna Amalia ist beim Gang durch das Pantheon begeistert, jener Rundtempel, den Kaiser Hadrian (76–138) zur Verehrung aller Götter bauen ließ und der nur deswegen erhalten blieb, weil er seit 609 zu einer katholischen Kirche umfunktioniert wurde: „Dieser Tempel erweckt beym ersten eintritt durch seinem Gewölbten Himmel, wo die Licht-Strahlen, wie von Gottes Auge durch blicken, die große Idee eine allgemeine Wohnung der Götter, und des Baumeisters der Welt, dessen Wercke sich durch unnachahmliche größe, einheit und Simplicität auszeichnen. Ein Heiliger Schauder durch drang meine Seele beym ersten Anblick; sie erhob sich zu dem Unsichtbharen Wesen was mich umschwebte. Man findet hier einen auffallenden beweiß, wie sehr die Alten durch die Einfachsten mittel ihr Ziel zu erreichen wusten, und wie ihre ideen der größe der Sachen angemeßen war. Dieses Meisterstück der Kunst wird zwar durch Kleinliche Altäre, welche die stelle der Antiken Marmornen Bildsäulen jetzt einnehmen, verunstaltet; doch hat der Aberglaube die Majestät desselben nicht vertilgen können." Anna Amalia war wie Goethe eine „Griechin", sie glaubte an die Welt der Götter. Alles, was großartig ist, zog die Geliebten an, so der Vesuv. Goethe, der mehrmals den Vulkan bestiegen hatte, berichtet am 8. Juni 1787: „Der Vesuv der seit meiner Rückkehr von Sicilien starck gebrannt hatte floß endlich den 1. Juni von einer starcken Lava über. So hab ich denn auch dieses Naturschauspiel, obgleich nur von weitem gesehen. Es ist ein großer Anblick ...

ich [sah] mit einem Blick, den Mond, den Schein des Monds auf den Wolckensäumen, den Schein des Monds im Meere, und auf dem Saum der nächsten Wellen, die Lampen des Leuchtturms das Feuer des Vesuvs, den Wiederschein davon im Wasser und die Lichter auf den Schiffen. Diese Mannigfaltigkeit von Licht machte ein Einziges Schauspiel." In einem Brief vom 29. Mai 1789 beschreibt Anna Amalia Knebel den Vulkan: „Vor einigen Tagen war er [der Vesuv] mit Wolken ganz umkränzt, die Mündung ausgenommen, die eine dunkelrothe hohe Flamme ausstieß; die glühende Steine, die er auswarf, tanzten leicht in der Luft, alsdann kam die Lava, die sich mit den Nebelwolken mischte und sie zertheilte. Der Wiederschein der Lava machte über den Berg eine dunkelrothe glühende Glorie, die Tief in die Nacht dauerte. Es war das schönste Schauspiel, was ich in meinem Leben gesehen habe; ich ermangelte auch nicht, alle Abende meine Andacht dem Vesuv gegenüber zu halten, und kann mir recht gut vorstellen, wie es Nationen gibt, die das Feuer anbeten."[136] Goethes Brief vom 6. Februar 1789 an Anna Amalia zeigt den Gleichklang ihres Denkens: „Haben Ew [Euer] Durchl[aucht] doch ja die Gnade die schönen Wercke die über Pestum, Neapel, Puzzol pp geschrieben sind anzuschaffen … Ferner lassen Sie Sich doch ja die Kupfer geben soweit solche gestochen sind vom Museum von Portici … lassen Sie Sich ja eine Auswahl aus der Schwefel Sammlung des Abbate Dolce machen … Es wird uns dieses für die Folge ein großer Schatz." Anna Amalia verzögert ihre Rückkehr, bis ihre Reise wie die von Goethe 22 Monate dauern wird, sie ist also spiegelbildlich zu jener des Geliebten konzipiert. Nach Weimar kehrt sie am 18. Juni 1790 um 23 Uhr zurück, exakt zwei Jahre nach Goethes Ankunft am 18. Juni 1788 um 23 Uhr.[137]

Anna Amalia hatte es in ihrer Jugend nicht leicht, überhaupt konnte das Leben einer Prinzessin leicht zum Alptraum werden. Über die Jugendjahre der Fürstin gibt ihre autobiographische Aufzeichnung MEINE GEDANKEN Auskunft, vier beidseitig beschriebene Blätter, die auf das Jahr 1772 datiert werden und von denen vermutet wird, sie seien an Wieland adressiert gewesen, obwohl sie in Goethes Nachlass gefunden wurden.[138] MEINE GEDANKEN sind eine Art menschliche Bilanz gegen Ende von Anna Amalias Amtszeit als Regentin, ein schonungsloser Bericht, in dem etwa zu lesen ist: „Von Kindheit an – die schönste Frühlingszeit meiner Jahre – was ist das alles gewesen? Nichts als Aufopferung für andere. … Ach und zu warmes Blut, welches durch jede meiner Adern wühlet! Jeder Pulsschlag ist ein Gefühle von Zärtlichkeit, von Schmerz, von Zerknirschung der Seele. – Gott! Jeder Gefangene sucht sich von seinen Ketten loß zu reißen: und ich – ich soll mit Geduld, mit so sehr bestürmter Sanftmuth meine Bande tragen? … Nicht geliebt von meinen Eltern, immer zurückgesetzt, meinen Geschwistern in allen Stücken nachgesetzt, nannte man mich nur den Ausschuß der Natur. Ein feines Gefühl, welches ich von der Natur bekommen hatte, machte, daß ich sehr empfindlich die harten Begegnung fühlte. Es brachte mich öfters zur Verzweiflung sogar, daß ich einmahl mir das Leben ne[hm]en wolte."

Nach ihrer Heirat und dem Umzug nach Weimar schreibt Anna Amalia über sich als 16-Jährige: „... ich fühlte mich vielmehr wie eine Person, die nach einer großen ausgestandenen Kranckheit in ihrer Genesung sich noch kraftlos fühlet." Mit Antritt der Regierung für ihren minderjährigen Sohn, in „denen Jahren, wo sonst alles blühet, war bei mir nur Nebel und Finsternis. ... Ach wie glücklich wär ich gewesen, wen ich damahls einen Freund gehabt hätte, der die große Kentnis des menschlichen Herzen beseßen, mir das aufzuschliessen, was mir selber ein Rätsel und in mir so tief verschlossen war. ... Tag und Nacht studierte ich, mich selbst zu bilden und mich zu den Geschäften tüchtig zu machen. Da fühlte ich nun, wie sehr ein Freund mir nöthig war, zu dem ich mein ganzes Zutrauen setzen könte. Es waren viele, die sich um meine Gunst und Freundschaft bewarben. Einige suchten sie durch Schmeicheleyen, andere durch den Falschenschein der Wahrheit und frommen Aufrichtigkeit, unter welchem sie ihre eigene Interessen suchten, und andere aus Eitelkeit, um sich damit zu brüsten." Einen aufrichtigen Freund fand sie zunächst in dem alten, auf ihr Betreiben geadelten Geheimrat Johann Poppo v. Greiner (1708–1772): „Von ihm habe ich die Wahrheit kennen lernen und sie lieb bekomen ... Wenn der Fürst und sein Freund edel gesint sind, so kan wohl nichts anders als wie größte und edelste Freundschaft entstehen ... Wenige Großen und wenige Menschen giebts aber, die ein edels Gefühl besitzen ... Bey Fürsten muß ich leider selber bekennen, daß es schwer ist, wahre Freunde zu finden, und wenn es wahre Freunde sind, sie zu erhalten. Sie sind von Jugend auf mit Ungezipher umringt. Hierdurch werden sie entweder mißtrauisch gegen alle, oder werfen sich unwürdigen Menschen in die Arme. Treffen sie jemand an, den sie ihrer Freundschaft würdig achten, so ist es etwas sehr Seltenes, daß dieser in seinem Gemüth nicht über sich selbst erhebet und die freundschaftliche Neigung des Fürsten Freundschaft alsdan nicht lange bestehet". In Tasso charakterisiert die Gräfin Leonore die Prinzessin mit den Worten (Vers 89 ff.): „Dich blendet nicht der Schein des Augenblicks,/Der Witz besticht dich nicht, die Schmeichelei/Schmiegt sich vergebens künstlich an dein Ohr:/Fest bleibt dein Sinn und richtig dein Geschmack,/Dein Urteil grad, stets ist dein Anteil groß/Am großen, das du wie dich selbst erkennst." Die Aufzeichnung Meine Gedanken ist an jemanden gerichtet, was schon aus Formulierungen wie „Könnte ich Ihnen beschreiben das Gefühl, welches ich bekam, als ich Mutter wurde!" hervorgeht, und sie wurde in Goethes Nachlass gefunden. Dass Goethe sie nicht verbrannte, ist ein wichtiger Umstand; 1797 hat er in großem Umfang Briefe, die an ihn seit 1772 gerichtet worden waren, verbrannt, auch später übergab er immer wieder Dokumente den Flammen. Verloren sind etwa ganz oder zum Teil die Briefe des Herzogs Carl August,[139] seines Darmstädter Freundes Merck,[140] seiner Schwester Cornelia (1750–1777), seiner Mutter Catharina Elisabeth, vielleicht auch von Corona Schröter.[141] Wenn Goethe MEINE GEDANKEN nicht verbrannt hat, so verfolgte er die Absicht, dass über den Beginn seines Verhältnisses zu Anna Amalia nachgedacht wird.

Dies führt zu der Frage, seit wann sich Anna Amalia und Goethe kannten. Die Spuren führen hier in das Jahr 1772: „Im Herbst 1772 bereits – so soll eine Tradition in der Goethe'schen Familie lauten –, fiel das schönheitskundige und schönheitsdurstige Auge der jungen Herzogin-Witwe Anna Amalie von Weimar im Bade Ems auf eine strahlende Jünglingsgestalt – strahlend von classischer Schönheit, Geist und Lebenslust. Die lebhafte, geistvolle, vorurtheilsfreie Fürstin liess sich den fremden vorstellen …, Wolfgang Goethe aus Frankfurt a. M., auf der Heimkehr vom Reichskammergericht zu Wetzlar in's Vaterhaus. Die Herzogin fand ein so grosses Interesse an der geist- und witzsprudelnden Unterhaltung, an der ganzen zauberhaften Persönlichkeit des jungen Frankfurter Patriciersohnes, dass sie ihn freundlich nach ihrer Residenz Weimar einlud".[142] Goethe ist um den 13. September 1772 in Ems gewesen, „… ich [genoss] einige Male des sanften Bades" (DICHTUNG UND WAHRHEIT, 13. Buch, am Anfang).[143] Bei der Abfahrt von Wetzlar gab er noch seinem Freund Karl Wilhelm Jerusalem (1747–1772), dem Sohn von Anna Amalias ehemaligem Erzieher in Braunschweig und Stiefbruder des seit 1765 in Weimar tätigen Prinzenerziehers Johann C. Albrecht (vor 1736–1803),[144] ein ausgeliehenes Buch zurück. Der Selbstmord von Karl Wilhelm Jerusalem Ende Oktober in Wetzlar gab Goethe den Anstoß, den Briefroman DIE LEIDEN DES JUNGEN WERTHER (1774) zu schreiben, ein Roman, der ihn weltberühmt machte. Aus dem Fourierbuch für das Jahr 1772, in dem die Personen, die an offiziellen Hofveranstaltungen teilgenommen haben, aufgeführt sind, ergibt sich aber, dass Anna Amalia den ganzen September über der fürstlichen Tafel in Weimar vorsaß.[145] Die Richtigkeit dieser hofinternen Aufzeichnung vorausgesetzt, wäre es demnach zwischen Anna Amalia und Goethe jedenfalls nicht im September 1772 zu einer Begegnung gekommen. Das Entscheidende an der „Tradition in der Goethe'schen Familie" ist, dass eine Begegnung Goethes mit Anna Amalia vor seiner Ankunft in Weimar 1775 stattgefunden haben soll. Anna Amalias Sorge galt in ihren letzten Regierungsjahren der Vorbereitung einer standesgemäßen Heirat des Erbprinzen Carl August; entsprechend könnte sie den Wunsch gehabt haben, inoffiziell die in Frage kommenden Prinzessinnen kennen zu lernen, und zu ihnen gereist sein. Im Rahmen einer Reise Anna Amalias vor 1775 kann es also zufällig zu einer Begegnung mit Goethe gekommen sein. In seiner Biographie der Jugendjahre DICHTUNG UND WAHRHEIT (ab 1811) konnte Goethe eine solche Begegnung nicht erwähnen, ohne damit zugleich das Staatsgeheimnis zu gefährden. In TASSO überliefert der Dichter die erste Begegnung mit der Prinzessin (Vers 874 ff.):

> Welch ein Moment war dieser! O vergib!
> Wie den Bezauberten von Rausch und Wahn
> Der Gottheit Nähe leicht und willig heilt:
> So war auch ich von aller Phantasie,
> Von jeder Sucht, von jedem falschen Triebe
> Mit einem Blick in deinen Blick geheilt.

Auch hinter den gesetzten Worten der Prinzessin erkennt man ihr Entzücken beim ersten Anblick des Dichters (Vers 1823 ff.):

> Der Augenblick, da ich zuerst ihn sah,
> War vielbedeutend. Kaum erholt' ich mich
> Von manchen Leiden …
> …
> Und, daß ich dir's gestehe, da ergriff
> Ihn mein Gemüt und wird ihn ewig halten.

Vielleicht war es nicht nur eine Ironie des Schicksals, dass das Anstellungsdekret für Wieland, das ihn zum Prinzenerzieher berief, von Anna Amalia am 28. August 1772 unterschrieben wurde, an Goethes 23. Geburtstag. Die berühmte Sylersche Gesellschaft, die von 1771 bis zum Schlossbrand 1774 in Weimar spielte, musste bereits die Aufmerksamkeit des jungen Goethe auf Weimar gelenkt haben. Überhaupt ist es verwunderlich, wie selbstverständlich Knebel, obwohl nur ein paar Wochen zuvor an den Weimarer Hof berufen, Goethe Ende 1774 aufsuchte, zu den Weimarer Prinzen führte und die Versöhnung mit Wieland, den Goethe mit der Satire GÖTTER, HELDEN UND WIELAND (März 1774) verspottet hatte, vorantreibt. Der in Deutschland gefeierte Dichter des GÖTZ und des WERTHER wußte treffsicher, was dem 17-jährigen Carl August, der unter dem erzieherischen Einfluss von Wieland und Graf Görtz stand, zu hören gefällt, nämlich nichts von seiner Dichtung, vielmehr etwas über Autoren, „deren Talent aus dem tätigen Leben ausging und in dasselbe unmittelbar nützlich sogleich wieder zurückkehrte" (DICHTUNG UND WAHRHEIT, 15. Buch). Daher spricht er mit

dem Erbprinzen Carl August über Justus Möser (1720–1794), einen Staatsmann und Schriftsteller im Geiste der Aufklärung, dessen erster Band der
PATRIOTISCHEN PHANTASIEEN (1774), die Goethe bereits kannte, auf dem Tisch
des Zimmers lag, in dem er empfangen wurde. Nachdem die Aufgabe, Prinz
Friedrich Ferdinand Constantin zu erziehen, beendet war, wurde Knebel
weiter ohne feste Aufgabe besoldet – genauer ohne offizielle feste Aufgabe, denn tatsächlich hatte er immer wieder delikate Aufträge diplomatischer
und geheimdienstlicher Art zu verrichten, etwa für Goethe, Anna Amalia
und Carl August. Knebel ist insofern ein Kollege seiner guten Freundin
Frau v. Stein und immer, wenn es in Weimar heikel wird, ist er zur Stelle.
Dafür, dass Goethe Anna Amalia vor 1775 kennen gelernt hat, spricht auch
seine Satire GÖTTER, HELDEN UND WIELAND. Darin wird Wielands Singspiel
ALCESTE (1773), die erste in deutscher Sprache verfasste ernste Oper, verspottet. Anna Amalia regte diese Arbeit Wielands an, der musikbegeister-
ten Herzogin kommt damit der Verdienst zu, die Bedingungen geschaffen zu
haben, dass die erste bedeutende deutsche Oper an ihrem kleinen Hof entstand; sie soll darauf so gespannt gewesen sein, dass sie heimlich bei den
Proben anwesend war.[146] Der junge Goethe kritisierte in seiner Satire den
Dichterkollegen Wieland, denn seiner Meinung nach wäre für den atheni-
schen Trauerspieldichter Euripides (um 480–406 v. Chr.) die Bearbeitung
seiner Vorlage bestenfalls mittelmäßig gewesen. Goethe stellt darin die Frage, für wen Wieland eigentlich schreibe, und lässt ihn darauf antworten:
„Meine Fürstin" (Anna Amalia). Darauf wird erwidert: „Ihr solltet wissen,
daß Fürsten hier nichts gelten". Das Gespräch findet in der Unterwelt statt,
dort gilt wie in der Kunst Geburt und Herkunft nichts. Gegenüber Anna
Amalia, die in MEINE GEDANKEN sich „von Jugend auf mit Ungezipher umringt" sah, nach deren Freundschaft „durch Schmeicheleyen, … durch den
Falschenschein der Wahrheit und frommen Aufrichtigkeit" getrachtet wurde, stellte sich Goethe als ein Dichter dar, der Schmeicheleien gegenüber
dem Fürsten nicht nötig hat. 1779 wurde Wielands ALCESTE im Weimarer
Liebhabertheater parodiert, wobei Anna Amalia als Alceste auftrat, während Goethe den Herkules spielte, der Alceste von der Unterwelt in die
Oberwelt zurückführt. Wieland, dem man die Aufführung eines anderen
Stückes angekündigt hatte, war über die bissige komische Umdichtung seiner ALCESTE entsetzt und lief gekränkt aus dem Saal, konnte aber beim an-
schließenden Souper versöhnlich gestimmt werden.[147]
   Auch über den Frankfurter Maler Kraus, der einige Monate in Weimar
gearbeitet hatte und 1775 kurz vor Goethe nach Weimar berufen wurde,
erhielt Goethe, während er noch in Frankfurt lebte, Neuigkeiten über den
Hof in Weimar: „Beim Durchblättern und Durchschauen der reichlichen Porte-

feuilles, welche der gute Kraus von seinen Reisen mitgebracht hatte, war die liebste Unterhaltung, wenn er landschaftliche oder persönliche Darstellungen vorlegte, der weimarische Kreis und dessen Umgebung. Auch ich verweilte sehr gerne dabei, weil es dem Jüngling schmeicheln mußte so viele Bilder nur als Text zu betrachten von einer umständlichen wiederholten Ausführung daß man mich dort zu sehen wünsche" (DICHTUNG UND WAHRHEIT, 20. Buch). Hierbei wird Goethe zumindest die Entwürfe für das Ölbild ANNA AMALIA von 1774 gesehen haben, auf dem sie in lässiger Haltung wie ein verliebtes junges Mädchen aussieht (ABB. 1), was krass im Gegensatz zu den sonstigen Darstellungen von ihr steht, auf denen stets eine selbstbewusste regierende Fürstin zu sehen ist. Auf einem Tisch, auf den sie ihren Arm stützt, liegt eine Querflöte – zu jener Zeit „ein sexuell konnotiertes Attribut"[148] –, Musiknoten, wobei ein Teil einer Textzeile mit den Worten „machen Herz und Hand" erkennbar ist, sowie zwei offen aufgeschlagene Bücher und ein drittes geschlossenes dazwischen, das die Aufschrift „Agathon. I. Teil" trägt. Aufschlussreich ist hier die Abbildung von Wielands Bildungs- und Erziehungsroman AGATHON von 1766/67, der erste von Bedeutung in der deutschen Literatur. Anna Amalia gibt damit Weimar als einen Ort der Selbstveredelung zu erkennen. Goethes Liebesbeziehung zu ihr wird später die Grundlage bilden, auf der er seinen Bildungs- und Erziehungsroman WILHELM MEISTER schreiben wird. Entsprechend beschreibt Goethe darin seinen Aufbruch von Frankfurt in die große Welt, er wolle „sich aus dem stockenden, schleppenden bürgerlichen Leben heraus … reißen, aus dem er schon so lange sich zu retten gewünscht hatte. Seines Vaters Haus, die Seinigen zu verlassen, schien ihm etwas leichtes. Er war jung und neu in der Welt, und sein Mut, in ihren Weiten nach Glück und Befriedigung zu rennen, durch die Liebe erhöht" (LEHRJAHRE I, 10).

Es fällt auch auf, dass jeder mögliche Kontakt Anna Amalias zu Goethe vor 1775 später verschleiert wurde, etwa ihre Begegnung mit Merck 1773, also zu einer Zeit, als dieser schon ein enger Freund Goethes war. Anna Amalia muss dem Kriegsrat Merck bei einer Reise, die ihn durch Erfurt führte, begegnet sein. Er begleitete im Mai 1773 die Landgräfin Karoline von Hessen-Darmstadt (1721–1774) mit ihren drei Töchtern nach Russland, denn nach den Wünschen des Preußenkönigs Friedrich II. sollte eine der drei den russischen Thronfolger heiraten (Wilhelmine), eine seinen eigenen Thronfolger (Friederike) – jener Erbprinz, der sich von Anna Amalias Schwester hatte scheiden lassen – und die letzte Carl August zur Frau bekommen (Luise). Die Reisegesellschaft machte in Erfurt Halt und dort sah Carl August in Begleitung seiner Mutter die Prinzessinnen und durfte dabei wohl raten, welche für ihn übrig bleiben würde. In einem Brief vom August 1781 erinnert sich Anna Amalia gerne an ihr erstes Treffen mit Merck, versetzt es aber in das Jahr 1778.[149] Man kann sich des Eindrucks nicht erwehren, dass nach einer wahrscheinlich ersten Begegnung Anna Amalias mit Goethe vor 1775 verschiedene Verbindungen in Richtung des jungen Dichters geknüpft wurden. Frau v. Stein bahnte eine Verbindung zu Goethe während ihrer Kuraufenthalte über den angesehenen Arzt Zimmermann an, den sie 1773 kennen gelernt hatte. Zimmermann war es auch, der der Prinzessin Luise als künftige regierende Herzogin Frau v. Stein als Vertrauensperson empfahl, in einem Brief vor ihrer Ankunft in Weimar im Oktober 1775 heißt es: „Ich habe dieser Prinzessin viel von Ihnen [Frau v. Stein] erzählt; ich habe sie angefleht, Sie sogleich bei ihrer Ankunft in Weimar kennen zu lernen. Ich habe ihr versprochen, daß sie in Ihnen die Freundin finden wird, die ihr not tut."

Auch der angeblich eher beiläufige Besuch Knebels Ende 1774 in Frankfurt, der zur Einladung Goethes nach Weimar führte, wäre demnach die Ausführung eines sorgfältig vorbereiteten Planes gewesen. Graf Görtz war gegen die Berufung des mit vielen Schriftstellern in Kontakt stehenden Schöngeistes Knebel gewesen. In einem Brief vom 13. Oktober 1774 von Anna Amalia an den Minister v. Fritsch berichtet diese vom glücklichen Ende der Berufungsverhandlungen für Knebel, die im Frühjahr 1774 begonnen hatten, und bei denen v. Fritsch als die treibende Kraft in Erscheinung trat: „Der Bürgerkrieg ist glücklich beendet; gestern Abend noch ist Görtz zu mir gekommen".[150] Neben der Prinzenerziehung wäre es demnach Knebels geheime Aufgabe gewesen, dafür zu sorgen, dass der junge Erbprinz Carl August während seiner Auslandsreise unmittelbar vor der Regierungsübernahme von Goethe begeistert wird, um ihn dann von sich aus nach Weimar einzuladen. Es überrascht also nicht, gleich zu Beginn seines Weimarer Aufenthaltes einen gelösten Goethe zu sehen, wenn er bei Anna Amalia ist. Bei Wieland heißt es: „... in deren [Anna Amalias] Gegenwart er sich oft auf dem Boden im Zimmer herumgewälzt und durch Verdrehung der Hände und Füße ihr Lachen erregt hat."[151] Weiter berichtet er: „Als ... Goethe ... hier eintrat, fand ihn auch die verwitwete Herzogin äußerst liebenswürdig und witzig. Seine Geniestreiche und Feuerwerke spielten nirgend ungescheuter als bei ihr."[152]

David Heinrich Grave: Eine menschliche Katastrophe

Der Übergang von einer feurigen Leidenschaft zwischen Anna Amalia und Goethe hin zu einer besonderen Art der Freundschaft erstreckte sich über ihre zwei Italienaufenthalte von jeweils 22 Monaten. In dieser Zeit trat David Heinrich Grave (1752–1789) in den engsten Kreis um Anna Amalia. Grave war ein „kenntnisreicher, musikalisch geschulter junger Mensch von schöner Gestalt und klangreicher Tenorstimme, dazu guter schauspielerischer Anlage und besonders ausdrucksvoller Mimik".[153] Grave hatte schon auf mehreren Bühnen gestanden, zuletzt in Berlin. Anfang 1785 stieß er zur Schauspielertruppe des Joseph Bellomo (1754–1833), die von 1784 bis 1791 hauptsächlich in Weimar wirkte; da die Aufbruchstimmung für das Liebhabertheater sich gelegt hatte, entschied man sich für eine professionelle Bühne. Schon vor Goethes Flucht nach Italien war er von Anna Amalia als begabter Sänger entdeckt und gefördert worden. Im Frühjahr 1786 verließ er Bellomo und wurde Kammersänger bei Anna Amalia, lernte Italienisch bei Jagemann und bereitete sich auf eine Studienreise nach Italien vor. Henriette v. Egloffstein, berichtet in ihrem Lebensrückblick dankbar über den Unterricht bei Grave im Jahre 1787: „Kaum hatte die Herzogin [Anna Amalia] vernommen, daß ‚eine Stimme des Wohllauts in mir wohne', so sandte sie ihren Kammersänger Grave zu mir, damit diese Naturgabe durch einen vorzüglichen Meister ausgebildet werden möchte. Der laute Beifall des Künstlers belehrte mich nun erst von der seltenen Reinheit, von dem Unfang und der Kraft meiner Stimme, die sich bei seinem vortrefflichen Unterricht immer mehr entwickelte und ihn selbst so sehr begeisterte".[154] Auch Karoline Jagemann (1777–1848), in deren Haus Grave logierte, erinnert sich an seinen Gesangsunterricht und weiter: „Er war ein sehr schöner Mann... ein sehr guter Schauspieler und großer Favorit des Publikums, besonders der Damen."

Von Friedrich Schiller, der, von Existenzsorgen geplagt, in Weimar eine Anstellung erhoffte, stammt eine negative Charakterisierung von Grave, wobei er damals oft kleinliche und ungerechte Schilderungen der Menschen, die ihm begegneten, machte, da er darunter litt, dass sein Genie noch nicht erkannt worden war. Er spricht als Einziger von einem Verhältnis zwischen Anna Amalia und Grave: „Die Herzogin [Anna Amalia] macht sich hier durch ein Attachement [Zuneigung] lächerlich, das sie für einen jämmerlichen Hund, einen Sänger, hat ... Er soll nach Italien reisen, und man sagt ihr nach, daß sie ihn begleiten werde."[155] Dieses „Attachement" könnte staatspolitische Gründe gehabt haben. Nach Goethes Ansicht stand eine preußische Intervention unter der Führung von Graf Görtz unmittelbar bevor, so dass Anna Amalia womöglich den Eindruck erwecken wollte, über viele männliche Mätressen zu verfügen. Dies hätte den Verrat am Fürstenstand mit dem Dichter Goethe relativiert, vor allem gegenüber dem Reichstag in Regensburg, da die Ausschweifungen des nunmehrigen preußischen Königs Friedrich Wilhelm II. bekannt waren. Denkbar wäre auch, dass sie nach Goethes Flucht die menschliche Nähe eines fähigen, geistreichen Künstlers gesucht hat, ohne zu bedenken, welche Wirkung sie als Frau auf den 13 Jahre jüngeren Grave machte. Grave war unglücklich liiert, er soll nach Karoline Jagemann übereilt eine Verehrerin geheiratet haben, „die sich in den Bühnenhelden vergafft hatte und nach dem ersten Rausch mit dem Affektmenschen in Zerwürfnisse geraten war."[156] Die unmittelbare Nähe zur Fürstin sollte fatale Folgen für den Sänger haben.

Anfang 1788 ging Grave nach Italien, um sich im Gesang bei den italienischen Meistern zu vervollkommnen. „Empfehlungen und Ratschläge seines Sprachlehrers [Jagemann] brachten ihm den Vorteil, daß er beinahe umsonst wohnte und speiste, reiste und Theater wie Konzerte genoß, während jener seine anziehenden Schilderungen und Kritiken in seinen [Zeit-] Schriften verwertete."[157] Seine Berichte in der GAZZETTA DI WEIMAR zeigen einen außerordentlichen Musikkenner.[158] Im August 1788 trat Anna Amalia ihre Reise nach Italien an. Grave schloss sich in Rom ihrer Gesellschaft an und brach Anfang Juni 1789 mit nach Neapel auf. Beide Musikkenner äußern sich abfällig über das Beharren der Kirche auf Kastraten; diese vor dem Stimmbruch verstümmelten Sänger, die damit ihre Sopran- bzw. Altstimme erhalten konnten, sollten nicht durch Sängerinnen ersetzt werden, wodurch bis ins 19. Jahrhundert barbarische Verstümmelungen durch die Kirchenleitung gefördert wurden. In einem Bericht an Jagemann schreibt Grave: „Die Herzogin befindet sich wohl, lebt ohne Zeremoniell mit der Königin von Neapel wie mit einer Schwester und wird vom Adel angebetet. Sie hat mir anbefohlen, bei dem großen Sänger Aprile noch Lektionen zu nehmen, so daß ich bis Ende des Jahres hier bleiben werde. … die Schönheiten des Abends und Morgens sind unbeschreiblich; wenn man nur zum Fenster heraussieht, ist man vor Entzücken außer sich. Könnte ich in diesem Paradiese sterben, dann hätte ich gelebt."[159] In dieser Zeit soll er Anna Amalia gebeten haben, im Falle seines Todes für seine Tochter zu sorgen.[160] Am 30. November 1789 ist Grave plötzlich tot, er hat sich in Neapel einen Dolch ins Herz gestoßen. In einem Bericht nach den Erzählungen der Heimgekehrten von Charlotte v. Kalb (1761–1843) ist zu lesen: „In Neapel besonders bemerkte man an ihm eine düstere Stimmung. Die Herzogin mit ihrem Hofstaat war nach Ischia gereist … Der Sänger, in den Mantel gehüllt, den Hut tief in die Augen gedrückt, saß in einem Winkel … Er hatte in der schweigsamsten Stille sich den Dolch in's Herz gestoßen."[161] Über diesen Fall gibt es nur „wenige, sehr gehaltene Berichte. Es ist, als ob man davor zurückschrecken würde, etwas zu sagen, was irgendwelche Folgen haben, was veranlassen könnte, tiefere Schlüsse zu ziehen, Zusammenhänge zu ergründen."[162]

Als Motiv des Selbstmords wird eine Störung des Gemüts angenommen. Immer wieder spielt aber Anna Amalias Hofdame v. Göchhausen eine undurchschaubare Rolle, denn ihre sarkastischen Bemerkungen sollen Graves Entschluss ausgelöst haben, „denn auch gegen die besten Freunde der Herzogin richtete die Göchhausen ihre Pfeile, war doch der junge Bury in Neapel der Meinung, daß die Sarkasmen des verwachsenen Hoffräuleins an Graves Selbstmord schuld seien".[163] Nach Karoline Jagemann soll die Hofdame Intrigen gesponnen haben, durch die Grave angeblich die Unterstützung von Bellomo in Weimar verloren hatte, weil Grave inzwischen so gut war, dass er „nach einem großen Beifall das Weimarer Engagement im Stich" gelassen hätte.[164] Ein ausgezeichneter Künstler wie Grave hätte jedoch vor einer solchen Intrige kaum Angst zu haben gebraucht, zudem ist nicht vorstellbar, dass Anna Amalias sonst treu ergebene Hofdame hinter ihrem Rücken derartige Intrigen gesponnen hat. Dass aber die Hofdame eine Rolle bei Graves Selbstmord gespielt hat, ergibt sich aus mehreren Berichten. Am 17. Oktober 1790, also knapp elf Monate nach Graves Tod, schreibt Goethe an Knebel: „Die Herzogin-Mutter ist schon seit einem Jahre mit der Göchhausen radikaliter broulliert [überworfen], es ist nicht möglich, daß sich das Verhältnis wieder herstelle; die Herzogin wünscht sie je eher, je lieber los zu werden." Auch von anderen wurde der Hofdame die Schuld an Graves Tod gegeben, so etwa von Frau v. Steins Schwester Sophie in einem Brief an ihren Neffen Carl v. Stein (1765–1837) vom 5. Dezember 1790: „Die Göchhausen, sagt man, sei ganz und gar in Ungnade gefallen, weil die Herzogin gemerkt, daß sie so viel an ihrer Tür horche und Grave totgeärgert hätte, ein schöner Hofdamenzug."[165] Anna Amalia war demnach mit ihrer Hofdame unversöhnlich, weil sie am Selbstmord Schuld hatte. Der Umstand, dass sie dann doch nicht entlassen, sondern nur ihr Aufgabenbereich begrenzt wurde, deutet darauf hin, dass Anna Amalia bei sich selbst auch eine Schuld eingesehen hatte. Aus einem Brief von Knebel an seine Schwester wird Graves Selbstmordmotiv erkennbar: „Es hat sich ein sonderbarer Zufall ereignet, daß sich nämlich der Musikus Grave, der mit der Herzogin in Neapel war, und den sie sehr begünstigte, daselbst das Leben genommen hat. Man sagt, er sei in einen verwirrten Gemütszustand geraten; und in der

Tat hatte seine Seele eben nicht große Kräfte, um einigen Aufruhr in derselben durch Übermacht der Vernunft zu schlichten und zu bestreiten."[166] Leidenschaftliche Liebe ist einer der Gründe, wodurch ein Mensch einen solchen Aufruhr der Seele erleben kann. Grave hatte sich anscheinend hoffnungslos in die Fürstin verliebt, Schiller wies schon vor ihrem Aufbruch nach Italien unmissverständlich in diese Richtung. Von Anna Amalia, die bereits mit 18 Jahren Witwe wurde, war – außer Schillers Bemerkung bezüglich Grave – nie etwas von einem Liebesverhältnis bekannt geworden. Es muss für Grave unverständlich gewesen sein, warum diese Frau, die bereits im Herbst ihres Lebens stand, ihm, dem umworbenen Sänger, nicht ihre Liebe schenkte, obwohl sie ihn doch sonst so sehr begünstigte und seine Begleitung offenbar wünschte. Da der unmittelbare Auslöser für seine Selbsttötung die Hofdame v. Göchhausen gewesen sein soll, die für ihre scharfe Zunge und ihre spitzen Bemerkungen, mit denen sie sich einen Ausgleich für ihre kleinwüchsige, bucklige Gestalt verschaffte, bekannt war, ist eine Indiskretion über Anna Amalias Liebesbeziehungen zu Goethe gegenüber dem heillos Verliebten denkbar. Ein Satz wie: „Schreib erst mal einen WERTHER, wenn du ihr Herz erobern willst!" könnte Grave die Augen geöffnet haben. Werther erschießt sich zwar am Ende des Briefromans, davor dachte er aber an eine andere Art der Selbsttötung: „Ach, ich habe hundertmal ein Messer ergriffen, um diesem gedrängten Herzen Luft zu machen" (WERTHER, Brief vom 16. März 1772). Grave nutzte die Abwesenheit Anna Amalias, um auch seinem Herzen „Luft zu machen".

Aus einem Brief von Friedrich Bury (1763–1823) vom 22. Dezember 1789 an Goethe geht hervor, dass versucht worden war, Anna Amalia die näheren Umstände von Graves Tod zu verschleiern: „Wie niedergeschlagen die liebe Herzogin ist, nach dem Tod des Grawe können sie nicht glauben; wenn sie zuerst seines Selbstmords noch bewußt, wäre sie ganz untröstbar; es ist wahr, daß sie für ihre große Musikliebhaberey, worin Sie ganz existieret, sehr vieles verlohren; besonders wenn sie sich wieder nach Deutschland denkt und die Repetitionen gehabt von allem dem Schönen, was sie in Italien gehört, wäre sie herzlich vergnügt gewesen, und nun siehet die gute Dame alles durch den Verlust vereytelt."[167] Es ist aber unwahrscheinlich, dass Anna Amalia, die für ihre Reisegesellschaft nach außen verantwortlich war, nicht sehr genau über alle wichtigen Umstände unterrichtet war. In verklausulierter Art äußert sich auch Carl August über den tragischen Fall in einem Brief an seine Mutter vom 5. Januar 1790: „Gravens Tod bedaure ich sehr ... Es ist schade, daß er nun keine Früchte tragen solle, für alles das, was Sie an ihn gewendet haben. Da bei dieser Gelegenheit eine ziemlich beträchtliche Pension in Ihren Beutel zurückfällt und Sie selbige doch wieder wahrscheinlich auf Musik verwenden wollen, so habe ich einen Vorschlag, wie Sie dieses tun könnten, indem Sie uns und dem Weimarer Publico einen guten Spectacle zu erhalten beiträgen, ohne sich die Last aufzubürden, einen Menschen auf immer und ewig zu behalten, den man endlich doch einmal gerne wieder los sein möchte". Das klingt ziemlich gefühllos, doch ist darin eine Warnung an die Mutter zu sehen, ihre Gunst, die „ziemlich beträchtliche Pension in Ihren Beutel", nicht naiv an einen Menschen zu wenden, der diese missversteht, um in höchster Leidenschaft entbrannt in den Freitod zu gehen. Sie hätte Graves „Aufruhr der Seele" vorher bemerken und entsprechend reagieren müssen, um „uns und dem Weimarer Publico einen guten Spectacle zu erhalten". So war sie für den Tod Graves mitverantwortlich und setzte auch fahrlässig den Ruf des Fürstenhauses aufs Spiel. In Tasso, Goethes großartigem Liebesdenkmal für Anna Amalia, beteuert die Prinzessin angesichts des Aufbruchs Tassos nach Rom, dass sie niemals einen anderen lieben könne als den Dichter (Vers 1882 ff.):

> Prinzessin. Was ich besitze, mag ich gern bewahren:
> Der Wechsel unterhält, doch nutzt er kaum.
> Mit jugendlicher Sehnsucht griff ich nie
> Begierig in den Lostopf fremder Welt,
> Für mein bedürfend unerfahren Herz
> Zufällig einen Gegenstand zu haschen.

Ihre Liebe gilt nur dem Dichter, der im Begriff ist, sie zu verlassen (Vers 1888 ff.): „Ihn mußt' ich ehren, darum liebt' ich ihn;/Ich mußt' ihn lieben, weil mit ihm mein Leben/Zum Leben ward, wie ich es nie gekannt." Entsprechend wird der Dichter beschrieben (Vers 230 ff.): „Er tobt nicht frevelhaft/Von einer Brust zur andern hin und her;/Er heftet sich an Schönheit und Gestalt/ Nicht gleich mit süßem Irrtum fest und büßet/Nicht schnellen Rausch mit Ekel und Verdruß."

Angesichts der menschlichen Katastrophe mit Grave lässt die tief betroffene Anna Amalia noch in Neapel Goethe über Einsiedel bitten, sie in Italien abzuholen (Brief von Goethe an Carl August vom 28. Februar 1790). Der Dichter folgt dem Ruf und trifft am 31. März in Venedig ein. Er bleibt aber dort und wartet auf Anna Amalia, obwohl er sie in wenigen Tagen hätte erreichen können. Er harrt an dem Ort aus, an den ihn 1786 seine Flucht geführt hatte und von wo aus er sich in die neue Welt hätte einschiffen können. Er darf nicht weiter, denn Graves Tod sollte keine weitere Katastrophe folgen. Er hatte für Christiane, die ihm inzwischen einen Sohn geboren hatte, Verantwortung zu tragen; auch durfte er Carl August nicht enttäuschen, dem er vor seiner Rückkehr aus Italien unbedingte Aufrichtigkeit versprochen hatte. Indem er in Venedig blieb, zeigte er Anna Amalia, dass zwischen ihnen nur noch eine besondere Art der Freundschaft sein durfte. Der literarische Ertrag dieser Zeit sind die VENEZIANISCHEN EPIGRAMME, die unter anderem eine radikale, in beißenden Spott gekleidete Kritik gegen Klerus, Italien, Deutschland, die Liebe und anderes enthalten und als ein „Akt der Selbstreinigung" Goethes gesehen werden.[168] Eine Auswahl der Epigramme schenkte er Anna Amalia zu ihrem Geburtstag am 24. Oktober 1790: „Sagt, wem geb ich dies Büchlein? Der Fürstin [Anna Amalia], die mirs gegeben,/Die uns Italien noch jetzt in Germanien schafft" (EPIGRAMM 16). Seine Entsagung wird in EPIGRAMM 7 angesprochen: „Eine Liebe hatt ich, sie war mir lieber als alles!/Aber ich hab sie nicht mehr! Schweig, und ertrag den Verlust!" Auch Selbstkritisches ist in den EPIGRAMMEN enthalten: „… denn Gaukler und Dichter/Sind gar nahe verwandt, suchen und finden sich gern" (EPIGRAMM 47), „Frech wohl bin ich geworden; es ist kein Wunder. Ihr Götter/Wißt, und wißt nicht allein, daß ich auch fromm bin und treu" (EPIGRAMM 74).

Anfang Mai 1790 erreichte Anna Amalia Venedig und verweilte mit Goethe dort noch einige Wochen, bevor sie nach Thüringen aufbrachen. Auf dem Weg legten sie so viele Zwischenstationen ein, dass Anna Amalia mit Goethe am selben Tag und zur selben Stunde wie dieser 1788 bei seiner ersten Italienreise in Weimar eintreffen konnte – am 18. Juni 1790 um 23 Uhr. Damit stand am Ende der leidenschaftlichen Liebe zwischen Goethe und Anna Amalia, am Ende der sie trennenden Aufenthalte in Italien ein dramatischer Todesfall. Mit diesem schweren Erbe wurden die Liebenden von ihren Göttern aus Arkadien entlassen, so schwer belastet sollten sie vereint nach Weimar zurückkehren, um fortan einander zu entsagen.

Briefe an „Frau v. Stein": Eine Welttäuschung

Der Briefwechsel zwischen Goethe und „Frau v. Stein" ist ein wohl einmaliges Meisterwerk der Identitätstäuschung. Von 1776 bis 1789 schrieb Goethe mehr als 1.600 Briefe und Zettelchen, wobei etwa ein Drittel undatiert sind.[169] „Frau v. Steins" Briefe sind nicht erhalten; von 1796 bis 1826 kommen noch etwa 130 Briefe Goethes hinzu, wobei hier die dazugehörigen Briefe der Frau v. Stein erhalten sind. Bei einer kritischen Betrachtung des Briefwechsels fallen Widersprüche auf und verborgene Zusammenhänge werden klar, es erschließen sich sogar die einzelnen Phasen der Identitätstäuschung. Der Briefwechsel war zentral, um das Täuschungswerk in Szene zu setzen und den Glauben an Goethes angebliche Liebe zu Frau v. Stein aufrechtzuerhalten. Daher mussten Briefe zum Vorzeigen für all diejenigen abgefasst werden, die an Frau v. Steins „Briefwechsel" mit dem berühmten Dichter interessiert waren, um mehr über das seltsame Liebesverhältnis in Erfahrung zu bringen und darüber zu berichten. Ein Beispiel hierfür ist Charlotte v. Kalb, die, unglücklich verheiratet, in Mannheim ab 1784 Geliebte von Schiller war und die freie Liebe vertrat. Als sie wenige Wochen nach Goethes Italienflucht 1786 nach Weimar übersiedelte, war sie sehr daran interessiert, die berühmte Frau v. Stein kennen zu lernen. Frau v. Stein musste dafür sorgen, dass nicht die Spur eines Zweifels an ihrer Identität als Goethes Geliebte aufkommen konnte. Charlotte v. Kalb berichtet über die Zusammenkunft: „Bald nach diesem ersten Sehen teilte sie [Frau v. Stein] mir schon Manches von Goethe mit, was später gedruckt worden oder auch nicht erschienen ist ... So las ich gierig Manuskripte, und auch Briefe wurden mir anvertraut."[170] Frau v. Stein zeigte ihrer Besucherin Manuskripte, die unter den Freunden lange vor jeder Publikation zirkulierten, Briefe wurden ihr anvertraut und das ungewöhnliche übermäßige Vertrauen stillte jeden etwaigen Zweifel.

Auch nachdem im öffentlichen Bewusstsein Weimars die Liebesbeziehung längst der Vergangenheit angehörte, wollte man Goethes Briefe aus dieser Epoche sehen, so etwa Schillers Ehefrau Charlotte (1766–1826), eine der engsten Freundinnen der Frau v. Stein. Nach langem Bitten zeigte sie ihr einige Briefe, Charlotte v. Schiller schreibt darüber an Carl Augusts Tochter Prinzessin Caroline Luise (1786–1816) am 5. Februar 1812: „Ich durchblickte dieses wunderbare menschliche Wesen [Frau v. Stein] und klagte über das Schicksal unserer Freundin ... Wie interessant war der Meister ehemals, wie weich, wie hat er geliebt, und wie konnte sich Das ändern! Es ist mir ein

Rätsel, diese Natur. Wie hat die arme Charlotte leiden müssen!"[171] Weiter gab es das Problem der Überbringung der Briefe. Damit die Weimarer Öffentlichkeit keinen Verdacht schöpfte, durften die Briefe nicht direkt übermittelt werden. Auf Reisen ging der Briefwechsel durch die Hände des Herzogs Carl August. Als dieser am 2. Dezember 1776 dazukam, als Goethe einen Brief an „sie" schrieb, unterzeichnete er ebenfalls. In einem Gedicht macht Carl August sich sogar über „Frau v. Steins" kleinformatige Briefe lustig:[172]

> Es ist doch Nichts so zart und klein,
> So wird's doch Jemand plagen;
> Zum Beispiel macht Dein Briefelein
> Husaren sehr viel klagen.
>
> Heut sagte Der, der's Goethen bracht',
> Und schwur bei seinem Barte:
> „Viel lieber ging ich in die Schlacht,
> Als trüg' so Brieflein zarte!
> …"

In einem Brief von Goethe an „Frau v. Stein" vom 13. März 1781 heißt es: „Der Herzog hat mir Ihren Brief den der Husar brachte, bis ietz vorenthalten, und schickt mir ihn in 10 übereinander gesiegelte Couverts eingeschlossen herauf." Goethes Briefe an „Frau v. Stein" könnten an Anna Amalia weitergeleitet worden sein, indem sie an einem bestimmten Ort deponiert wurden, von wo sie dann ein Vertrauter abholte. Um Briefe, die nur an Anna Amalia gerichtet waren, von denen zu unterscheiden, die auch Frau v. Stein lesen durfte, ist etwa an äußere Erkennungszeichen zu denken.

Die Liebenden siegelten ihre Briefe, indem sie den Schriftzug „Alles um Liebe" in das Wachs einpressten. Dies ist das Motto aus Goethes Drama STELLA (5. Akt) von 1775 und ist daher als eine Art Entschuldigung zu verstehen, denn in dem Stück geht es um das Problem der Liebe eines Mannes zu zwei Frauen, in der ursprünglichen Fassung durch ein Zusammenleben der drei gelöst. Das Siegel „Alles um Liebe" steht dafür, dass die Liebe als die höhere Handlungsmaxime vieles rechtfertigt, auch die Durchbrechung der gesellschaftlichen Konvention und Moral durch Täuschung. Im ersten Brief an „Frau v. Stein", wohl von Anfang Januar 1776, sträubte sich Goethe, der noch keine zwei Monate in Weimar weilte, das Siegel zu benutzen: „Und wie ich Ihnen meine Liebe nie sagen kann, kann ich Ihnen auch meine Freude nicht sagen … Ebendesswegen – werd ich nie mit siegeln". Er wird aber doch damit den Briefwechsel siegeln, über ein Jahrzehnt „Alles um Liebe".

Je mehr man sich dem Briefwechsel nähert, desto mehr fallen Ungereimtheiten auf. So ist etwa nicht verständlich, warum überhaupt so viele Briefe geschrieben wurden, da Goethe in nächster Nähe zu Frau v. Stein wohnte, ab 1781 grenzten ihre Gärten sogar unmittelbar aneinander. Zu Anna Amalia hatte Goethe keinen unbeschränkten Zugang, ohne damit in der Öffentlichkeit Misstrauen zu erregen. Der briefliche Kontakt entschädigte sie also für die beschränkten Möglichkeiten des Zusammenseins. Darüber hinaus suchte Goethe plausible Gründe, um so oft wie möglich in ihre Nähe kommen zu können, ein Grund war die Organisation des Liebhabertheaters, außerdem diktierte er seine Arbeiten gerne Anna Amalias Hofdame v. Göchhausen. Es gab auch die gemeinsamen Veranstaltungen, wobei sie sich in der Öffentlichkeit nicht zu oft oder gar zu intensiv anschauen durften, ohne das Geheimnis zu gefährden. Nur ganz am Anfang konnte er ihr noch schreiben (24. Februar 1776: „Ich habe nun wieder auf der ganzen Redoute [Saal für Feste und Tanz] nur deine Augen gesehn – Und da ist mir die Mücke um's Licht eingefallen." Das erstmals 1789 veröffentlichte Gedicht NÄHE bringt die durch Vorsichtsmaßnahmen bedingte Dauersituation eher zum Ausdruck:

Wie du mir oft, geliebtes Kind,
Ich weiß nicht wie, so fremde bist!
Wenn wir im Schwarm der vielen Menschen sind,
Das schlägt mir alle Freude nieder.
Doch ja, wenn alles still und finster um uns ist,
Erkenn ich dich an deinen Küssen wieder.

Frau v. Stein machte zu Beginn das „Genietreiben" im Umfeld Anna Amalias mit.[173] Mehr und mehr aber blieb sie weg, auch hielt sie sich jedes Jahr im Hochsommer und im Herbst auf ihrem etwa 30 Kilometer südlich von Weimar gelegenen Landgut Kochberg auf. Daneben unternahm sie lange Badeaufenthalte, unglaublich oft war sie angeblich krank oder sonst unpässlich. Dies passt zu ihrer Stellung als erste Hofdame der Herzogin Luise, die sich auch gerne von allem fern hielt und der sie damit ihre Loyalität demonstrieren konnte. Beide Herzoginnen waren extrem entgegengesetzte Charaktere und hatten nur den offiziellen Umgang miteinander. Die Beziehung zu ihrer Schwiegermutter Anna Amalia und der Hang, sich von allem geselligen Treiben zurückzuziehen, illustriert ein Brief, den Luise an Frau v. Stein im Juli 1777 schrieb: „Vorgestern war ich zu Ettersburg [bei Anna Amalia] und ich habe mich zu Tode gelangweilt … Was mich in [Schloss] Belvedere betrifft, so kümmere ich mich wenig um das Menschengeschlecht und wünschte, es kümmerte sich wenig um mich … Leben Sie wohl, meine teuere Stein! Ich liebe Sie von ganzem Herzen, seien Sie Dessen versichert! ... Kommen Sie bald zurück und vergraben sich nicht in Kochberg." Ein Jahr später heißt es: „Ich muß wegen Ihrer langen Abwesenheit mit Ihnen zanken! Welchen unüberwindlichen Reiz hat denn Ihr Kochberg, daß Sie es trotz des kalten und trüben Wetters solange zurückhält? Oder sind Sie gegen Ihre Freunde gleichgültig geworden, daß es Ihnen nichts verschlägt, ob Sie Diese sehen oder nicht?" Doch allein die Erfüllung ihrer von Anna Amalia übertragenen Aufgabe hielt Frau v. Stein zurück. Wäre sie ständig um Goethe gewesen, so hätte dieser mit ihr eine Rolle spielen müssen mit der Gefahr, irgendwann Fehler zu machen und die Wahrung des Geheimnisses zu gefährden. Goethe musste ohnehin oft bei ihr erscheinen, wenn sie in Weimar war, um die Identitätstäuschung glaubhaft zu machen. Bei diesen Besuchen sorgte Frau v. Stein für Goethes Wohlbefinden und nahm Diktat auf. In einem Brief an Knebel vom 7. Juli 1783 beschreibt Frau v. Stein ironisch ihren privaten Umgang mit Goethe: „Ich halte mich glücklich, daß mir beschieden ist, seine goldenen Sprüche zu hören."

Frau v. Stein war vor allem Anna Amalia treu ergeben. Diese hatte ihre Fähigkeiten erkannt und gefördert, der Hofdame mit Josias v. Stein eine gute Partie ermöglicht, sie für künftige wichtige Aufgaben vorbereitet und ihre Geschwister und Eltern versorgt. Als ihre Fürstin dabei war, ein Meisterstück nach der Regierungsübergabe an ihrem unreifen 18-jährigen Sohn zu vollbringen, um sicherzustellen, dass das Land nicht in die Hände von korrupten Schmeichlern geriet, stand Frau v. Stein ihr uneingeschränkt zur Verfügung. In das „Staatsgeheimnis Goethe" war sie von Anfang an eingeweiht und gab ihren ganzen Einsatz dafür, damit es auch ein Geheimnis blieb. Daher zog sie sich so weit wie möglich zurück, die Herzogin Luise interpretierte es als Zeichen einer gemeinsamen Gesinnung, für Anna Amalia war es Ausdruck unbedingter Treue. So beteiligte sich Frau v. Stein aktiv nur wenige Male am Liebhabertheater, etwa im Frühjahr 1776. Auch als Zuschauerin blieb sie meist, wie die Herzogin Luise, den Veranstaltungen fern. Nicht einmal der Aufführung von Goethes IPHIGENIE, der wohl bedeutendsten Arbeit des Dichters bis zur Italienreise (1786), wohnte sie bei. Auf Schloss Kochberg war Goethe öfter, wenn sie weg war, als wenn sie da war, und wenn sie anwesend war, kam er gerne in Begleitung.[174]

Auffällig ist der Umstand, dass Goethes Mutter nur zwei Briefe an Frau v. Stein (1785/1787), hingegen 49 an Anna Amalia (von 1778 bis 1787) schrieb. Am 10. Februar 1829 berichtet Eckermann über Goethes Äußerung im Hinblick auf Anna Amalia: „Vollkommene Fürstin mit vollkommen menschlichem Sinne und Neigung zum Lebensgenuss. Sie hat große Liebe zu seiner Mutter und wünscht, dass sie für immer nach Weimar komme. Er ist dagegen." Zwar war das Gerücht, dass Goethes Mutter Catharina Elisabeth nach Weimar umziehen wolle, in Frankfurt eine hartnäckige Sage,[175] ein Umzug stand aber nie wirklich zur Debatte, nicht einmal ein Besuch in Weimar kam zustande. Anna Amalia unternahm bereits 1778 eine Reise nach Frankfurt und an den Rhein und lernte Goethes Eltern kennen, auch später besuchte sie diese, etwa anlässlich einer Reise nach Mannheim 1780.[176] Am 3. August 1778 schreibt Goethe an „Frau v. Stein", nachdem Anna Amalia von ihrer mehrwöchigen Rheinreise einen Tag zuvor, am 2. August, zurückgekehrt war: „Liebste ich habe gestern Abend bemerckt dass ich nichts lieber sehe in der Welt als Ihre Augen, und dass ich nicht lieber sein mag als bey Ihnen." Frau v. Stein hingegen besuchte erst während einer Reise von 1789, als die angebliche Beziehung mit Goethe bereits beendet war, Goethes Mutter in Frankfurt. Anna Amalias Briefe an Frau Rat Goethe beginnen mit „Liebe Mutter!", steigern sich dann zu „Liebe, beste Mutter!". Wenn etwa Goethe an „Frau v. Stein" am 26. August 1781 schreibt: „Mit einem guten Morgen schick ich meiner besten einen Brief von meiner Mutter, um sich an dem Leben drinne zu ergötzen", konnte dieser Brief Frau v. Stein kaum interessiert haben, denn sie kannte Goethes Mutter nicht. In einem Brief vom 31. November 1781 teilt Anna Amalia Goethes Mutter mit, dass ihr Sohn ein Haus in der Stadt gemietet habe: „Auch habe ich ihm versprochen, einige Möbeln anzuschaffen, weil er so hübsch fein und gut ist. Sie werden also die Güte haben, liebe Mutter, und mir einige Proben von Zitzen zu schicken für Stühle und Kanapee und zugleich die Preise dabei."[177] Anna Amalia suchte also für Goethe die Ausstattung aus und bezahlte sie. In einem Brief vom 9. Mai 1782 schreibt Goethe an „Frau v. Stein": „Wie freu ich mich auf meine neue Einrichtung! Auf alles was mir deine Liebe wird ordnen und erhalten helfen. Mögest du so viel Freude haben als du mich glücklich machst."

Bereits zu Beginn des Briefwechsels finden sich viele Äußerungen, die auf das Motiv einer „Nachtliebe" sowie auf eine Grenze zwischen den Liebenden hinweisen. Am 14. April 1776 schickt Goethe „Frau v. Stein" das Gedicht „Warum gabst Du uns die tiefen Blicke", darin etwa die Verse: „Und wir scheinen uns nur halb beseelet/Dämmernd ist um uns der hellste Tag". Der hellste Tag vermag eben nicht ihre Liebe zu zeigen, denn diese spielt sich im Verborgenen, in der Dämmerung und in der Nacht ab. Ein Billet, wohl von April 1776, lautet: „Wir können einander nichts seyn und sind einander zu viel". Am 24. Mai 1776 schreibt Goethe: „Die Welt die mir nichts sein kann will auch nicht dass du mir was seyn sollst". Im Vierzeiler vom 29. Juni 1776 heißt es: „Leb ich doch stets um derentwillen/Um derentwillen ich nicht leben soll." Diese Grenze ist ein Leitmotiv und bald nicht mehr damit erklärbar, dass Frau v. Stein verheiratet ist, denn es ist etwas Immanentes und Unüberwindbares. Um den 22. Juli 1776 dichtet Goethe:

Ach so drückt mein Schiksal mich,
Daß ich nach dem Unmöglichen strebe.
Lieber Engel für den ich nicht lebe,
Zwischen den Gebürgen leb ich für dich.

Damit auch sonst in Weimar keine Zweifel an Goethes Liebesgeschichte mit „Frau v. Stein" aufkamen, gab Goethe etwa die Anfertigung einer aufwendigen Schreibkommode in Auftrag.[178] Durch die sorgfältigen Anweisungen für die Herstellung musste sich bei den beteiligten Handwerkern die Ansicht festigen, dass dieser seltsamen Beziehung sittlich Höheres zugrunde liege, ein schwieriges Unterfangen, das aber vollbracht wurde. Niemand tadelte die Beziehung, denn man glaubte an ihrer beiden „Reinheit",[179] vor allem weil keine glühende Leidenschaft erkennbar war, da die „Liebenden" sich lieber aus dem Weg gingen. Die Schreibkommode hat eine symbolische Bedeutung, denn sie bringt die vielen Funktionen, die „ihr" Briefwechsel zu erfüllen hatte, zum Ausdruck. Obwohl seit Frühjahr 1779 an der Schreibkommode gearbeitet wurde, ließ Goethe sie einfach nur in Frau v. Steins Haus bringen, während er sich in der Schweiz aufhielt. Aus einem Brief vom 4. Juli 1779 wird geschlossen, dass Goethe beabsichtigte, ihr den Schreibtisch früher zu schenken,[180] der Brief lautet: „Ich weis nicht ob der 5 Jul auch in ihrem Calender mit Charlotte bezeichnet ist, in meinem stehts so und ich hatte gehofft ihnen zum Morgengrus ein Zeichen einer anhaltenden Beschäftigung für sie zu schicken. Er wollte mir nicht gelingen, drum schick ich Ihnen das schönste von meinem Hausrath. Ich kan diesen mir so ominosen [unheilvollen, anrüchigen] Nahmenstag nicht vorbeygehn lassen ohne Ihnen anders als alle Tage zu sagen dass ich sie liebe." Vom ominösen Namenstag kann er unmöglich einer Frau schreiben, die Charlotte heißt und seine Liebe erwidert. Während „Omen" (Vorzeichen) des Zusatzes gut oder böse bedarf, ist die Bedeutung von „ominös" auf schlechtes Omen festgelegt.[181] Goethe verwendet in seinem Werk dieses Wort nicht oft, doch wo es vorkommt, ist seine Bedeutung negativ, etwa im GÖTZ: „... lieber das Geheul der Totenglocke und ominöser Vögel" (II. Akt). Es handelt sich also um eine scharfe Bemerkung über den Namenstag von Charlotte v. Stein gegenüber Anna Amalia und damit um eine Kritik an der Notwendigkeit des Täuschungswerks. Am 1. Januar 1780 schreibt Goethe aus Darmstadt in einem Brief an „Charlotte v. Stein" noch deutlicher über deren Namen: „Hier gefällt mir die Pr[inzess] Charlotte, |: der verwünschte Nahme verfolgt mich überall :|".

93

Anfang September 1780 dichtet Goethe noch das Gedicht WANDRERS
NACHTLIED: „Über allen Gipfeln/Ist Ruh,/In allen Wipfeln/Spürest du/Kaum
einen Hauch;/Die Vögelein schweigen im Walde./Warte nur, balde/Ruhest
du auch." Gegen Ende des Monats sind es jedoch ganz andere Stimmun-
gen, die ihn bewegen, denn Goethe ist rasend eifersüchtig. Dadurch wird er
unvorsichtiger und der wahre Sachverhalt tritt deutlich zutage. Goethe ist
in Ostheim bei Meiningen, am 20. September 1780 heißt es in einem Brief an
„Frau v. Stein": „Meine Natur schliesst sich wie eine Blume wenn die Sonne
sich wegwendet" und „weis Gott wohin wir alsdenn auseinander geschlagen werden. Addio". Am 21. September 1780 schreibt er: „Mit der Nürnber-
ger Reise ists nichts, die Herzoginn [Anna Amalia] geht mit Oesern nach
Mannheim. Also seh ich sie bald wieder. Ich sehne mich nach Hause wie ein
kranker nach dem Bette. Wenn die Wolken über der Erde liegen sehnt man
sich nicht hinaus." Dass sich ihm die Sonne wegwendet, so dass er sich
krank fühlt, kann sich nicht auf Frau v. Stein beziehen, die er mit seiner
Rückkehr wiedersehen wird. Die Sonne, die sich von ihm abwendet, ist
Anna Amalia, die zusammen mit Adam Friedrich Oeser (1717–1799) eine
Reise nach Mannheim unternimmt und die er daher für einen Monat nicht
wiedersehen wird, denn bis zum 20. Oktober 1780 sollten Anna Amalia und
Oeser unterwegs sein. Oeser war Leiter der Akademien zu Leipzig und Dresden und selbst ein bedeutender Maler, Bildhauer und Kunsttheoretiker, der
Einfluss auf den von Goethe und Anna Amalia verehrten Kunsttheoretiker
Johann J. Winckelmann (1717–1768) ausgeübt hatte. Winckelmann war es,
der die das Barock ablösende Stilepoche des Klassizismus (etwa 1750–
1830) im Sinne einer Rückbesinnung auf die klassische Antike auf die For-
mel „edle Einfalt und stille Größe" gebracht hatte. Oeser war auch Zeichenlehrer Goethes gewesen, als dieser in Leipzig studierte. Wie Winckelmann
predigte Oeser die vollkommene Schönheit der Antike, was bei dem jungen
Dichter einen prägenden Eindruck hinterließ. Obwohl Oeser 1780 bereits 63
Jahre alt war, schien er immer noch ein anziehender Mann zu sein.[182]
    In Goethes Brief vom 21. September 1780 an „Frau v. Stein" heißt es,
dass er und Carl August hohe Berge besteigen, Goethe denkt an „die Gefahr sich mit einemmal herabzustürzen", dann wurden sie „von einer solchen Verklärung umgeben dass die vergangene und zukünftige Noth des
Lebens, und seine Mühe wie Schlacken uns zu Füssen lag, und wir, im noch
irdischen Gewand, schon die Leichtigkeit künftiger seeliger Befiederung,
durch die noch stumpfen Kiele [Federn] unsrer Fittige spührten. Hiermit
nehme ich von Ihnen Abschied". Die Dorfbewohner bringen dann dem
Landesherrn ein Abendständchen, es folgt ein langes Gespräch mit dem
Herzog, das ist dann „ein fröhliges Ende eines sonst elenden Tags." Unter-

zeichnet wird mit „G. il penseroso fedele“ („der treue Melancholiker“). Diese Bezeichnung nimmt auf die für Anna Amalias Geburtstag geplante Aufführung der Operette Robert und Kalliste oder der Triumph der Treue, eine Bearbeitung der Sposa fedele (Die treue Braut, 1778) von Johann J. Eschenburg (1743–1820) Bezug. Anna Amalia erscheint Goethe jedoch gar nicht als treue „Braut“, da sie mit Oeser nach Mannheim fährt. Da muss er als treuer „Bräutigam“ zumindest zum treuen Melancholiker werden, der sich vorstellt, den Berghang hinunterzustürzen. Nach einem kurzen Brief vom 24. September 1780 tritt im Briefwechsel eine Pause ein, vom 4. Oktober bis zum 10. Oktober hält sich Goethe auf Gut Kochberg bei Frau v. Stein auf. Dahin kommen am 9. Oktober der Herzog, Frau v. Steins Ehemann Josias und Knebel. Goethe reist am 10. Oktober nach Weimar ab, nachdem seine Geliebte ihm etwas Verletzendes gesagt haben soll, eine Formulierung, die er wählen musste, auch wenn die Mittelung schriftlich von Mannheim kam. Goethe ist ganz aufgewühlt und schreibt noch am selben Tag: „Was Sie mir heut früh zuletzt sagten hat mich sehr geschmerzt, und wäre der Herzog nicht den Berg mit hinauf gegangen, ich hätte mich recht satt geweint. Auf ein Übel häuft sich alles zusammen! ... Ich werde mich nicht zufrieden geben biss sie mir eine wörtliche Rechnung des Vergangenen vorgelegt haben ... Haben Sie Mitleiden mit mir. Das alles kam zu dem Zustand meiner Seele darinn es aussah wie in einem Pandämonium [Höllenspektakel] von unsichtbaaren Geistern angefüllt, das dem Zuschauer, so bang es ihm drinn würde, doch nur ein unendlich leeres Gewölbe darstellte.“ Am nächsten Tag folgt ihm Knebel nach Weimar und bleibt bei ihm. Goethe beruhigt sich dadurch etwas, seine Eifersucht nagt jedoch immer noch an ihm; unter dem Eintrag 13. Oktober 1780 gibt er zu eifersüchtig zu sein: „Es ist wunderbaar und doch ists so, dass ich eifersüchtig und dummsinnig bin wie ein kleiner Junge wenn Sie andern freundlich begegnen.“ Die Eifersucht kann sich nicht auf Frau v. Stein bezogen haben, denn diese weilte mit ihm auf ihrem Gut Kochberg, Goethe bezieht sich also auf Anna Amalia und Oeser.

Am 29. Oktober 1780, nachdem Anna Amalia wieder in Weimar ist und Goethe eingesehen hatte, dass seine Eifersucht auf Oeser überzogen war, rechtfertigt sich der Dichter für sein Verhalten: „Ich weis nicht warum, aber mir scheint Sie haben mir noch nicht verziehen. ... So gehts aber dem der still vor sich leidet, und durch Klagen weder die seinigen ängstigen noch sich erweichen mag, wenn er endlich aus gedrängter Seele Eli, Eli lama asabthani [Mein Gott, mein Gott, warum hast du mich verlassen?, Matthäus, 27, 46 f.] ruft, spricht das Volk, du hast andern geholfen hilf dir selber, und die besten übersezzens falsch und glauben er rufe dem Elia.“ Auch Goethes Klagerufe würden wie bei Christus falsch verstanden werden, denn dieser wandte sich an Gott, nicht aber an den Propheten Elia. Bei Goethes Eifersuchtsanfall würde man an Frau v. Stein denken, nicht aber an Anna Amalia und daher gar nicht verstehen, warum er leidet. In einem Brief vom 25. Januar 1781 an Carl August schließlich meldet Goethe nicht ohne ein wenig Genugtuung eine Skandalgeschichte vom Hof Anna Amalias weiter: „Apropos von Künstlern, die Christiane das leidige Stubenmädel an der Herzoginn Mutter Hof, ist von Ettersburg her schwanger, und giebt den alten Oeser zum Vater an. Die Herzoginn ist wild und droht ihr mit dem Zuchthaus, sie hat schon einmal in ihrer Aussage variirt."

Während Goethe noch auf Oeser eifersüchtig ist, sinniert er über seine „Nachtliebe" zu Anna Amalia. Nach einem Spaziergang bei „unendlich schönem" Mond fügt er dem Brief an die Geliebte vom 13. Oktober 1780 ein Gedicht bei. Das Lied legt er den Elfen in den Mund, gemeint ist zugleich ihre „Nachtliebe", denn nur im Schutze der Nacht dürfen sie einander Geliebte sein:

> Um Mitternacht
> Wenn die Menschen erst schlafen
> Dann scheinet uns der Mond
> Dann leuchtet uns der Stern,
> Wir wandeln und singen
> Und tanzen erst gern.
>
> Um Mitternacht
> Wenn die Menschen erst schlafen
> Auf Wiesen an den Erlen
> Wir suchen unsern Raum
> Und wandeln und singen
> Und tanzen einen Traum.

Dass nachts erst ihr eigentliches gemeinsames Leben beginnt, wird im Brief vom 19. November 1784 ausgesprochen: „Morgen Abend komme ich wieder und wir setzen unser Leben fort." Am 25. Oktober 1780 berichtet Goethe von einem kurzen Zusammentreffen mit Merck in thüringischen Mühlhausen: „Mit Mercken hab ich einen sehr guten Tag und ein Paar Nächte verlebt. Doch macht mir der Drache immer bös Blut, es geht mir wie Psychen da sie ihre Schwestern wiedersah." Das Märchen AMOR UND PSYCHE von Apuleius (um 125 – nach 161 n. Chr.) ist von ganz zentraler Bedeutung, da es in vielen Werken Goethes wiederkehrt. Knebel hatte das Märchen über das „standesungleiche" Paar am 10. Februar 1780 in Tiefurt vorgelesen. Der Gott Amor ist der Gatte der sterblichen Prinzessin Psyche, diese dürfen sich nur nachts und bei völliger Dunkelheit treffen. Da Psyches Schwestern neidisch sind, reden sie ihr ein, Amor sei ein Drache. Daraufhin setzt sich Psyche über das Verbot hinweg und beleuchtet das Antlitz ihres Gatten; ein herabfallender Tropfen heißen Öls weckt Amor, der zur Strafe Psyche verlässt. Erst nach harten Prüfungen, darunter ein gefährlicher Gang in die Unterwelt, werden die Liebenden wiedervereinigt, indem Psyche in den Stand der Götter erhoben wird. Freund Merck, der von der Identitätstäuschung nichts wusste, war um den Dichter besorgt und gab die Ansicht vieler Freunde wieder, wenn er Goethes „Beziehung" zu Frau v. Stein missbilligte. Die Forderung des Sturm und Drang an den Dichter war, alles, was ihm im Leben begegnet, rein nach der Natur abzubilden. Die „Liebesbeziehung" des strahlenden jungen „Genie des Genies" (Knebel) mit der verheirateten Hofdame, die für Schiller nie schön gewesen sein konnte,[183] schien keinen brauchbaren literarischen Ertrag zu bringen und tatsächlich stockte Goethes Schaffen längst. Merck wollte daher Goethe die Augen öffnen, dass Frau v. Stein – in der Sprache des Märchens – in Wahrheit ein Drache sei. Tatsächlich verbirgt sich hinter dem Drachen Frau v. Stein die Prinzessin Anna Amalia. Würde Licht über Goethes verborgene Liebe zur Fürstin Anna Amalia leuchten, ihre Beziehung also bekannt werden, so müssten sie sich wie die Liebenden im Märchen trennen. Im Brief vom 1. Oktober 1781 schreibt Goethe von einer Gemme, einem vertieft geschnittenen Stein, den er in Leipzig erworben hatte: „Es stellt Psyche vor mit dem Schmetterling auf der Brust in gelbem Achat. Es ist als wenn ich dich immer meine Liebe Seele [Psyche] nennte." Den Stein ließ Goethe für die Geliebte in einen Ring fassen (Brief vom 2. Oktober 1781) und sie siegelte damit ihre Briefe (Brief vom 27. November 1781). Da das Märchen AMOR UND PSYCHE große Bedeutung für das Liebespaar hatte, übersetzte Anna Amalia es für ihr TIEFURTER JOURNAL (ab November 1781). Später verschleiert Goethe damit in TASSO die Identität des Dichters, den die Prinzessin liebt (Vers 228 ff.): „Es ist der Jüngling [Amor], der mit Psychen sich/Vermählte, der im Rat der Götter Sitz/ Und Stimme hat."

Da der Dichter nur heimlich und im Schutz der Nacht zu seiner Geliebten darf, um ungestört bei ihr zu sein, beklagt er oft, nicht genug in ihrer Nähe sein zu können. Wieder kann nicht Frau v. Stein gemeint sein, da Goethe zu ihr einen relativ freien Zugang hatte. In einem Gedicht, das er am 16. Dezember 1780 der Geliebten schickte, heißt es etwa:

> Sag ich's euch geliebte Bäume
> …
> Ach ihr wisst es wie ich liebe
> Die so schön mich wiederliebt

Die den reinsten meiner Triebe
Mir noch reiner wiedergibt.
…
Bringet Schatten traget Früchte
Neue Freude ieden Tag
Nur dass ich sie dichte dichte
Dicht bey ihr geniessen mag.

Goethe begann im April 1776 die Umgestaltung seines Gartenhauses und pflanzte Linden. Am 1. November 1776 war es Anna Amalia, die zu Goethes Garten spazierte und ihm die kleinen Lindenbäumchen senkrecht hielt, die er im Begriff war einzupflanzen.[184] Auf diese Bäume scheint Goethe in seinem Gedicht anzuspielen.[185] Doch war es eine Ausnahme, dass Anna Amalia so zwanglos bei Goethe sein konnte. Die Liebenden hatten nicht die Möglichkeit, sich jederzeit aufzusuchen, da die Fürstin Anna Amalia an einem reglementierten Hofleben teilnehmen musste. Da war ihr eigener Witwenhof mit Hofdamen, Koch, Konditor, Stubenmädchen bis hin zum Bibliothekar und Geheimen Sekretär, insgesamt an die dreißig Beschäftigte.[186] Auch der Hof des regierenden Herzogpaares legte ihr entsprechende Verpflichtungen auf. Jeder ihrer Schritte wurde von Bediensteten begleitet: „Jede Tür, durch welche die Herrschaft bei gehaltenem Hofe aus- und eingingen, durfte nur von einem Pagen geöffnet und zugemacht werden. Fuhren die Herzoginnen mit ihrem Hofstaate irgend wohin, so mußte einer bei der Herzogin-Mutter im Wagenschlag hängen, ein anderer die Schleppe tragen".[187]

Beim Gedicht vom 16. Dezember 1780 wartete Goethe nicht ein paar Tage ab, um es Frau v. Stein an ihrem Geburtstag, dem 25. Dezember, zukommen zu lassen, anstatt an diesem Tag nur zu erwähnen, dass der Christtag ihm auch ein Geburtstagsfest sei. Von 1775 bis 1785 können nur zwei Geburtstage ausgemacht werden, an denen er Charlottes Geburtstag überhaupt erwähnt; bei der zweiten Erwähnung am 26. Dezember 1785 ist nicht einmal klar, ob er sich überhaupt auf sie bezieht: „Ich wusste wohl am heil. Abend daß ich dir noch etwas zu bescheeren hatte, konnte mich's aber nicht besinnen. Hier schick ich's nach." Von keinem ihrer Geburtstage wird berichtet, dass er von Goethe besonders gefeiert wurde. Bei Anna Amalia sind es im selben Zeitraum acht Geburtstage, an denen etwas gefeiert wurde oder die Goethe erwähnt. Etwas ganz Besonderes schenkte Goethe Anna Amalia zu ihrem Geburtstag am 24. Oktober 1782, indem er ihr alle seine ungedruckten Schriften überreichte. In einem Brief von Anna Amalia an Knebel vom 8. November 1782 heißt es: „Goethe hat mich durch ein Geschenk von allen seinen ungedruckten Schriften sehr erfreut; sollte das einem nicht schmeicheln, lieber Knebel? Ich bin aber auch ganz stolz darüber."[188]

Am 12. März 1781 wünscht sich Goethe eine Art Heirat mit der Geliebten: „Meine Seele ist fest an die deine angewachsen, ich mag keine Worte machen, du weist daß ich von dir unzertrennlich bin und daß weder hohes noch tiefes mich scheiden vermag. Ich wollte daß es irgend ein Gelübde oder Sakrament gäbe, das mich dir auch sichtlich und gesetzlich zu eigen machte, wie werth sollte es mir seyn. Und mein Noviziat war doch lang genug um sich zu bedenken." Bei Frau v. Stein hätte es die Möglichkeit gegeben, dass sie sich scheiden ließ, was damals in dieser Gesellschaftsschicht nicht selten vorkam. Der Umkehrschluss von Goethes Aussage „ich wollte es gäbe" ist aber, dass es eben kein Gelübde oder Sakrament gab, das die Zugehörigkeit seiner Geliebten zu ihm nach außen manifestieren konnte. Goethe konnte Anna Amalia, obwohl sie Witwe war, nicht ehelichen, denn die Standesschranken waren unüberwindbar. In seinem autobiographischen Roman WILHELM MEISTERS LEHRJAHRE (VIII, 9) verschlüsselt Goethe diese Situation, in Bezug auf den Harfenspieler Augustinus heißt es: „Er solle sich überlegen, daß er nicht in der freien Welt seiner Gedanken und Vorstellungen, sondern in einer Verfassung lebe, deren Gesetze und Verhältnisse die Unbezwinglichkeit eines Naturgesetzes angenommen haben." Am 8. Juli 1781 heißt es: „Wir sind wohl verheurathet, das heist: durch ein Band verbunden wovon der Zettel aus Liebe und Freude, der Eintrag aus Kreuz Kummer und Elend besteht." Kummer und Elend zeigen eben die Auswegslosigkeit dieser Liebe, die nur nach innen gelebt werden kann und nach außen durch Täuschung geschützt werden muss, weil es keine Möglichkeit einer äußeren Legitimation gibt.

Am 1. Mai 1781 werden die Vorsichtsmaßnahmen im Briefwechsel dadurch erhöht, dass der Name Lotte eingeführt wird. Im nächsten Brief vom 3. Mai heißt es bezogen auf die Neuerung: „Ich bin geschäfftig und traurig. Diese Tage machen wieder in mir Epoche. Es häufft sich alles um gewisse Begriffe bey mir festzusezzen, und mich zu gewissen Entschlüssen zu treiben." Es kostete Goethe also doch einige Überwindung, den „ominösen" (1779), den „verwünschten" (1780) Namen in seinem Briefwechsel mit „Frau v. Stein" zu verwenden. Diese Vorsichtmaßnahme musste er aber ergreifen, damit seine „Beziehung" zu Frau v. Stein kein Misstrauen erregte. Unmittelbarer Anlass scheint der Besuch des Theologen und Übersetzers Georg C. Tobler (1757–1812), Lavaters Schwager, in Weimar gewesen zu sein, der mit Unterbrechungen gleich für mehrere Monate blieb. Lavater erkannte Goethes Größe, für ihn war Goethe „ein Genie ohne seinesgleichen".[189] Doch Lavaters immer wieder in seinen Schriften gepredigte fundamentalistische

Glaubenshaltung, etwa in PONTIUS PILATUS (1782): „Wer nicht für uns ist, der ist wider uns", entfremdete den „Griechen" Goethe von ihm. Hierzu stellt Goethe in einem Brief an „Frau v. Stein" vom 14. Juli 1786 fest: „Was hab ich mit dem Verfasser des Pontius Pilatus zu thun, seiner übrigen Qualitäten unbeschadet." Tobler war eine Bekanntschaft von der Schweizer Reise Goethes mit Carl August, am 2. November 1779 schreibt Goethe über ihn an Lavater: „... mein Geist ist ihm nah aber mein Herz ist fremd ... Wohl ist uns zusammen nicht worden." Lavater war nun an Goethe sowie der Frau seines Herzen sehr interessiert, im Brief an Lavater vom 20. September 1780 schreibt ihm Goethe etwa: „Auch thut der Talisman iener schönen Liebe womit die St[ein] mein Leben würzt sehr viel. Sie hat meine Mutter, Schwester und Geliebten nach und nach geerbt, und es hat sich ein Band geflochten wie die Bande der Natur sind." Im gleichen Brief beantwortet Goethe eine Anfrage Lavaters hinsichtlich dessen Freundin, der Witwe Maria Antonia v. Branconi, geborene v. Elsener (1746–1793), und führt dann aus: „Und Gott bewahre uns für einem ernstlichen Band, am dem sie mir die Seele aus den Gliedern winden würde." Frau v. Steins Freund Zimmermann nannte Frau v. Branconi „das größte Wunder von Schönheit, das in der Natur existiert".[190] Sie war seit 1767 die Mätresse von Anna Amalias Bruder, dem Erbprinzen Carl Wilhelm Ferdinand, gewesen und hatte diesem mehrere Kinder geboren. Als Goethe ihrer Einladung auf ihr Schlösschen in Langenstein folgte und mit dem kleinen Fritz v. Stein bei ihr erschien, schreibt er in einem Brief an „Frau v. Stein" vom 20. September 1783: „... sie [Frau v. Branconi] wußte nicht woran sie mit mir war, und gern hätte ich ihr gesagt: ich liebe, ich werde geliebt, und habe auch nicht einmal Freundschaft zu vergeben übrig". Frau v. Branconi war an Goethe interessiert, doch konnte sie sich auf ihn keinen Reim machen, denn er verschmähte sie als berühmte Schönheit, um stattdessen einer gewissen Frau v. Stein jahrelang treu zu bleiben, von der nichts Außergewöhnliches berichtet werden konnte.

Bei Lavater war also eine ungeheure Neugierde erweckt worden und entsprechend galt das besondere Augenmerk von Tobler Frau v. Stein und ihrem Verhältnis zu Goethe. In einem Brief von Mai 1781 schreibt Tobler an Lavater: „Die angenehmste, umgänglichste ist die Fr[au] v. Stein. – Aber ich kann so wenig zu einem hohen reinen Grade von Achtung für sie kommen, als zu einem hohen Grade von Zärtlichkeit gegen Goethe ... Goethe hat mich gestern Abends noch in die Schule genommen, daß ich nicht zuviel aus ihrem Weimarerwesen etc. plaudern soll."[191] Untergebracht war Tobler bei Knebel, der auch hier seine diplomatische Arbeit bestens besorgte; so befand der Gast über ihn: „... ich kan offen gegen ihn seyn" (Brief an Lavater vom 7. Mai 1781). Aufgrund der Anwesenheit eines allzu interessierten

Besuchers war es also notwendig geworden, dass Goethe seine Abneigung, den Namen Lotte in seinen Liebesbriefen zu verwenden, überwandt. Goethe gebrauchte zwar fortan den Namen Lotte, es taucht aber im Briefwechsel nur einen Monat später, am 1. Juni 1781, in einem Gedicht ein weiterer Name auf, mit dem er die Geliebte bezeichnet: Lydia, später Lida. Seinen Brief schließt er mit den Worten: „In dieser Welt meine beste, hat niemand eine reichere Erndte als der dramatische Schriftsteller, und die Weisen sagen: beurtheile niemand bis du an seiner Stelle gestanden hast." Das Gedicht, das erstmals den Namen Lydia verwendet, später mit dem Titel VERSUCHUNG versehen, lautet:

> Reiche die schädliche Frucht einst Mutter Eva dem Gatten,
> Ach! vom törichten Biß kränkelt das ganze Geschlecht.
> Nun vom heiligen Leibe, der Seelen speiset und heilet,
> Kostest du, Lydia, fromm, liebliches büßendes Kind!
> Darum schick ich dir eilig die Frucht voll irdischer Süße,
> Daß der Himmel dich nicht deinem Geliebten entzieh.

Durch den Namen Lydia wird es Goethe möglich, nie den Namen Lotte in seiner Dichtung verwenden zu müssen; auch ist bei der häufigen Abkürzung L. nicht nachvollziehbar, welchen Namen er tatsächlich meinte. Dichtung ist etwa für den von Goethe geschätzten Philosophen Johann Georg Hamann (1730–1788) die „Muttersprache des menschlichen Geschlechts", worin sich am reinsten der Nachhall göttlichen Sprechens offenbare, diese kann daher nur im Dienste der Wahrheit stehen. Im Brief vom 1. September 1781 kündigt Goethe das Gedicht DER BECHER an, worin er die Geliebte mit Lida anspricht und sie mit einem Gefäß vergleicht: „Nein, ein solch Gefäß hat, außer Amorn,/Nie ein Gott gebildet noch besessen!", wieder ein Bild, das für Frau v. Stein zu hoch gegriffen ist, das aber auf seine Psyche, Anna Amalia, zutrifft. Ein Gedicht vom 9. Oktober ist das einzige, das in einer ersten Fassung den Namen Lotte trug, der aber durchgestrichen und mit dem Namen Lida korrigiert wurde. Der „verwünschte", „ominöse" Name ist durchgestrichen, dies ist von hoher symbolischer Bedeutung. Die ersten Zeilen lauten damit: „Den Einzigen, ~~Lotte~~ Lida, welchen du lieben kannst,/ Forderst du ganz für dich, und mit Recht./Auch ist er einzig dein."

Dennoch musste über weitere Vorsichtsmaßnahmen nachgedacht werden. Im Brief vom 1. September 1781, in dem er der Geliebten die Gemme aus gelbem Achat, auf der Psyche dargestellt ist, als Geschenk ankündigt, berichtet Goethe: „In Leipzig hab ich das Offenbare Geheimnis gesehen und mein Gewissen hat mich gewarnt." Das Thema des Theaterstücks DAS ÖFFENTLICHE GEHEIMNIS „ist die poetische Geheimsprache zweier Liebenden in

Versen, deren Anfangsworte einen eigenen Sinn ergeben".[192] Die Warnung bezieht sich auf Goethes stete Sorge, dass sein Geheimnis erkannt werden könnte. Es folgt im Brief der Satz: „Meine Liebste ich habe mich immer mit dir unterhalten und dir in deinem Knaben gutes und liebes erzeigt. Ich hab ihn gewärmt und weich gelegt, mich an ihm ergötzt und seiner Bildung nachgedacht." Sollte die Täuschung weiter glaubhaft bleiben, so mussten weitere Vorsichtsmaßnahmen getroffen werden. Was lag da näher, als Fritz, Frau v. Steins Sohn, in seine Obhut zu nehmen, zumal es ihm sehr gedankt wurde. Er wird Fritz so ins Herz schließen, dass dieser als sein Erbe gelten wird; gleichzeitig macht Fritz Goethes angebliche Liebe zu seiner Mutter ungleich glaubwürdiger. Goethe nimmt nach seinem Umzug vom Gartenhaus in das Haus am Frauenplan (Juni 1782) Fritz ganz zu sich, erzieht ihn und nimmt ihn öfters auf Reisen mit, wodurch die Plausibilität seiner seltsamen Verbindung buchstäblich in alle Gegenden getragen wird. Der Knabe verlebt bei Goethe seine schönsten Jugendjahre. Goethe liebte Kinder; aus seiner Zeit in Wetzlar im Sommer 1772 wird über ihn etwa berichtet: „Die Augen von ganz Wetzlar waren auf einen Mann gerichtet, den sie nicht begreifen konnten, der bald am Markttag alle Kirschen am ganzen Markt aufkaufte, alle Kinder in der Stadt zusammentrommelte, und dann mit der Karavane nach [Charlotte] Buffs Hause zog, wo er die Kinder all im Kreise um die Körbe herstellte, und Lotte ihnen Butterbrodt dazu schnitt".[193] Auch in Weimar umgab er sich gerne mit Kindern und richtete für sie Feste ein. Für einen kleinen Jungen, der sich in der Tugend der Geduld üben sollte, wurde sogleich eine ungewöhnliche Lösung in Angriff genommen: Goethe grub ihn bis zum Hals in einen Sandhaufen ein.[194]

Ab dem 23. August 1782 wurden die Vorsichtsmaßnahmen im Briefwechsel erneut erhöht. Im sechsten Jahr ihres Briefwechsels fängt Goethe auf einmal an, die jährliche Fahrt von Frau v. Stein auf ihr Gut Kochberg zu thematisieren: Sie solle zurück, er sei so allein, er vermisse sie, und so weiter. Frau v. Stein kam für einige Tage nach Weimar, Goethe reiste mehrmals im September kurz nach Kochberg oder dorthin, wo sich Frau v. Stein gerade aufhielt, um sie zu sehen. In dieser Zeit, vom Frühjahr bis zum Herbst 1782, hielt sich der Franzose Villoison in Weimar auf, ein Kenner der altgriechischen Sprache, den Carl August und Knebel auf ihrer Reise nach Paris (1774/75) kennen gelernt hatten. Er setzte sich am Hof fest und schien nicht mehr abreisen zu wollen, obwohl man ihm dies öfters nahe legte, zumal sein merkwürdiges Äußeres Gegenstand von Spott war.[195] Villoison, der über Gebühr lange in Weimar blieb, obgleich er es nicht nötig hatte, die Gastfreundschaft mehr als angemessen in Anspruch zu nehmen, musste Goethes Misstrauen erregen, zumal er hauptsächlich bei Anna Amalia in Tiefurt war, wo er sie in Altgriechisch unterrichtete. Es wäre nicht undenkbar gewesen, dass jemand etwas von ihrem Geheimnis ahnte und diesen undurchsichtigen Gelehrten auf sie angesetzt hatte. Das Wissen um das Geheimnis wäre für Erpressungen, aber auch für politische Zwecke wertvoll gewesen; man musste also auf Einbrüche, Bestechung von Bediensteten und sonstige Nachforschungen gefasst sein. In TASSO lässt Goethe den Herzog in Bezug auf den Dichter sagen (Vers 315 ff.): „... gegen viele/Hegt er ein Mißtraun, die, ich weiß es sicher,/Nicht seine Feinde sind. Begegnet ja,/Daß sich ein Brief verirrt, daß ein Bedienter/Aus seinem Dienst in einen andern geht,/Daß ein Papier aus seinen Händen kommt,/Gleich sieht er Absicht, sieht Verräterei/Und Tücke, die sein Schicksal untergräbt." Goethe wird beim Schreiben noch vorsichtiger, schließlich hätte gerade sein Briefwechsel den Beweis erbringen müssen, dass zwischen ihm und Frau v. Stein ein Liebesverhältnis bestehe. Die Täuschung ist also Gegenstand ständiger Verbesserung; im Brief vom 4. Mai 1783 – der merkwürdige Villoison war längst abgereist – heißt es: „Die Art womit du mir gestern Abend sagtest du habest mir eine Geschichte zu erzählen ängstigte mich einen Augenblick. Ich fürchtete es sey etwas bezüglich auf unsere Liebe, und ich weis nicht warum, seit einiger Zeit bin ich in Sorgen. Wie wundersam wenn des Menschen ganzes schweeres Glück an so einem einzigen Faden hängt." Diese Äußerungen, dass Goethes ganzes Glück an einem Faden hänge und er sich um seine Liebe Sorgen mache, ergeben in Bezug auf Frau v. Stein keinen Sinn. Die Entdeckung von Anna Amalias und Goethes Geheimnis hätte aber zu ihrer Trennung geführt. Dies ist der dünne Faden, an dem ihr „ganzes schweeres Glück" hängt. Die ermüdenden Verstellungen spiegeln sich in den Beschreibungen Goethes aus jener Zeit wider, etwa vom 1. Oktober 1783: „Er schien mir ernsthafter, zurückhaltender, verschlossener, kälter, magerer und blässer als sonst, und doch mit Freundschaft und einem Etwas, welches zu sagen schien, er wolle nicht verändert scheinen."[196]

Am 23. Juni 1784 folgt wieder ein bedeutungsvoller Vierzeiler, der ihre „Nachtliebe" betrifft, eingeleitet mit den Worten: „Wenn ich nur ein Andenken für dich irgendwo aussinnen könnte. Ich hatte vor in irgend einen Felsen einhauen zu lassen":

> Was ich leugnend gestehe und offenbarend verberge,
> Ist mir das einzige Wohl, bleibt mir ein reichlicher Schatz.
> Ich vertrau es dem Felsen, damit der Einsame rate,
> Was in der Einsamkeit mich, was in der Welt mich beglückt.

Goethe gibt hier zu, seine Liebe leugnend zu gestehen und offenbarend zu verbergen. Seine „Liebe" zu Frau v. Stein müsste er nicht dem Felsen anvertrauen, denn bei dieser gäbe es nichts zu raten; das Gedicht _macht_ also nur Sinn, wenn es um eine andere Person geht. Am 20. September 1784 macht sich Goethe über die Täuschung lustig, der Anfang des Briefes lautet: „Nous faison si bien notre devoir ma chere Lotte qu'a la fin on pourroit douter de notre amour." („Wir erfüllen unsere Pflicht derart gewissenhaft, meine liebe Lotte, dass man am Ende beinahe über unsere Liebe in Zweifel geraten könnte."). Aus diesem Brief geht hervor, dass der Besuch von Fritz Jacobi (1743–1819) in Weimar langsam zum Problem wird, Goethe fährt ironisch fort: „Die Gegenwart Jacobis wäre mir doppelt so wert, wenn Du bei uns wärst. Es ist mir unmöglich, mit wem auch immer von Dir zu sprechen, ich weiß, daß ich immer zuwenig sagen würde, und zugleich fürchte ich, zuviel zu sagen. Ich wünschte mir, daß alle Welt Dich kennt, um mein Glück zu empfinden, das ich nicht auszusprechen wage. Es ist wahrhaft ein Verbrechen an der Freundschaft, daß ich mit einem Menschen wie Jacobi zusammen bin, mit einem so wahren und zärtlichen Freund, ohne ihn in den Grund meiner Seele blicken zu lassen, ohne daß er den Schatz kennenlernt, von dem ich mich nähre."[197] Goethe hatte Jacobi seit fast zehn Jahren nicht gesehen, sein Besuch sollte Zeichen einer Versöhnung nach einer „Buchkreuzigung" sein, denn Goethe hatte 1779 Jacobis Roman WOLDEMAR – ein Stück, das in schwülstiger Weise seinen WERTHER nachahmt – verspottet und anschließend an eine Eiche genagelt. Jacobi schrieb seinen Roman vor dem Hintergrund einer von ihm empfundenen Untreue Goethes als Freund,[198] dieser wiederum scheint Jacobis übertriebene Sentimentalität auf Dauer nicht ertragen zu haben. Nachdem Jacobi die „Buchkreuzigung" bekannt geworden war, brach er sein Verhältnis zu Goethe ab. Erst 1782 kam es brieflich zu einer Aussöhnung, die Knebel in Absprache mit Anna Amalia und wohl auch Goethe vorbereitete.[199] Anna Amalia hatte Jacobi 1778 auf ihrer Rheinreise in Düsseldorf kennen gelernt, wobei ihr Eindruck nicht der beste gewesen sein konnte, denn sie ließ während Goethes Schweizer Reise (1779) dessen Spottrede auf Jacobis Roman drucken. Jacobi war nach der Versöhnung besonders an einer Bekanntschaft mit Goethes geheimnisvoller „Geliebten" Frau v. Stein interessiert. Vor diesem Hintergrund ist der Satz „Wir erfüllen unsere Pflicht derart gewissenhaft, meine liebe Lotte, dass man am Ende beinahe über unsere Liebe in Zweifel geraten könnte" zu lesen, mit anderen Worten: Wenn wir uns nicht ein wenig mehr anstrengen, nimmt uns Jacobi die Geschichte nicht ab.

Nunmehr beinhaltet fast jeder Brief den Namen Lotte bzw. L., die hoffentlich baldige Rückkehr aus Kochberg ist Dauerthema, der Briefwechsel wird immer professioneller, aber auch immer nichtssagender, wirkt automatisch, kalt. In einem Brief von Frau v. Stein an Knebel vom 20. April 1785 spricht diese beinahe unverstellt die verfahrene Situation an: „Es ist sonderbar, daß eben, da ich Ihren Brief erhalte, ich stilltraurig über denselben Gegenstand nachdachte, davon Sie mir schreiben. Aber leider ist's da ..., wo unser Freund die Hoffnung aufgegeben, Nichts zu ändern, weil Nichts zu hoffen ist und moralisch-unrichtiger Takt und Töne in unserm System herrschen. Aber als ein weiser Mann wird er sich's wohl mit der Zeit zurechtlegen.“[200] Bei Goethes verbotener Liebe gibt es also für Frau v. Stein, die hier kaum über sich selbst spricht, nichts zu ändern oder zu hoffen, weil „moralisch-unrichtiger Takt und Töne in unserm System herrschen".

Erst im Vorfeld und vor allem während seiner Flucht nach Italien enthält der Briefwechsel wieder Hinweise auf das Staatsgeheimnis. Am 25. Juni 1786 heißt es: „Ich korrigiere am Werther und finde immer daß der Verfasser übel gethan hat sich nicht nach geendigter Schrifft zu erschiesen." Es muss etwas Gravierendes passiert sein, sonst ist ein solcher Satz an die Geliebte nicht erklärbar. Anna Amalia galt gerade in dieser Zeit als schwer krank, im Mai und Juni soll Anlass bestanden haben, um ihr Leben fürchten zu müssen.[201] Womöglich hatte Fritz, der „Verräter", schon anonym zu erkennen gegeben, dass er um Goethes Geheimnis wusste. Am 9. Juli 1786 schreibt Goethe über die Weimarer „Afrikaner"-Affäre – eine Möglichkeit, die ihm selbst als Lösung für seine verbotene Liebe oft durch den Kopf gegangen sein muss. Der Bergrat von Einsiedel (1754–1837), ein Bruder des Kammerherrn Anna Amalias, brach nach einer ersten gescheiterten Afrika-Expedition im Mai 1785 erneut auf, um Goldminen aufzuspüren. Gleichzeitig traf die Nachricht in Weimar ein, die verheiratete Baronin Emilie von Werthern-Beichlingen (1757–1844) sei gestorben. In Wahrheit ließ diese eine Puppe in den Sarg legen, um mit Einsiedel nach Afrika zu fliehen. Nicht zuletzt die Pest an der afrikanischen Küste zwang das Liebespaar zur Rückkehr in die Heimat.[202] Bereits in einem Brief an „Frau v. Stein" vom 11. Juni 1785 schrieb Goethe über Hinweise, dass die Baronin noch lebte: „Der kleinen W[erthern] wollt ich auch lieber eine Wohnung bey ihrem Geliebten in Afrika als im Grabe gönnen. Ich glaub es nicht. Zu unserer Zeit ist ein solcher Entschluß seltner, wir würden es auch balde in den Zeitungen lesen." Anna Amalia behandelte die 1795 nach Weimar zurückgekehrte „Afrikanerin" Emilie liebevoll und mit besonderer Aufmerksamkeit.[203] Goethe greift am 9. Juli 1786 die Geschichte wieder auf und führt gegenüber der Geliebten aus: „Nun aber unsere Flüchtlinge! Wie abscheulich! – Zu sterben! nach Afrika zu gehen, den sonderbarsten Roman zu beginnen, um sich am Ende auf die gemeinste Weise scheiden und kopulieren [trauen] zu lassen! Ich hab es höchst lustig gefunden. Es lässt sich in dieser Werkeltags Welt nichts auserordentliches zu Stande bringen. Dies und andere Geschichten verlangt mich sehr dir zu erzählen, da ich nie recht schreibseelig bin." Unmittelbar vor seiner Italienflucht mehren sich seltsame Äußerungen. Am 16. August 1786 heißt es: „Du solltest immer mit mir seyn wir wollten gut leben." Am 23. August 1786 klingt es regelrecht wie eine geplante Flucht des Liebespaares nach Amerika: „Und dann [in einer Woche] werde ich in der freyen Welt mit dir leben, und in glücklicher Einsamkeit, ohne Nahmen und Stand, der Erde näher kommen aus der wir genommen sind." Diese Pläne dürfte aber Carl August vereitelt haben. Eine Flucht Goethes mit Anna Amalia hätte auch für ihn und das Herzogtum Konsequenzen gehabt. Zudem hätte Carl August die zwei Menschen, deren Rat und Beistand er brauchte, verloren und womöglich öffentlich aus Gründen der Staatsräson verurteilen müssen. Wäre indessen eine Flucht zustande gekommen, so wäre vielleicht die Geschichte Deutschlands anders verlaufen, denn der Beitrag des Aristokraten Goethe zum Erhalt des monarchischen Staatssystems, das erst 1918 mit der Weimarer Republik abgelöst wurde, kann kaum unterschätzt werden.

Als Goethe seinen Fürsten Carl August in sein Liebesverhältnis zu Anna Amalia einweihte und die Befürchtungen hinsichtlich Preußens besprach, stand für diesen fest, dass seine Mutter in Weimar bleiben musste. An Goethes Geburtstag, am 28. August verließ Carl August Karlsbad; wenige Tage später, am 3. September 1786, dem Geburtstag von Carl August, floh Goethe nach Italien. Anna Amalia scheint erst im Dezember seinen Aufenthaltsort erfahren zu haben. In einem Brief von Carl August an seine Mutter vom 14. Dezember heißt es: „Göthens Aufenthalt wissen Sie nun endlich. Die guten Götter mögen ihn begleiten; ich habe ihm gestern geschrieben und ihn gebeten, so lange wegzubleiben, als er es selbst möchte." Goethe schreibt am 23. Dezember 1786 aus Rom an „Frau v. Stein": „Daß du kranck, durch meine Schuld kranck warst, engt mir das Herz so zusammen daß ich dirs nicht ausdrücke. Verzeih mir ich kämpfe selbst mit Todt und Leben und keine Zunge spricht aus was in mir vorging, dieser Sturz hat mich zu mir selbst gebracht. Meine Liebe! Meine Liebe! ... Im Leben und Todt der deine." Am 17. Januar 1787 schreibt Goethe an „Frau v. Stein": „Seit dem Tode meiner Schwester [1777] hat mich nichts so betrübt, als die Schmerzen die ich dir durch mein Scheiden und Schweigen verursacht." In Tasso bezeichnet er den geplanten Aufbruch nach Rom als „Die schwarze Pforte langer Trauerzeit" (Vers 2229); der Umstand, dass Tassos geheime Liebe zur Prinzessin aufgedeckt ist und er fort muss, lässt ihn sagen (Vers 3370 ff.): „Ich fühle mir das innerste Gebein/Zerschmettert, und ich leb, um es zu fühlen./ Verzweiflung faßt mit aller Wut mich an,/Und in der Höllenqual, die mich vernichtet ...". Carl August war es wohl, der sich bis auf weiteres – wie in Tasso der Herzog Alfons – jede weitere Kontaktaufnahme verbat. Anna

Amalia hoffte dennoch auf eine gemeinsame Zukunft mit dem Geliebten, sie wünschte ihm schon 1787 nachzureisen. Als dies scheiterte, wollte sie, dass er weiter in Italien bleibt, wenn sie 1788 hinzukommt, doch auch dies lehnte Goethe ab. Die Trennung der Liebenden endete mit der Entsagung der sinnlichen Liebe, die zugleich ihre Erhöhung bedeuten sollte. Am 8. Juni 1787 schreibt Goethe auf dem „Wendepunkt": „... ich habe mich auf dieser Reise unsäglich kennen lernen. Ich bin mir selbst wiedergegeben und nur umsomehr dein. Wie das Leben der letzten Jahre wollt ich mir eher den Todt gewünscht haben und selbst in der Entfernung bin ich dir mehr als ich dir damals war."

Nachdem über zehn Jahre die Identitätstäuschung aufrechterhalten wurde, ist sie nunmehr nicht mehr nötig. Die Entsagenden werden, wie aus Goethes Tagebüchern hervorgeht, bis zu Anna Amalias Tod oft zusammen sein, ihre leidenschaftliche Liebe verwandelte sich aber in eine besondere Art der Freundschaft. Dabei wird Anna Amalia verschlüsselt der Mittelpunkt von Goethes Liebesdichtung bleiben, der Dichter widmet ihr auch öffentlich Arbeiten, etwa 1800 das Maskenspiel PALÄOPHRON UND NEOTERPE (Der Altgesinnte und die Neuvergnügte) zur Nachfeier ihres Geburtstages. Darin geht es um den ewigen Konflikt zwischen Altem und Neuem und um das richtige Verhältnis zwischen beiden. Auch sein Sammelwerk WINCKELMANN UND SEIN JAHRHUNDERT (1805) widmet er ihr: „Freundlich empfange das Wort laut ausgesprochener Verehrung,/Das die Parze mir fast schnitt von den Lippen hinweg." Von den drei Parzen, die den Lebensfaden spinnen, bewahren und durchschneiden, meint Goethe die letzte, da er kurz zuvor sterbenskrank gewesen war.

Mit der Entsagung ist Frau v. Steins Aufgabe beendet. Von der Hofdame wurden jedoch auch weiterhin beachtliche schauspielerische Anstrengungen verlangt, denn bis zu ihrem Tod sollte sie als die ehemalige „Geliebte" Goethes die Aufmerksamkeit auf sich ziehen und gezwungen sein, eine entsprechende Rolle zu spielen. Einen Eindruck, wie Frau v. Stein bei ihren Besuchern vorging, gibt der Bericht von Eduard J. d'Alton an Knebel vom 13. März 1810 über seinen Besuch bei Goethes ehemaliger „Geliebten": „Mein Aufenthalt in hiesiger Gegend ist der lehrreichste meines Lebens. Nirgends bin ich mit soviel Vertraulichkeit mißhandelt worden als hier. So hat z. B. die alte Stein mir alle ihre Geheimnisse vertraut, weil sie sich in ihren Fehlern geehrt glaubte. Sie klagte mir Goethens Untreue, der ihr versprochen, ihren Sohn zu Breslau zum Erben zu machen und nie zu heuraten und Gott weiß was alles".[204] Mit vier Briefen im Jahre 1789 beendet Goethe für die Öffentlichkeit sein „Verhältnis" zu der Hofdame, um den brieflichen Kontakt bis September 1796 abzubrechen. Der Höhepunkt dieser Briefe ist eine „Kaffee-

szene" im vorletzten Brief vom 1. Juni 1789. Goethe muss den Bruch glaub-
würdig erscheinen lassen. Nach der Rückkehr aus Italien wurde zunächst
eine Entscheidung aufgeschoben. Goethe lebte mit Christiane Vulpius zusammen, was Frau v. Stein angeblich erst etliche Monate später erfuhr und
zwar durch ihren Sohn Fritz, den „Verräter". Dieser soll Christiane in Goethes Gartenhaus entdeckt und es sofort seiner Mutter zugetragen haben,
da der Heranwachsende nach Aussage des Bruders Carl sich damals als
eine Art Sittenrichter aufspielte.[205] Während Frau v. Stein in der Weimarer
Hofgesellschaft sich entsetzt über die Verbindung zwischen Christiane und
Goethe äußert, erhebt Goethe in seinen vier Briefen ihr gegenüber Vorwürfe:
„Ich zauderte ... zu antworten, weil es in einem solchen Falle schwer ist
aufrichtig zu seyn und nicht zu verletzen. ... Ich sah Herdern, die Herzogin
[Anna Amalia] verreisen, einen mir dringend angebotnen Platz im Wagen
leer, ich blieb um der Freunde willen, wie ich um ihrentwillen gekommen war
und mußte mir in demselben Augenblick hartnäckig wiederholen lassen, ich
hätte nur wegbleiben können... Und es mußte ein Wunder geschehen, wenn
ich allein zu dir, das beste, innigste Verhältniß verlohren haben sollte. ...
Aber das gestehe ich gern, die Art wie du mich bißher behandelt hast, kann
ich nicht erdulden. Wenn ich gesprächig war hast du mir die Lippen ver-
schloßen, wenn ich mittheilend war hast du mich der Gleichgültigkeit ...
beschuldigt. Jede meiner Minen hast du kontrolliert, meine Bewegungen,
meine Art zu sein getadelt ... Ich möchte gern noch manches hinzufügen,
wenn ich nicht befürchtete, daß es dich bey deiner Gemüthsverfaßung eher
beleidigen als versöhnen könnte." Was nun folgt, ist die „Kaffeeszene":
„Unglücklicher Weise hast du schon lange meinen Rath in Absicht des
Caffees verachtet und eine Diät eingeführt, die deiner Gesundheit höchst
schädlich ist. Es ist nicht genug daß es schon schwer hält manche Eindrü-
cke moralisch zu überwinden, du verstärckst die hypochondrische quälen-
de Kraft der traurigen Vorstellungen durch ein physisches Mittel, dessen
Schädlichkeit du eine Zeitlang wohl eingesehn und das du, aus Liebe zu mir,
auf eine Weile vermieden und dich wohl befunden hattest. ... Ich gebe die
Hoffnung nicht ganz auf daß du mich wieder erkennen werdest. Lebe wohl."
Die Komik dieses Schlusses dürfte ihresgleichen suchen.

Der Kaffee stand schon am Anfang ihrer „Beziehung", im Mai 1776 lud
Goethe Frau v. Stein in sein Gartenhaus zum Kaffeetrinken ein (Brief der
Frau v. Stein an Zimmermann vom 10. Mai 1776). Dass Frau v. Stein selbst
bei der „Kaffeeszene" lachen musste, hat sie der Nachwelt unbedingt überliefern wollen. In ihrem Trauerspiel DIDO (1794) lässt sie den untreuen Ogon
(Goethe) der treuen Elissa (Frau v. Stein) folgenden Vorwurf machen, über
den Elissa lacht (S. 508): „Diese falschen Vorstellungen kommen von einem

dir ungesunden Trank her, den ich dir immer verwies; gönne dir nur von dem rechten geistigen Erdensaft, und du wirst dich bald mit dem schönen Bild, das du dir von mir machst, vertragen lernen. ELISSA (lachend)". Um die Trennung zwischen den „Liebenden" mit besonderer Glaubwürdigkeit zu versehen, musste Frau v. Stein einen Kleinkrieg gegen Christiane Vulpius anzetteln, denn es galt der Hofgesellschaft ausreichend Gesprächsstoff zu geben. Das grandiose Täuschungswerk mit über 1.600 Briefen war beendet, erst ab September 1796 nahm Goethe mit Frau v. Stein wieder brieflich Kontakt auf, wobei diese Briefe wohl den Ton, der immer zwischen ihnen herrschte, wiedergeben dürften. Der Briefwechsel ist mit unbedeutenden kurzen Mitteilungen gefüllt; dies ändert sich erst mit einem Brief vom 18. April 1807, das Datum fügte Frau v. Stein selbst ein. Mit diesem ist eine Wende im Briefwechsel zu beobachten, gerade mal 42 Briefe waren zwischen 1796 und 1807 geschrieben worden, meist beinhalten sie nur wenige Zeilen, ab dem 18. April 1807 jedoch – am 10. April 1807 war Anna Amalia gestorben – folgen 14 Briefe bis Dezember, teilweise mehrere Seiten lang. Goethe macht darin den Eindruck, als suche er Halt. Am 18. April schreibt er: „Das Fallen des Barometers hat sich auch an meinem Unglauben gerächt indem es mir ein großes Übel angedeutet hat. Von Vorgestern auf gestern hatte ich einen Anfall so heftig als je." Johanna Schopenhauer (1766–1838) schreibt am 28. April ihrem Sohn: „Ein großes Unglück hat über uns geschwebt ... Goethe ist dem Tode nahe gewesen."[206] Am 24. Mai 1807 berichtet Goethe Frau v. Stein über den Besuch ihres Sohnes Fritz bei ihm in Jena. In dieser Zeit begann Goethe seinen autobiographischen Roman WILHELM MEISTERS WANDERJAHRE ODER DIE ENTSAGENDEN zu diktieren – der „Verrat" von Fritz war der Auslöser für die Entsagung gewesen. In dem Brief heißt es über Fritz: „Er hat mich durch sein gutes, natürliches, festes, verständiges und heiteres Wesen gar sehr erquickt und mir aufs neue gezeigt, daß die Welt nur ist, wie man sie nimmt". Goethe reiste ungewöhnlich früh, am 25. Mai 1807 nach Karlsbad, der Herzog Carl August folgte dem Freund am 6. Juni und kündigte sich an: „... da es nicht wahrscheinlich ist, daß binnen hier und den ersten 6 Wochen etwas vorfallen könnte, wo meine Gegenwarth platterdings hier nothwendig wäre ... habe [ich] mich daher mit Gott entschlossen ... abzureisen und hoffe den Sonnabend Abend im Carlsbade einzutreffen" (Brief vom 1. Juni 1807). In Karlsbad fanden dann laut Goethes Tagebuch viele einsame Gespräche mit Carl August statt.

Die Briefe der Frau v. Stein an Goethe ab 1796 zeigen, dass sie gar nicht in der Lage war, einen vertraulichen Ton gegenüber dem Olympier zu finden; so redet sie ihn gewöhnlich mit „lieber Geheimderath" an oder mit „allerbester liebenswürdiger Geheimderath", mal „lieber bester verehrter

Meister", nur ganz ausnahmsweise mit „lieber Goethe", die Anrede, die man bei ehemaligen Geliebten erwarten würde. Nachdem Frau v. Stein am 20. März 1811 eine TASSO-Aufführung besucht hatte, schrieb sie noch am Abend ein Billet an Goethe, um ihm mitzuteilen, dass sie die Dichtung „immer himmlischer" finde, und unterschreibt mit „Ihre treue Verehrerin v. Stein". Diese Frau kann Goethe nicht mit seiner Prinzessin Leonore in TASSO verewigt haben, ihr entspricht ganz die Rolle der Hofdame Leonore Sanvitale. Am 25. Dezember 1815 sendet ihr Goethe ein Gedicht, das mit den Zeilen endet: „Der ich, wie sonst, in Sonnenferne/Im Stillen liebe, leide, lerne". Dem Gedicht DEN FREUNDEN vom 28. August 1826, worin es etwa heißt: „Die schönsten Güter angefochten/.../Wohlwollen unsrer Zeitgenossen/Das bleibt zuletzt erprobtes Glück", fügt er für sie noch einige persönliche Zeilen bei: „Beiliegendes Gedicht, meine Theuerste, sollte eigentlich schließen: ,Neigung aber und Liebe unmittelbar nachbarlich-angeschlossen lebender, durch so viele Zeiten sich erhalten zu sehen ist das allerhöchste was dem Menschen gewährt seyn kann.' Und so für und für!" Also „unmittelbar nachbarlich-angeschlossen lebender", das war ihr Verhältnis gewesen, und zwar stets in Sonnenferne zur Hofdame v. Stein. In ihrem letzten Brief vom 28. August 1826, ihr Tod ist absehbar, unterschreibt sie mit „Charlotte v. Stein geb. v. Schardt." Wie nach Erlösung um die Bürde ihres Geheimnisses ringend ordnete sie ausdrücklich an, dass, abweichend von dem vorgeschriebenen Weg, der Trauerzug mit ihrem Sarg nicht an Goethes Haus vorbeigehen, sondern einen anderen Weg nehmen solle – ihre Anordnung wurde nicht befolgt.[207] Nach ihrem Tod erwähnt Goethe sie nur wenige Male, er nennt sie „meine selige Freundin" und „die edle Freundin".[208]

Frau v. Steins literarische Arbeiten

Ein Blick auf das schriftstellerische Werk der Frau v. Stein eröffnet eine besondere Perspektive auf die Liebesgeschichte. Nicht alle ihre Werke sind erhalten, eine Geschichte und eine Komödie gelten als verloren. Die vier Arbeiten, die von ihr erhalten sind, enthalten indessen genügend Hinweise, denn sie dienen der Verarbeitung der Liebesgeschichte zwischen Goethe und Anna Amalia, in deren Mitte Frau v. Stein geriet, um unschätzbare Hilfe zu leisten. Nur ein einziges Portrait der berühmten „Geliebten" Goethes existiert, das einen Eindruck vermittelt, wie Frau v. Stein damals aussah, denn ansonsten sind nur einige Silhouetten und Altersbilder überliefert. Eine Kreidezeichnung von Goethe aus dem Jahr 1777, die ursprünglich für das Abbild der Herzogin Luise oder seiner Schwester Cornelia galt, wird inzwischen wenig überzeugend als Abbild der Charlotte v. Stein angesehen.[209] Bei den vielen Kunstmalern, die in Weimar arbeiteten, wäre es nur eine Frage des Wunsches gewesen, gemalt zu werden. Frau v. Stein wollte also nicht, von ihr sollte nur ein Selbstportrait überliefert werden, angefertigt mit Hilfe von zwei Spiegeln, das sie im Halbprofil zeigt und auf das Jahr 1790 datiert wird (ABB. 10).[210] Nur in diesem Bild zwischen zwei Spiegeln sollte die Nachwelt sie erblicken können, gemalt im ersten Jahr, in dem ihre Dienste in Sachen Goethe nicht mehr gebraucht wurden. Der Grund war wohl, dass Bilder von Frau v. Stein, die nie schön gewesen sein konnte (Schiller), womöglich leichter das Weimarer Geheimnis hätten erschüttern können. Außerdem muss ihr ihre Erhebung zur Geliebten des weltberühmten Goethe unheimlich gewesen sein, da sie nur die Hofdame der tatsächlich gemeinten Frau gewesen war.

Im gerade einmal 66 Verse zählenden Stück RINO (1776), in dem vier Frauen und Goethe (Rino) auftreten, sagt Anna Amalia (Adelhaite) zu den anderen Frauen, darunter Frau v. Stein:

> Heut kommt der Freund [Goethe] zu mir,
> Und ich laß ihn weder dir, dir, noch dir.
> Will mich ganz allein an ihn laben
> Und ihr sollt nur das Zusehen haben.

Die hier angedeutete Annäherung Anna Amalias an Goethe nach seiner Ankunft in Weimar blieb in der Hofgesellschaft nicht unbemerkt, da aber Frau v. Stein als die Geliebte des Dichters ausgegeben wurde, maß man dieser keine weitere Bedeutung zu. Die Schwägerin von Anna Amalias Kammerherrn v. Einsiedel, die „Afrikanerin" Emilie, sprach hämisch darüber, als Mitte Juni 1788 Goethe als Begleiter für Anna Amalias Reise nach Italien im Gespräch war: „... ich will mich prellen lassen, wenn die alte Neigung zu Göthen nicht allein Schuld [an Anna Amalias Reisewunsch ist] ... Hatten ihre Reitze vor 10 Jahren nicht die Gewalt ihn zu fesseln, wo doch sehr mäßige Schönheiten mit ihr Rivalisierten u. itzt in Rom zu Reeüßiren Glaubt, wo Ideale von Schönheiten ihn umgeben, und Göthe sicher auch in Rom zu singen weis. Aber nicht so die poverina Duchessa [ärmste Herzogin]!!!"[211]

DIDO, aus dem Jahre 1794, ist ein Trauerspiel in fünf Aufzügen mit einem Umfang von 45 Seiten. Die Königin Dido ist die mythische Gründerin der Stadt Karthago, verewigt in Vergils (70–19 v. Chr.) AENEIS als „die schönheitsstrahlende Dido". Dido ist verzweifelt über die Abfahrt ihres Geliebten, des Trojaners Äneas, dessen Nachkommen der Sage nach Rom gegründet haben, und sucht den Tod. Bei Frau v. Stein ist Didos Selbstmord nach einer anderen Überlieferung als die Vergils politisch motiviert;[212] die Königin lehnt eine Zweckheirat mit dem afrikanischen König Jarbes, der Karthago sonst durch Waffengewalt einzunehmen droht, ab. Trotz Ermunterung durch Friedrich Schiller, das Stück in den Druck zu geben, wurde DIDO erst 1867 herausgegeben,[213] zuvor wurde es als Manuskript in Weimarer Kreisen herumgereicht. Eine gewisse Bekanntheit erlangte das Trauerspiel wegen der Figur Elissa und dem Poeten Ogon, die für Charlotte v. Stein und Goethe stehen. Wegen einer kleinlichen Zeichnung des Poeten Ogon las man darin die Verbitterung der Frau v. Stein nach der angeblichen Trennung von Goethe (1789). Frau v. Stein bestätigt die offizielle Version ihrer Liebesgeschichte mit Goethe; Ogon sagt etwa: „... du weißt, daß ich dich einmal liebte. Es ist schwer, die Wahrheit zu sagen, ohne zu beleidigen, aber die menschliche Natur ist schlangenartig: eine alte Haut muß sich nach Jahren einmal wieder abwerfen! – Die wäre nun bei mir herunter" (S. 508). Diese Bestätigung der Liebesgeschichte ist aber sekundär, nur für die unkritische, sensationslustige Hofgesellschaft geschrieben. Entscheidend ist das Verhältnis zwischen Elissa (Frau v. Stein) und der Königin Dido. Dido steht für ihre Fürstin Anna Amalia, die die AENEIS im Original las und nach Süditalien gereist war, wo ihr der Stoff besonders gegenwärtig war, dokumentiert etwa im dritten ihrer FÜNF BRIEFE ÜBER ITALIEN oder in einem Brief an Knebel vom 29. Mai 1789: „... lieber Knebel, lesen Sie den sechsten Gesang der Äneide Virgils, Sie werden darin Alles finden, was ich jetzt fast beständig vor Augen habe".[214] Frau v. Stein charakterisiert sich in Elissa als treue Gefährtin der Königin Dido (Anna Amalia): „... folgen thue ich dir, und wär es zu den Unterirdischen" (S. 501); „Geliebte Freundin, wie ich nur für dich lebe" (S. 511); „Königin! Bist du zur Abreise fertig? Elissa! Fertig zu allen wo ich dir folgen soll" (S. 511). Damit rechtfertigt Frau v. Stein vor der Nachwelt, warum sie ihren Namen hergab, um die Liebesbeziehung ihrer Fürstin der Öffentlichkeit zu verschleiern: Ihr Motiv war unbedingte Treue zu ihrer Fürstin bis in das Grab. Hieraus wird aber auch erkennbar, dass ohne Anna Amalias Einverständnis die treue Frau v. Stein ihre literarische Arbeit nie begonnen hätte.

Das 40 Seiten umfassende Lustspiel NEUES FREIHEITSSYSTEM ODER DIE VERSCHWÖRUNG GEGEN DIE LIEBE (1798) handelt vor allem vom Staatsgeheimnis. Das erstmals 1867 veröffentlichte Stück fand in der Öffentlichkeit weniger Beachtung, weil es sich, ohne das Staatsgeheimnis zu kennen, schlecht als Spiegelung des Weimarer Hofes interpretieren ließ. Das Stück, das in vier Bildern zwischen einem deutschen Badeort und Schloss Buchdorf spielt, hat eine Verwechslung von zwei Schauspielerinnen, Luitgarde und Florine, mit zwei hohen Damen, Theodora und ihre ältere Kusine Menonda, zum Inhalt. Im Stück erfährt man weiter, dass Daval, der Bruder von Menonda, fanatisch versucht, die Liebe aus der Welt zu schaffen, er behauptet: „1. Wahre Liebe wohnt nicht auf dieser Erde. 2. Mitleiden und Wohlgefallen aneinander muß sie ersetzen. 3. Liebe ist eine Eigenschaft höherer Wesen; nur wo zwei Geister ineinander fließen, da allein wird Überirdisches geboren. 4. Ansprüche an etwas Unerreichbares machen den Menschen unglücklich; darum muß auf Erden der Irrtum der Liebe ausgerottet werden und die Freiheit der Herzen an seine Stelle treten" (S. 30). Daval ist der Besitzer des Rittergutes Buchdorf, eine satirische Anspielung auf das kleine Herzogtum Weimar, in dem tatsächlich nur Büchern und Zeitschriften Erfolg beschieden war; alle Versuche hinsichtlich spezieller Ackerbau- und Viehzuchtmethoden, des Betriebs eines Bergwerks oder der Ansiedlung von Industrie scheiterten über kurz oder lang. Anders bei den Büchern und sonstigen Schriften, denn neben Goethe, Schiller, Wieland und Herder gab es in Weimar noch andere Schriftsteller, zeitweilig etwa August v. Kotzebue (1761–1819), ein Sohn von Anna Amalias Geheimem Sekretär, mit an die 200 Theaterstücken, oder auch Christian August Vulpius (1762–1827) mit einer ebenfalls regen literarischen Produktion, etwa sein damals beliebter Räuberroman RINALDO RINALDINI (1797). Auch bedeutende Schriftstellerinnen konnte Weimar aufweisen, darunter Karoline v. Wolzogen (1763–1847), die Schwester von Schillers Ehefrau, mit ihrem Roman AGNES VON LILIEN (1798). Allein schon die überregionalen Zeitschriften unterstreichen, wie erfolgreich „Buchdorf" publizierte, neben denen von Goethe und Schiller etwa Wielands DER TEUTSCHE MERKUR, Jagemanns MAGAZIN DER ITALIENISCHEN LITERATUR, Bertuchs SPANISCHES MAGAZIN sowie die ALLGEMEINE LITERATURZEITUNG und das JOURNAL DES LUXUS UND DER MODEN.

Daval, der Besitzer von Buchdorf, steht für den Herzog Carl August. Dessen Ehe mit Luise war unglücklich, seine zahlreichen außerehelichen Verhältnisse wurden – nicht zuletzt wegen unehelicher Kinder[215] – zum Staatsproblem. Ständig war er irgendeiner Frau hinterher, auch besuchte er Bordelle und holte sich dort Geschlechtskrankheiten. Eine Botschaft für ein Freudenmädchen in Den Haag, die ihn mit Tripper infiziert hatte, ist überliefert: „Cherchez ... une demoiselle nommée Enkchen, qui m'a donnée la chaude pisse, dites-lui que je suis guéri, et que je souhaite qu'elle le soit aussi, l'assurant de mon attachement"[216] („Suchen Sie ... ein Fräulein, das Enkchen genannt wird, dem ich die warme Pisse zu verdanken habe, sagen Sie ihr, dass ich genesen bin und dass ich hoffe, dass dies auch auf sie zutrifft, und versichern Sie ihr meine Zuneigung"). Besonders schöne Mädchen im Herzogtum mussten vor Nachstellungen des Herzogs geschützt werden.[217] Zwei Sängerinnen wurden um die Zeit, in der Frau v. Steins Lustspiel entstand, von Carl August schwanger. Zunächst Anna Amalias Kammersängerin Luise Rudorf, die Knebel 1798 heiratete, der dem Kind Karl Wilhelm (geboren 1796) ein Vater wurde;[218] danach Karoline Jagemann, die Tochter von Anna Amalias Bibliothekar. Nach ihrer Ausbildung in Mannheim kam Karoline nach Weimar zurück und Carl August verliebte sich in sie. Als eine Opernstelle frei wurde, die Anna Amalia mit Luise Rudorf besetzt haben wollte, setzte sich der Landesherr Carl August durch und verschaffte diese seiner neuen Flamme Karoline. Sie hatte Anfang 1797 ihren ersten erfolgreichen Auftritt in Weimar und sollte eine der bedeutendsten Schauspielerinnen und Opernsängerinnen der Epoche werden. Schon 1798, als Frau v. Stein ihr Stück schrieb, war klar, dass Carl August nur durch eine eheähnliche Verbindung mit Karoline von allzu vielen Seitensprüngen abgehalten werden konnte. Carl Augusts Frau Luise billigte aus Gründen der Staatsräson die Verbindung, sie soll dazu ihre schriftliche Einwilligung gegeben haben.[219] Carl August hatte mit Karoline Jagemann, ab 1809 v. Heygendorf, mehrere Kinder,[220] immer wieder bekam sie aber die Illegitimität ihres Verhältnisses zu spüren; so berichtet etwa Frau v. Stein an ihren Sohn Fritz in einem Brief, dass an Karolines Hausmauer „Sachsen Weimarsches Bordell" geschrieben worden war.[221] Auf diese Liebesbeziehung spielt eine von zwei Heiraten am Ende des Lustspiels, die zwischen der Schauspielerin Luitgarde und Daval, an.

Die zweite Heirat betrifft Anna Amalia und Goethe. Daval (Carl August) hatte dem kaiserlich-königlichen Rittmeister Avelos (Goethe) böse mitgespielt, denn Avelos war unsterblich in Menonda (Anna Amalia) verliebt, erhielt aber einen Brief von ihr, der von Daval gefälscht worden war und vom Irrtum der Liebe sprach: „Ja, dieser Brief ... der mich aus meinem Vater-

114

land vertrieb und lange Jahre tief unglücklich machte" (S. 49). Auf die Frage, wo Menonda sich befinden würde, antwortet Daval: „Ich habe lange nichts von ihr gehört, sie verließ ihr Vaterland auch" (S. 49). Damit ist ein Bezug zu Goethe und Anna Amalia hergestellt, denn diese reisten nach Italien, beide für 22 Monate. Daval fälschte den Brief wegen „Grundsätze[n] höherer Ordnung" (S. 50). Für Frau v. Stein war der Grund, warum die Liebenden sich trennten, nicht etwa ihr Sohn Fritz, sondern die Staatsräson.

Eine weitere Verschlüsselung im Lustspiel enthält die scheinbar wahllose Nennung von fünf Büchern und einem Manuskript aus Davals Bibliothek (S. 46 f.), von denen einige tatsächlich existieren, andere fiktive Titel tragen. Über das als viertes Werk genannte Manuskript heißt es: „Menonda (nimmt ein Manuskript aus einem Buche, erstaunt für sich): Gedichte von A. G. T. – Sonderbar, wie kommt ihr hierher, ihr mir sonst teueren Schriftzüge! … Ihr wart mein Eigentum, ich nehme euch zurück. (Sie steckt die Gedichte ein.)" Die Buchstaben A. G. T. stehen für Amalia – Goethe – Tasso, Frau v. Stein weist damit auf die Dichtung Tasso als Denkmal für die verbotene Liebe hin. Am Ende des Lustspiels finden Avelos und Menonda wieder zueinander und können nun ihr gemeinsames Glück genießen, Frau v. Stein lässt aber eine der Figuren sagen: „Lebt glücklich – Hektor und Andromache!" (S. 59). Nach der griechischen Mythologie stieß Achill Hektor eine Lanze durch die Kehle (Ilias, XXII, Vers 319 ff.) und schleifte ihn sodann mehrmals um das Grab seines Freundes Patroklos, den Hektor getötet hatte (Ilias, XXIV, Vers 755 f.), seine Frau Andromache wurde mit ihrem Kind in die Sklaverei fortgeschleppt (Ilias, XXIV, Vers 731 ff.). Dieser „Glückwunsch" ergibt im Lustspiel unter keinem Gesichtspunkt einen Sinn, verheißt er dem Liebespaar doch schlimmes Unglück. Ähnliches wäre jedoch passiert, wenn der Bürgerliche Goethe eine Fürstin geheiratet hätte. 1782 wurde der Dichter zwar geadelt, allerdings auf unterster Stufe, was in keinem Fall dazu berechtigt hätte, sich mit der höchsten Stufe zu verbinden. Zu dieser Zeit hatten nicht einmal alle Adelige Anspruch darauf, mit „Herr" angesprochen zu werden.[222] Eine öffentliche Verbindung wäre als Angriff auf die monarchische Staatsform angesehen worden, deren Hauptsäule die Vererbung der Herrschaft unter wenigen, dem Hochadel zugehörigen Familien war. Nach Frau v. Stein hätte Goethe ob seiner Vermessenheit ein grausames Schicksal erwartet als Warnung, die ständischen Schranken, die „zwei Welten", bitter ernst zu nehmen. Anna Amalia hätte ein ähnlich trauriges Schicksal wie Andromache geblüht, wohl, wie bei ihrer Schwester Elisabeth Christine Ulrike, die Verbannung. Das kleine Herzogtum Sachen-Weimar-Eisenach wäre vielleicht sogar der Raubgier eines größeren Nachbarn zum Opfer gefallen.

Versuche, die rigiden Schranken des Hochadels zu lockern, endeten oft tragisch. Die Schwester der Schwägerin Anna Amalias, Mathilde, Königin von Dänemark, wurde deswegen verbannt. Ihr geisteskranker Ehemann hatte 1769 den deutschen Arzt Johann Friedrich Struensee kommen lassen, der ihm etwas Erleichterung bei seinem Leiden verschaffte. Der Arzt verliebte sich in Mathilde, führte als Minister, ab 1771 als Graf v. Struensee die Regierungsgeschäfte und leitete umfassende Reformen ein, etwa die Abschaffung der Folter und der Pressezensur. Er wurde 1772 gestürzt und, da er mit der Königin ein Kind hatte, hingerichtet.[223] Ein anderes Beispiel bietet der Reichsfürst Carl Anselm von Thurn und Taxis, als Prinzipalkommissar der Stellvertreter des Kaisers auf dem immerwährenden Reichstag in Regensburg.[224] Seine erste, standesgemäße Frau, die württembergische Prinzessin Augusta Elisabeth, unternahm drei Mal den Versuch, ihn zu ermorden. Beim letzten Versuch wollte sie auch ihren Bruder, den schwäbischen Herzog Karl Eugen, vergiften, jenen Fürsten, der Friedrich Schiller zur Emigration gezwungen hatte. Carl Anselms Ehefrau wurde unter haftähnlichen Bedingungen verbannt und als sie starb, heiratete er die Bürgerliche Elisabeth Hillebrand. Für sie wurde ein Adelsdiplom besorgt, die Gesandten des Reichstages protestierten dennoch vehement gegen diese Verbindung. Die Begründung der bis auf wenige Ausnahmen, etwa Graf Görtz, samt ihren Frauen an sexuellen Ausschweifungen beteiligten Gesandten war, dass Elisabeth Hillebrand ein Freudenmädchen gewesen sei.[225] Napoleon nannte den immerwährenden Reichstag in Regensburg, als er ihn 1806 auflöste, „ein Affenhaus voll der Lächerlichkeit und Bosheit der Tiere".[226] Elisabeth Hillebrand wurde jedenfalls nicht als ihresgleichen akzeptiert; die Ehe scheiterte und Elisabeth zog sich auf ein für sie erworbenes Gut zurück.

Die parallele Behandlung der Paare Anna Amalia und Goethe sowie Karoline und Carl August hat aber noch eine andere Bedeutung, auf die Frau v. Stein hinweist. Bei einer Offenlegung der wirklichen Zusammenhänge hätte Goethe als männliche Mätresse gegolten. Beide geadelte Bürgerliche, Goethe und Karoline, durften niemals in der Öffentlichkeit mit ihrem Partner auftreten. Karoline v. Heygendorf war etwa drei Jahrzehnte lang Carl Augusts „Nebenfrau", sie führten einen gemeinsamen Haushalt, doch durften sie sich nicht offiziell als Paar zu erkennen geben.[227] Die Situation bei Goethe und Anna Amalia war noch dramatischer, denn selbst ihre Freunde und nächsten Angehörigen durften von ihrem Verhältnis nichts ahnen.

Vom Lustspiel in fünf Akten DIE PROBE,[228] das angeblich 1809 in Amsterdam bei einem Kunst- und Industrie-Comptoir gedruckt wurde, ist trotz des Druckes seltsamerweise nirgendwo ein Exemplar mehr aufzutreiben, das letzte in einer Bibliothek ausgewiesene Exemplar wird vermisst.[229] Der Verlagsname ähnelt der Bezeichnung Landes-Industrie-Comptoir, unter der der vielseitig begabte Geschäftsmann Bertuch ab 1791 seine Unternehmen zusammenfasste, darunter wohl auch die Blumenfabrik seiner Frau (ab 1778), in der Christiane Vulpius arbeitete, bevor sie Goethe kennen lernte. Der Buchtitel Die Probe ist aber schon sprechend, denn Frau v. Stein könnte es vor allem darauf angekommen sein zu probieren, ob ihre Leistungen für das Herzogtum auch nach Anna Amalias Tod noch gewürdigt werden. Dies führt zu der Frage, aus welchen Motiven Frau v. Stein ihre literarische Aufarbeitung einer Liebesgeschichte vornahm, für die sie ein Schutzschild gewesen war. Zum einen hielt sie fest, dass sie, wie in Dido dargelegt, aus unverbrüchlicher Treue zu ihrer Fürstin Anna Amalia handelte. Schiller etwa war erstaunt, dass Frau v. Stein das Geheimnis der Verlobung zwischen ihm und Charlotte v. Lengefeld jahrelang für sich behalten konnte, ja, „sie log sogar und versicherte, das Gerede darüber sei nicht wahr".[230] Daneben brachte Frau v. Stein sich „literarisch" am Weimarer Hofe als wichtige Geheimnisträgerin in Erinnerung, vor allem wenn es galt, finanzielle Unterstützung für ihre Familie zu erhalten. So sorgte Goethe, als Frau v. Steins Schwager in finanzielle Schwierigkeiten kam, obwohl er ihn nicht leiden mochte, dafür, dass der Herzog ihm eine Rente aussetzte.[231] Frau v. Steins Landgut Kochberg wurde schlecht bewirtschaftet, die Steins waren immer in Geldnot und hoch verschuldet, die Ausbildung der Kinder war ein finanzielles Problem. Nachdem 1793 Frau v. Steins Ehemann gestorben war, lebte sie von einem kleinen Jahresgehalt, die Herzogin Luise gab hierzu einen Zuschuss.[232] Fritz v. Stein, der lange Zeit als Goethes Erbe galt,[233] hatte sich angeblich aus freien Stücken gegen eine bezahlte Anstellung am Weimarer Hof entschieden und war zunächst ohne Gehalt nach Breslau gezogen, wo seine Karriereaussichten immer schlechter wurden. Sein Bruder Carl v. Stein verscherzte sich die Gunst seiner Gönner in Braunschweig und lebte als Student über seine Verhältnisse. 500 Taler im Jahr reichten dem Zwanzigjährigen nicht aus und Goethe war es, der gebeten wurde, dem Studenten zu schreiben, und zwar „einen langen väterlichen Straf- und Ermahnungsbrief".[234] Carl v. Stein lebte wie selbstverständlich auf großem Fuß, obwohl seine Familie eigentlich hoch verschuldet war. Zu dieser Zeit hatten viele Landschulmeister mit einem jährlichen Einkommen zwischen 25 und 50 Talern auszukommen,[235] der berühmte Dichter Gotthold Ephraim Lessing (1729–1781) war ab 1770 in Wolfenbüttel als Bibliothekar von Anna Amalias Vater mit 300 Talern Jahresgehalt angestellt.[236] Auch wenn die Karrieren der Brüder von Frau v. Stein ins Stocken gerieten, diese etwa bei Beförderungen übergangen wurden, wandte sich diese an Goethe mit der Bitte um Fürsprache beim Herzog. Carl v. Stein war nicht in der Lage, das Gut Kochberg wirt-

schaftlich zu betreiben, obwohl hauptamtlich als Erb-, Lehn- und Gerichts-
herr damit beschäftigt. Er verpflichtete sich, dem Bruder Fritz für seinen
Anteil an Kochberg über die Zeit 40.500 Taler auszuzahlen; seine Schulden
betrugen nunmehr 101.100 Taler,[237] wodurch die Schulden höher waren, als
das ganze Gut für wert gehalten wurde. Während der Arbeit an NEUES FREI-
HEITSSYSTEM (1798) schreibt Frau v. Stein an ihren Sohn Fritz: „Die Wolzogen
treibt mich ordentlich dazu und beschreibt mir ihre selige Empfindung und
neue Begeisterung, wenn sie recht viele Louisdor für ihre Werke aufgezählt
auf dem Tisch liegen sieht. ... Ich hätte also doch ein Mittel von Erwerb,
wenn uns die Franzosen verjagten oder die Gebrüder Stein Bankerott machten."[238] Nun hatte sich Frau v. Stein strikt geweigert, diese Arbeit oder
vorher DIDO drucken zu lassen, in einer Notsituation wollte sie damit aber
dennoch an anscheinend nicht unbedeutende Finanzmittel herankommen.
Bei den Plünderungen Weimars durch französische Soldaten 1806 verlor
Frau v. Stein wirklich ihren gesamten Besitz, dennoch konnte sie 1808, als
der Bankrott von Fritz erwartet wurde, finanziell einspringen und ihn ir-
gendwie abwenden.[239]

Frau v. Stein machte demnach mit ihren Schriften das Fürstenhaus auf
ihre Verdienste nachdrücklich aufmerksam. Diese Vorgehensweise war aus
ihrer Sicht dann legitim, wenn das Wohlergehen ihrer Familie auf dem Spiel
stand. Die Adelsfamilien in Weimar waren von der Gunst des Fürstenhauses abhängig, dies galt besonders für die Steins, die ihren Landbesitz nicht
erfolgreich bewirtschafteten. Wie es treuen Hofdamen erging, die nicht mehr
gebraucht wurden, zeigt die über 30 Jahre in Diensten Anna Amalias tätige
Luise v. Göchhausen. Nach dem Tod Anna Amalias (1807) blieb sie auf eine
kleine Pension angewiesen, doch drohte ihre Situation miserabel zu werden, als sie aus ihrer Mansarde im Wittumspalais ausziehen musste, um
eine Wohnung am „Schweins Marckt" zu beziehen. Am 13. Juli 1807 berichtet sie darüber in einem ihrer letzten Briefe: „Ueberhaupt fürchte ich sehr,
daß meine neue eigene Wirthschaft Aehnlichkeit mit der Schlacht bey Jena
haben wird, die, wie Kenner sagen, schon 3 Tage vorher verlohren war, ehe
sie geschlagen wurde; so fürchte ich banquerot zu seyn, ehe die eigene
Wirthschaft noch angeht". Kurz vor dem geplanten Umzug, wenige Monate
nach dem Tod Anna Amalias, starb sie.

Neben dem Motiv der Treue und der Wahrung von berechtigten Interessen kommt noch ein weiteres hinzu: Frau v. Stein ist sich nicht sicher, ob
das Hintergehen so vieler Menschen, diese Welttäuschung mit ihrem Namen richtig ist, sie legt Spuren, um das Auffinden der Wahrheit zu ermöglichen, und sucht nach Rechtfertigungsgründen für das eigene Handeln.
Hierfür stehen in ihrem Roman DIE ZWEY EMILIEN (1803), die Überarbeitung

einer englischen Vorlage (1798), Sätze wie: „Die Verschwiegenheit hat mehr Dinge gut gemacht als die laute Wahrheit" (S. 57) oder die Schlussworte des Romans (S. 142): „So können wir das Glück nur finden,/Wenn wir die innre Unschuld uns begründen." Der Roman Die zwey Emilien hat einen Umfang von 142 Seiten. Frau v. Stein hat den Handlungsablauf gegenüber dem englischen Original vereinfacht, nur in zwei Szenen sind wörtliche Übernahmen vorhanden, ansonsten stammt der Dialog des in Neapel spielenden Dramas ganz aus ihrer Feder.[240] Auffallend ist auch hier das Motiv der Verwechslung und der Verkleidung als zentrales Thema der Handlung. Zu unterscheiden ist eine Wahrheit auf dem Papier, denn der Held hat im Irrtum die falsche Emilia geheiratet, und der inneren Wahrheit, die Liebe zur richtigen, zur zweiten Emilia, der „schönen Seele". Ein sagenhafter Schmuck taucht in der ersten Hälfte der Romanhandlung auf. Auf einem Maskenball trägt die falsche Emilia den Schmuck, der eigentlich der richtigen Emilia gehört, die ihn aber durch Erpressung abzugeben gezwungen war (S. 46 f.). Dazu heißt es im Stück: „Keine Prinzessin hier hat einen so prächtigen Schmuck, nicht einmal die Königin. Andre junge Ladies würden anders damit prahlen. Wie ich ihn neulich von dem Juwelier wieder hohlte, da war die halbe Stadt in seinem Hause um ihn zu sehen" (S. 13). Von Juwelen und kostbaren Schmucksteinen ist die Rede, was an das sagenhafte Diamantenkollier der Pariser Halsbandaffäre erinnert. Damit weist Frau Stein auf einen wichtigen Zugang zur Erschließung des Weimarer Staatsgeheimnisses hin, auf die Halsbandaffäre und deren Weimarer Äquivalent, das Goethe im Lustspiel Der Großkophta (1791) verarbeitet hatte.

Das Lustspiel DER GROßKOPHTA

1791 verarbeitete Goethe auf der Grundlage des in Italien entstandenen Opernfragments DIE MYSTIFIZIERTEN den Stoff der Halsbandaffäre (1785) im Lustspiel DER GROßKOPHTA. Goethe verwebt darin seine geheime Liebesgeschichte mit der Pariser Halsbandaffäre sowie mit der Figur des berühmtberüchtigten Grafen Cagliostro (1743–1795). Graf Cagliostro, in Wirklichkeit Giuseppe Balsamo, war ein Betrüger aus Palermo, der zum Abenteurer, Wunderheiler, Alchimisten und Freimaureroberhaupt avancierte. Bei der Halsbandaffäre wurde Kardinal Rohan von einer Betrügerin, der Gräfin de la Motte, durch gefälschte Briefe und ein Treffen mit der französischen „Königin" – in Wahrheit eine Schauspielerin – dazu gebracht, „ihr" beim Kauf eines sagenhaften Diamantenhalsbandes als Bürge behilflich zu sein. Als die Ratenzahlungen der Königin ausblieben, flog der Schwindel auf. Graf Cagliostro kam auf Einladung seines Anhängers Rohan nach Paris als der Betrug schon eingefädelt war; er sollte demnach wohl dem Kardinal, der es auf politische Macht abgesehen hatte,[241] mit seinen Freimaurerlogen nach ägyptischem Ritus behilflich sein, denn er warb in Paris um einflussreiche Mitglieder. Obwohl Cagliostro mit der Halsbandaffäre wohl nichts zu tun hatte, wurde auch er verhaftet. Der Name Großkophta oder Groß-Cophta stand für das von Cagliostro erfundene Oberhaupt der „Ägyptischen Maurerei", also der von ihm gegründeten Freimaurerlogen nach ägyptischem Ritus mit entsprechenden Symbolen und Ritualen.[242] Goethe bezog diese Bezeichnung direkt auf den Grafen Cagliostro, für ihn „der unverschämteste aller Scharlatane". Damit, dass er sein Lustspiel DER GROßKOPHTA nannte, brachte Goethe aber verdeckt noch mehr zum Ausdruck, an Herder schrieb er am 5. September 1791: „Wenn dieser Titel nicht alles sagt, so sagt er das meiste". Das Gut Kochberg der Familie v. Stein befindet sich im Dorf Großkochberg zwischen Weimar und Rudolstadt, der Titel sagte mit GROßKO(P)H(TA), also mit 7 identischen Buchstaben, schon das meiste.

Was die Kunst, grandios zu täuschen, anbelangt, kann Goethe sich mit Cagliostro identifizieren, denn auch er ist unwahrhaft, und, da seine Täuschung bisher nicht erkannt wurde, übertrifft er diesen König der Scharlatane noch. Goethe bezeichnet den Grafen mit übersteigerten negativen Titulierungen, etwa „eins der sonderbarsten Ungeheuer … welche in unserm Jahrhundert erschienen sind."[243] Seit Anfang der 1780er Jahren ist Goethe an allem, was Graf Cagliostro betrifft, interessiert. Er besucht während seines Sizilienaufenthaltes dessen Familie in Palermo (13. und 14. April 1787), dabei ist er selbst ein Betrüger, denn er lügt in einem fort: Um Zutritt zu der zurückgezogen lebenden Familie zu erhalten, gibt er sich als Engländer aus, behauptet Nachrichten und einen Gruß von Cagliostro aus London zu überbringen; er erklärt sich bereit, einen Brief an Cagliostro zu übermitteln; er antwortet auf die Frage, ob Cagliostro wirklich seine Familie in Palermo verleugne, dass er bei „Freunde und Bekannten kein Geheimnis daraus mache". Da Cagliostro seiner Familie noch Geld schuldig war, überlegt Goethe, ob er ihnen dieses „vorstrecken" solle. Nach seiner Rückkehr in Weimar lässt er ihnen dann tatsächlich Geld zukommen, um „jener unglücklichen Familie meine Schuld abtragen zu können und ihr eine Summe zu übermachen, die sie zu Ende des Jahres 1788 erhielt". Mit der Titulierung Cagliostros als „eins der sonderbarsten Ungeheuer" lässt Goethe Platz für weitere Ungeheuer, vor allem für ihn selbst, denn sein Genie musste er – „Alles um Liebe" (Siegel für den Briefwechsel mit „Frau v. Stein") – in den Dienst einer unglaublichen Täuschung stellen, die nach und nach zu einer der größten Täuschungen seit Menschengedenken heranwuchs, aufgebaut und unterhalten durch über 1.600 Briefe an „Frau v. Stein".

Der Ausgang des Prozesses war, dass Kardinal Rohan in ein Kloster verbannt und verpflichtet wurde, den Schaden der Juweliere aus Kircheneinnahmen abzutragen.[244] Graf Cagliostro wurde freigesprochen und des Landes verwiesen, wobei er während des Prozesses zum Liebling der französischen Öffentlichkeit wurde. Am Tag seiner Ankunft in England (20. Juni 1786) schrieb er ein viel beachtetes Pamphlet, worin später die Prophezeiung für die Französische Revolution gesehen wurde: „Jemand hat mich gefragt, ob ich, falls die Verbannung aufgehoben würde, nach Frankreich zurückkäme? Gewiß, war meine Antwort, vorausgesetzt, die Bastille ist in eine öffentliche Anlage umgewandelt. … Es ist eine Eurer Gerichte würdige Aufgabe, an dieser glücklichen Revolution zu arbeiten. Nur schwachen Seelen erscheint es schwierig. Sie gut vorzubereiten, ist das ganze Geheimnis. … ich kündige Euch an, daß dereinst ein Fürst über Euch herrscht, der seinen Ruhm dareinsetzt, die lettres de cachet [geheime Haftbefehle des Königs, bis 1790] abzuschaffen, die Generalstände einzuberufen und vor allem die wahre Religion wiederherzustellen."[245] Wegen der Halsbandaffäre wurden die Nachforschungen über Cagliostro so intensiviert, dass er bald als der ehemalige Betrüger Giuseppe Balsamo identifiziert war. Cagliostro ging von London aus über Umwege nach Rom, wofür er ein Abkommen mit dem Kirchenstaat getroffen haben dürfte,[246] denn er gründete dort eine Loge nach ägyptischem Ritus. Mit Ausbruch der Französischen Revolution fand der Kirchenstaat in Cagliostro den Mann, an dem öffentlichkeitswirksam ein Exempel gegen jede Art von Geheimbünden statuiert werden konnte, der „Erzketzer" wurde von der Inquisition zum Tode verurteilt. Anna Amalias Bibliothekar Jagemann übersetzte die römischen Prozessakten ins Deutsche (1791). Papst Pius VI. (1775–1799), ein Amtsinhaber, der die Erklärung der Menschen- und Bürgerrechte (1789) verurteilte, wandelte die Strafe in lebenslängliche Haft um. Graf Cagliostro starb unter nie geklärten Umständen 1795 im Gefängnis. Im Lustspiel, das im Vorfeld der Französischen Revolution angesiedelt ist, wird der eingeläutete Epochenübergang von Goethe mit dem Scheitern der christlichen Heilslehre in Verbindung gebracht.[247] Kardinal Rohan als höchster kirchlicher Würdenträger unterhalb des Papstes ist hierfür symptomatisch, denn erst durch seine Vermessenheit konnte es überhaupt zur Halsbandaffäre kommen, die für Goethe das Fundament für die Französische Revolution bildete. Obwohl Goethe 1785 seinen Freunden wie wahnsinnig vorkam, er mit dem Halsbandprozess 1786 „die Axt an die Wurzel des Königtums gelegt" sah und Cagliostro längst eine tragische Gestalt geworden war, schrieb Goethe ein Lustspiel. Er war 1785 also nicht wegen der Gefährdung des französischen Königtums erschüttert worden, sondern wegen der Parallele zu seinem eigenen Täuschungswerk und den möglichen Konsequenzen im Falle einer Aufdeckung, die in Weimar aber ausblieb.

Das Lustspiel lief gar nicht so schlecht, wie oft vermittelt wird. Mit vier Aufführungen war es ein mittlerer Erfolg, vor allem aber verkaufte es sich gedruckt gut (1792), wobei der Band noch NACHRICHTEN ÜBER CAGLIOSTRO mit seinem Stammbaum und die Schilderung DAS RÖMISCHE CARNEVAL enthielt.[248] Kritiker bemängelten, das Stück sei zu offen angelegt und ohne Spannung, da der Zuschauer vom Anfang bis zum Ende alles durchschauen könne. Angesichts entsprechender Äußerungen schrieb Goethe in seiner KAMPAGNE IN FRANKREICH (1822) unter dem Eintrag November 1792 – wohl mit Blick auf seine eigene Täuschung mit „Frau v. Stein": „… ja ich ergötzte mich an einer heimlichen Schadenfreude, wenn gewisse Menschen, die ich dem Betrug oft genug ausgesetzt gesehen, kühnlich versicherten, so grob könne man nicht betrogen werden". Vor allem die Satire auf die Freimaurerei scheint missfallen zu haben. Doch Goethe wusste, wovon er sprach, denn die Weimarer Elite war Mitglied der Freimaurerloge „Anna Amalia zu den drei Rosen". Goethe, Carl August, v. Fritsch, Wieland und Bertuch waren Logenbruder, auch Herder war Freimaurer in Riga gewesen, engagierte sich aber nicht in Weimar. Mitglieder von geheimen Gesellschaften mussten von der Bearbeitung ihres Stoffes durch Goethe völlig enttäuscht sein, keine Entrückung in die höchsten Sphären als Wahrer der Werte der Aufklärung, der Freundschaft, der Humanität etc. Im Lustspiel sahen sie nur Betrug, Bluff, Scharlatanerie vom Anfang bis zum Ende. Das

Lustspiel ist damit eine eindeutig negative Antwort auf das grassierende Geheimbundwesen. Historisch ist das Phänomen der Geheimbünde wohl damit zu begründen, dass im 18. Jahrhundert die gesellschaftliche und wirtschaftliche Verfassung sich in Richtung auf höhere Entwicklungsstufen bewegte, während die politische Ordnung auf der primitiveren Stufe einer ständisch-feudalen Form stehen blieb.[249] In den deutschen Staaten war die rechtliche Gleichstellung aller Menschen eine Entwicklung, die erst mit der Weimarer Verfassung (1919) formell abgeschlossen war. Dass Geheimgesellschaften der goldene Weg aus der staatsrechtlichen Krise sein sollten, verneint Goethe. Für ihn ist der Kerngedanke der Aufklärung – nach Immanuel Kant (1724–1804) der Weg aus der selbst verschuldeten Unmündigkeit – nicht über Geheimbünde zu leisten mit Strukturen, die jeder Art von Missbrauch Tür und Tor öffnen, wie der Fall Cagliostro eindrücklich bewiesen hatte, sondern über die Aufbildung des Menschen. Goethe verstand gar nicht, warum es so lange dauern sollte, die entsprechenden Grade in der Loge „Anna Amalia" zu durchlaufen. In einem Brief vom 31. März 1781 an den „Meister vom Stuhl" v. Fritsch schreibt er, noch nicht einmal ein Jahr aufgenommen: „... sollte es möglich seyn mich gelegentlich bis zum Meistergrade hinauf zu führen, so würde ich's dankbarlichst erkennen."[250] In Weimar wurde die Ausrichtung der Loge nach der „Strikten Observanz" heftig angegriffen, ein Lehrsystem, das unter anderem die genaue Einhaltung von abgestuften Erkenntnisgraden vorschreibt, denn nur durch Beachtung dieser Grundsätze könne die Legitimationskette bis auf den geistlichen Orden der Tempelritter (ab 1119) zurückgeführt werden,[251] von dem aus dann sicher bis zu den Anfängen der Zivilisation – Graf Cagliostro war hier mit seinem ägyptischen Ritus ebenfalls ganz konsequent. Im Frühjahr 1785 in Paris hatte Graf Cagliostro beim Kongress der „Philalethen", eine Gesellschaft, die vor allem den Zweck verfolgte, eine Vereinheitlichung der europäischen Freimaurerei zu erreichen, die Kongressteilnehmer – ohne Erfolg – selbstherrlich aufgefordert, ihre Logen aufzulösen, „ihre Archive [zu] verbrennen und dem ägyptischen Ritus" beizutreten. Vor diesen Hintergrund ist es also kein Wunder, dass in Weimar die Arbeit der Loge „Anna Amalia" von 1782 bis 1808 zum Ruhen kam.[252]

Bis zuletzt hielt Goethe sein Lustspiel DER GROSSKOPHTA für unterbewertet, die Kritik für unberechtigt. Goethe identifizierte sich selbst mit dem im Stück liebevoll gezeichneten Grafen Cagliostro, dem schillernden italienischen Abenteurer und Großkophta. Durch die Verknüpfung der Halsbandaffäre mit dem Cagliostro-Stoff konnte Goethe am besten sein eigenes Täuschungswerk des ersten Weimarer Jahrzehnts darstellen. In seiner Bearbeitung kommt es, wie auch tatsächlich in Weimar, nicht zum öffentlichen Skandal. Im Stück spielt das vergebliche Ringen um den Erhalt der Tugend eine wichtige Rolle, etwa bei der Nichte, die sich zwar sträubt, im Venushain die Prinzessin zu spielen, jedoch bereits vom Ehemann der Gräfin, die den Kardinal betrog, verführt wurde; auch der edle Ritter verrät letztlich seine Freunde und Logenbrüder und eröffnet sich damit beste Karrierechancen. Das Stück endet mit einer ähnlichen Szene, wie sie am Ende von TASSO vorkommt, indem der Dichter die Prinzessin umarmt. Der gefangen genommene Domherr, der für Kardinal Rohan steht – aber auch für Goethe, insofern er eine Frau, die er nicht besitzen darf, begehrt –, wird am Ende des Stückes sagen: „... noch weniger wird man mir die Leidenschaft aus dem Herzen reißen, die ich für meine Fürstin empfinde ... Sagen Sie ihr, daß alle Demütigungen nichts gegen den Schmerz sind, mich noch weiter von ihr entfernen zu müssen ... aber ihr Bild und die Hoffnung werden nie aus meinem Herzen kommen, solange ich lebe." In DER GROSSKOPHTA und TASSO verarbeitet Goethe das Staatsgeheimnis, dass beide mit einer Prinzessinnen-Szene enden, stellt sie in einen Zusammenhang und ist nicht als Parodie gemeint.[253] Goethes Aufforderung, sich mit seinem Stück eingehender zu beschäftigen, bleibt aktuell. Angesichts der Kritik an DER GROSSKOPHTA dichtete er das Gedicht KÜNSTLERS FUG UND RECHT (1792), worin es am Schluss heißt: „Zugleich er auch noch wünscht' und wollt,/Daß man dabei was denken sollt."

Die Liebeslyrik: „Einer Einzigen angehören"

Goethes Liebesgeschichte mit Anna Amalia ist im Wesentlichen das Thema seiner Liebeslyrik. Die Liebeslyrik umfasst neben seinen Liebesgedichten an Lida etwa die RÖMISCHEN ELEGIEN (1788–1790), den SONETTENKRANZ (1807/08), den WEST-ÖSTLICHEN DIVAN (1814–1819) in der Gestalt der Suleika, arabisch die „Verführerin", und die TRILOGIE DER LEIDENSCHAFT (1823/24). Goethe versteht sich vor allem als ein Dichter der Liebe; in der RÖMISCHEN ELEGIE XIII sagt der Liebesgott Amor zu ihm (Vers 3 f.) „... du hast dein Leben und Dichten,/Dankbar erkenn ich es wohl, meiner Verehrung geweiht." Etwas später, im Vers 23 f., fügt der Liebesgott hinzu: „Stoff zum Liede, wo nimmst du ihn her? Ich muß dir ihn geben,/Und den höheren Stil lehret die Liebe dich nur." Wenn Goethe zum Liebesgesang anhebt, so gilt dieser einer einzigen Frau und er bringt dies immer wieder zum Ausdruck, etwa in TASSO (Vers 1092 f.): „Was auch in meinem Liede widerklingt,/Ich bin nur *einer*, *einer* alles schuldig!" Im Gedicht ZWISCHEN BEIDEN WELTEN drückt Goethe Lidas Bedeutung für sein Leben aus. Das Gedicht erschien im Oktober 1820; es wird vermutet, dass die letzten drei Zeilen im Erscheinungsjahr als Siegel hinzugefügt wurden, die übrigen aber aus dem ersten Weimarer Jahrzehnt stammen:[254]

> Einer Einzigen angehören,
> Einen Einzigen verehren,
> Wie vereint es Herz und Sinn!
> Lida! Glück der nächsten Nähe,
> William! Stern der schönsten Höhe,
> Euch verdank ich, was ich bin.
> Tag' und Jahre sind verschwunden,
> Und doch ruht auf jenen Stunden
> Meines Wertes Vollgewinn.

Neben William Shakespeare (1564–1616), der ihm als jungen Dichter den Weg zu den Sternen gewiesen hat, gibt es nur Lida – einer der vielen Namen in Goethes Werk, der für Anna Amalia steht.

In den RÖMISCHEN ELEGIEN, die zwischen Herbst 1788 und dem Frühjahr 1790 entstanden sind, also ziemlich genau in der Zeit, als Anna Amalia in Italien weilte, ist diese darin die erste von zwei besungenen Frauen. Ohne dass Anna Amalias wirkliche Bedeutung in Goethes Leben bekannt war, wurde bisher überwiegend vermutet, dass der Dichter entweder Christiane oder Römerinnen besungen habe. Von einem „merkwürdige[n] Verwirrspiel, das der Dichter mit dem Leser treibt", ist die Rede.[255] Bei näherer Betrachtung erweisen sich die ELEGIEN, was die Identität der darin vorkommenden Frauen anbelangt, als genau gekennzeichnet, denn in ihnen geht es um einen Rückblick auf das Jahrzehnt der Liebe zu Anna Amalia sowie in der ELEGIE XVIII um Christiane Vulpius, die Goethe Faustine nennt. Goethes Vorbild für die ELEGIEN ist der Elegiker Properz (um 50–16 v. Chr.), jener Dichter, dessen Verse Anna Amalia später ins Deutsche übersetzte,[256] womit sie auf sich als die Besungene hinweist. Bezeichnend ist, dass Knebel an Anna Amalias Geburtstag, am 24. Oktober 1788, Goethe die Liebesgedichte der römischen Lyriker Catull (um 84–54 v. Chr.), Tibull (um 50 – um 17 v. Chr.) und Properz schenkte, die meist in einem Band erschienen, weshalb sie das Kleeblatt genannt wurden. Catull hatte sich die griechische Dichtung der hellenistischen Zeit (ab dem 3. Jahrhundert) zum Vorbild genommen, Tibull und Properz formten auf dieser Grundlage die klassische Form der römischen Elegie. Am 25. Oktober 1788 bedankt sich Goethe bei Knebel, der selbst etwa über ein Jahrzehnt eine Auswahl der ELEGIEN des Properz (1798) übersetzte: „Danke für das Kleeblatt der Dichter, ich besaß es nicht." In einem Brief der Hofdame v. Göchhausen an Knebel ebenfalls vom 25. Oktober aus Rom heißt es: „Sie [Anna Amalia] läßt Ihnen herzlich grüßen und will Ihnen bald selbst schreiben." Am 24. Oktober, an Anna Amalias Geburtstag, geschah nichts zufällig in dem Kreis derer, die in das Staatsgeheimnis eingeweiht waren. Daher könnte Knebel auf Anna Amalias Wunsch hin Goethe den Gedichtband geschenkt haben, um ihn dazu anzuregen, in Form von Elegien ihrer Liebe zu gedenken.

Aufschlussreich ist der ausdrückliche Wunsch Carl Augusts, dass die ELEGIEN nicht gedruckt, zumindest aber überarbeitet werden sollten[257] – ein sicheres Indiz, dass es darin um das Staatsgeheimnis geht. Zwar empörten sich einige Zeitgenossen über die angebliche „bordellmäßige Nacktheit"[258] in den ELEGIEN, dies kann aber den „Wüstling" Carl August nicht wirklich gestört haben. Frau von Stein weist darauf hin, wenn sie in einem Brief sarkastisch über den Herzog bemerkt: „Wie unsern gnädigsten Herrn just einen Moment diese pedantische Sittlichkeit überfallen hat, begreife ich nicht."[259] Goethe sieht sich als Erbe der römischen Dichter, was er gerade mit den ELEGIEN demonstriert. Rom ist ihm nur Kulisse, tatsächlich meint er Weimar. Im Gedicht AUF MIEDINGS TOD (1782) zog Goethe schon einen anderen Vergleich: „O Weimar, dir fiel ein besonderes Los:/Wie Bethlehem in Juda, klein und groß!" Mit dem Geburtsort Jesu verglich Goethe bereits seine Wirkungsstätte Weimar. Der Vergleich gibt zu erkennen, was für eine Art von Pyramide er für sein Dasein zu bauen beabsichtigte; mit seinem

Werk sollten Rom und Bethlehem und später auch Troja beerbt werden. Die einfühlsame Malerin Angelika Kauffmann, die seit 1782 in der „ewigen Stadt" Rom wohnte, spürte, dass, wo Goethe wirkte, etwas Großartiges entstehen müsse. In einem Brief an Goethe vom 1. November 1788 bringt sie dies zum Ausdruck: „Das glückseelige Weimar das, seit dem das Glück mir gegönt Sie zu kennen, ich so offt beneidet habe, wo ich mich mit Gedancken so offt und so gerne auffhalte." Goethe verschlüsselt aber, dass es in den Elegien um Weimarer Zusammenhänge geht, denn es gehört zur Geheimhaltung, den Eindruck zu erwecken, er behandle Ereignisse, die er in Rom erlebt habe; daher bezeichnet er sie in ihrer Entstehungsphase auch als „Erotica romana".

Die bis Elegie XVII besungene Frau ist Anna Amalia, von ihr sagt er in Elegie III, Vers 1 ff.: „Laß dich, Geliebte, nicht reun, daß du mir so schnell dich ergeben!/Glaub es, ich denke nicht frech, denke nicht niedrig von dir." Kurz nachdem die am 24. Oktober 1775 gerade 36 Jahre alt gewordene Anna Amalia nach fast zwei Jahrzehnten von der Pflicht ihrer Ämter befreit war, kam Goethe in Weimar an, ein Dichter, der einem fortgesetzten Vulkanausbruch der Leidenschaft gleichkam. Anna Amalia erlag sofort dem Charme des jungen Dichters wie die Prinzessin Leonore in Tasso (Vers 1891 ff.): „Erst sagt' ich mir entferne dich von ihm!/Ich wich und wich und kam nur immer näher,/So lieblich angelockt". Als der Dichter Johann W. L. Gleim (1719–1803), ein Anakreontiker, der nach dem Vorbild des griechischen Dichters Anakreon (6. Jh. v. Chr.) vor allem die Liebe, den Wein und die Natur besang, kurze Zeit nach Goethes Ankunft Weimar besuchte, wurde er zu einer Abendgesellschaft bei Anna Amalia eingeladen. Dort las Gleim aus seinem Göttinger Musenalmanach vor, als ein junger Mann ihm anbot, ihn abzulösen. Dieser las nach einer Weile plötzlich „Gedichte, die gar nicht im Almanach standen, er wich in alle nur möglichen Versarten und Gedichtgattungen aus und las Hexameter, Jamben und Knittelverse, alles durcheinander, als ob er nur so herausschüttele." Der begeisterte Gleim rief Wieland zu: „Das ist entweder Goethe oder der Teufel!", worauf ihm Wieland „Beides!" antwortete.[260] Diesem Mann konnte auch die an Staatsräson gewöhnte Anna Amalia nicht widerstehen. Dabei war die Phantasie des Dichters unerschöpflich, wenn es Anna Amalia zu beeindrucken galt. Am 22. August 1778 lud er etwa zu einem Abend an der Ilm ein, nachdem am Musenhof Anna Amalias über die Lichtwirkung in den Gemälden Rembrandts diskutiert worden war.[261] Wieland berichtet in einem Brief an Merck von dem Abend bei Goethe: „Wir speisten in einer gar holden Einsiedelei … wir tranken ein Flasche Johannisberger Sechziger aus, und wie wir nun aufgestanden waren und die Tür öffneten, siehe, da stellte sich uns durch geheime Anstalt des Archimagus [des Urmagiers Goethe] ein Anblick dar, der mehr einer realisierten dichterischen Vision als einer Naturszene ähnlich sah. Das ganze Ufer der Ilm ganz in Rembrands Geschmack beleuchtet, ein wunderbares Zaubergemisch von Hell und Dunkel. Die Herzogin [Anna Amalia] war davon entzückt wie wir alle."[262]

In der ELEGIE IV, Vers 29 ff. heißt es von der Geliebten: „Und ich verkannte sie nicht, ergriff die Eilende, lieblich/Gab sie Umarmung und Kuß bald mir gelehrig zurück./O wie war ich beglückt! – Doch stille, die Zeit ist vorüber". In ELEGIE V, Vers 11 ff. besingt er dieselbe: „Raubt die liebste denn gleich mir einige Stunden des Tages,/Gibt sie Stunden der Nacht mir zur Entschädigung hin./Wird doch nicht immer geküßt, es wird vernünftig gesprochen;/ Überfällt sie der Schlaf, lieg ich und denke mir viel./Oftmals hab ich auch schon in ihren Armen gedichtet/Und des Hexameters Maß leise mit fingernder Hand/Ihr auf den Rücken gezählt". Vernünftige Gespräche über seine Dichtung konnte er mit Anna Amalia führen, die als umfassend gebildete Kennerin der Klassiker ihn vielfach anregte. In ELEGIE VI wird Goethe deutlicher, denn seine Geliebte ist eine Witwe. Frau v. Stein bemerkte dazu ironisch in einem Brief an Charlotte Schiller vom 27. Juli 1795: „In einer einzigen [ELEGIE], der sechsten, war etwas von einem innigen Gefühl."[263] In dieser heißt es (Vers 3 ff.): „Wenn das Volk mich verklagt, ich muß es dulden! und bin ich/Etwa nicht schuldig? Doch ach! schuldig nur bin ich mit dir!/Diese Kleider, sie sind der neidischen Nachbarin Zeugen,/Daß die Witwe nicht mehr einsam den Gatten beweint." Die Witwe führt weiter zwei berühmte Namen aus römischen Adelsfamilien an, die nach ihrer Gunst getrachtet hätten. Da diese Personen wirklich existierten, sah man in der ELEGIE ehrenrührige Ausführungen Goethes,[264] doch meint der Dichter mit diesen nur das römische Äquivalent zum deutschen Hochadel. In der ELEGIE VIII kommt ein weiterer Anhaltspunkt hinzu:

Wenn du mir sagst, du habest als Kind, Geliebte, den Menschen
Nicht gefallen, und dich habe die Mutter verschmäht,
Bis du größer geworden und still dich entwickelt, ich glaub es:
Gern denk ich mir dich als ein besonderes Kind.
Fehlet Bildung und Farbe doch auch der Blüte des Weinstocks,
Wenn die Beere, gereift, Menschen und Götter entzückt.

Diese Beschreibung bezieht sich auf Ausführungen Anna Amalias in ihrer autobiographischen Schrift MEINE GEDANKEN, die in Goethes Nachlass gefunden wurde: „Nicht geliebt von meinen Eltern, immer zurückgesetzt, meinen Geschwistern in allen Stücken nachgesetzt, nannte man mich nur den Ausschuß der Natur." Anna Amalia ist also das „liebliche Mädchen", das abends zum Dichter kommt (ELEGIE IX, Vers 5 ff.): „Dann flammen Reisig und Scheite,/Und die erwärmete Nacht wird uns ein glänzendes Fest./Morgen frühe geschäftig verläßt sie das Lager der Liebe,/Weckt aus der Asche behend Flammen aufs neue hervor." Nach neu entfachter Liebesglut müssen die Liebenden sich wieder trennen, damit sie nicht entdeckt werden. Mit der ELEGIE X, Vers 1 ff. wird sein „Mädchen" auf eine besondere Ebene gehoben: „Alexander und Cäsar und Heinrich und Friedrich, die Großen,/ Gäben die Hälfte mir gern ihres erworbenen Ruhms,/Könnt ich auf *eine* Nacht dies Lager jedem vergönnen". Hier beschreibt Goethe das Format seines „Mädchens" unmissverständlich. Mit Friedrich meint Goethe nicht den an Frauen uninteressierten preußischen König Friedrich II., den Onkel Anna Amalias,[265] sondern den Stauferkaiser Friedrich II. von Sizilien (1194–1250), eine der herausragendsten Gestalten der abendländischen Geschichte. Für ihn und die anderen größten Herrschergestalten soll das Mädchen so begehrenswert sein, dass sie gerne die „Hälfte … ihres erworbenen Ruhms" für eine Nacht mit ihr hergeben würden. Eine Frau, um die er von den Großen der Geschichte beneidet wird, muss nicht nur schön und treu sein, sie muss selbst eine Große sein. Es kann sich hier also nicht um Christiane Vulpius oder eine namenlose Römerin handeln. Am 25. Januar 1787 schrieb er „Frau v. Stein" aus Rom: „Über die Vorsicht Franckenbergs [befreundeter Minister in Gotha] daß ich hier mich nicht verlieben soll mußte ich lachen: du hast nur Eine Nebenbuhlerinn bisher und die bring ich dir mit das ist ein kolossal Kopf der Juno." Juno, die höchste römische Göttin, ist die Einzige in Rom, die seiner „Göttin" Anna Amalia ebenbürtig ist, nur ein höheres Wesen kann ihr Konkurrentin sein. Eine Geliebte der erwähnten Herrschergestalten ist heute noch ein Begriff: Die Pharaonin Kleopatra (69–30 v. Chr.), die mit Cäsar (100–44 v. Chr.) liiert war und später auch seinen Nachfolger Antonius (um 82–30 v. Chr.) für sich gewinnen konnte. Mit solchen Frauen vergleicht Goethe seine Anna Amalia. Schon Goethes Motto „Alles um Liebe", womit er den Briefwechsel mit „Frau v. Stein" siegelte, erinnert an John Drydens (1631–1700) ALL FOR LOVE (1678), eine der wenigen Darstellungen von Kleopatra als einer hingebungsvollen Geliebten und nicht nur als skrupellose Pharaonin.

In der ELEGIE XV taucht ein bedeutungsvolles Zeichen auf, das über die Identität der Geliebten weiteren Aufschluss gibt. In einem römischen Gasthaus trifft er sie in Begleitung ihres Onkels (Vers 14 ff.): „Lauter sprach sie, als hier die Römerin pfleget, kredenzte,/Blickte gewendet nach mir, goß und verfehlte das Glas./Wein floß über den Tisch, und sie, mit zierlichem Finger,/ Zog auf dem hölzernen Blatt Kreise der Feuchtigkeit hin./Meinen Namen verschlang sie dem ihrigen; immer begierig/Schaut ich dem Fingerchen nach, und sie bemerkte mich wohl./Endlich zog sie behende das Zeichen der römischen Fünfe/Und ein Strichlein davor. Schnell, und sobald ich's gesehn,/ Schlang sie Kreise durch Kreise, die Lettern und Ziffern zu löschen;/Aber die köstliche *Vier* blieb mir ins Auge geprägt." Mit dem Bild des ausgeschütteten Weines, mit dem das Mädchen „Lettern und Ziffern" zeichnet, spricht Goethe genial verschlüsselt etwas Bedeutendes aus, auch hier ein Grund für Carl August, vom Druck der ELEGIEN abzuraten. Wichtig ist die römische Fünf mit einem Strichlein davor. Es ist das einzige Zeichen, das konkret beschrieben wird, vordergründig nur die Uhrzeit der vierten Stunde, zu der der Dichter nachts die Geliebte aufsuchen soll. Goethe spricht aber von „Lettern und Ziffern". Die römische Fünf mit einem Strichlein davor ergibt auch, anders angeordnet, den Buchstaben A. Das Wort Strichlein passt auch nur beim A, denn nur hier ist der Querstrich ein Strichlein, während bei der Ziffer IV alle drei Striche etwa gleich lang sind. Der Buchstabe A steht bei Goethe für Anna Amalia. Im Eintrag 1804 in den TAG- UND JAHRESHEFTEN schreibt Goethe, dass er Ende Juni bei den vielen Johannisfeuern rings um die Jenenser Berge ein ganz besonderes beobachtet habe: „Auf der Spitze des Hausberges, welcher, von seiner Vorderseite angesehen, kegelartig in die Höhe steigt, flammte gleichmäßig ein bedeutendes Feuer empor, doch hatte es einen beweglichern und unruhigern Charakter; auch verlief nur kurze Zeit, als es sich in zwei Bächen an den Seiten des Kegels herunterfließend sehen ließ; diese, in der Mitte durch eine feurige Querlinie verbunden, zeigten ein kolossales leuchtendes A, auf dessen Gipfel eine starke Flamme gleichsam als Krone sich hervortat und auf den Namen unserer verehrten Herzoginmutter hindeutete." Auch eine Zeichnung Goethes, die eine sitzende Person vor einer Grotte darstellt, die von einem Baum beschattet wird (ABB. 12), deutet auf Anna Amalia hin. Die Entwurfsvorlage (ABB. 11), die wie die Zeichnung um 1807 bis 1810 datiert wird, bildet aus einem Baum, einem Querbalken und einem pfeilerartigen Stein deutlich einen A-Buchstaben. Die Zeichnung ist so gehalten, dass erst durch die Entwurfsvorlage darin ein A-Buchstabe erkennbar wird; auf ähnliche Weise verschlüsselt Goethe auch seine dichterischen Arbeiten, die Anna Amalia zum Gegenstand haben.

Die ELEGIE XVI ist wieder eine Meisterleistung des Doppelsinns. In ihr geht es vordergründig darum, dass der Liebhaber sich durch einen Irrtum vom Stelldichein in einem Weingarten abhalten ließ, da er eine Vogelscheuche für den Onkel der Geliebten hielt. Ein Onkel Anna Amalias war der Preußenkönig Friedrich II. Dieser starb am 17. August 1786, also um die Zeit, in der Carl August in Karlsbad in das Staatsgeheimnis eingeweiht und der Plan einer Flucht Goethes nach Italien gefasst wurde. Zuvor muss der

„Verräter" sein Wissen um das Staatsgeheimnis zu erkennen gegeben haben, wodurch im Zusammenhang mit dem Thronwechsel in Preußen die Angst vor einer preußischen Intervention erregt wurde. Noch Ende 1785 verursachte Anna Amalias leichtlebiger jüngerer Sohn Prinz Friedrich Ferdinand Constantin durch tadelnswertes Verhalten gegenüber dem König Friedrich II. einen diplomatischen Zwischenfall. Deswegen schrieb Anna Amalia als Herzogin-Mutter gleich mehrere Entschuldigungsbriefe an ihren Onkel, etwa am 9. Oktober 1785: „Ich würde überaus glücklich sein, wenn ich mir schmeicheln könnte, daß Ew. [Eure] Majestät fortfahren wollten, mir und meinen Söhnen die Ehre Ihrer Gnade zu erweisen". Carl August bat sogar um eine persönliche Audienz beim preußischen König, um sich für das Verhalten seines Bruders entschuldigen zu können, was ihm gnädig gewährt wurde.[266] Die ELEGIE XVI nimmt auf die unbegründete Furcht vor einer preußischen Intervention Bezug, eine Furcht, die Anna Amalia – das Bild der unglücklichen Schwester Elisabeth Christine Ulrike und die Skrupellosigkeit, die ihr Onkel Friedrich II. und sein Nachfolger gezeigt hatten, vor Augen – in Goethe wohl erst erregte:

> „Warum bist du, Geliebter, nicht heute zur Vigne gekommen?
> Einsam, wie ich versprach, wartet ich oben auf dich."
> Beste, schon war ich hinein; da sah ich zum Glücke den Oheim
> Neben den Stöcken, bemüht, hin sich und her sich zu drehn.
> Schleichend eilt ich hinaus! – „O welch ein Irrtum ergriff dich!
> Eine Scheuche nur war's, was dich vertrieb! Die Gestalt
> Flickten wir emsig zusammen aus alten Kleidern und Rohren;
> Emsig half ich daran, selbst mir zu schaden bemüht."
> Nun, des Alten Wunsch ist erfüllt; den losesten Vogel
> Scheucht' er heute, der ihm Gärtchen und Nichte bestiehlt.

In der ELEGIE XVII wendet sich Goethe dem „Verrat" zu, der den Irrtum erst möglich machte und ihn aus dem „Weingarten" vertrieb. Dabei vergleicht der Dichter den „Verräter" Fritz v. Stein mit einem Hund, der ihm wenigstens die Erinnerung an die Zeit mit seinem Mädchen, der Witwe „A", zurückbringt:

> Manche Töne sind mir Verdruß, doch bleibet am meisten
> Hundegebell mir verhaßt; kläffend zerreißt es mein Ohr.
> Einen Hund nur hör ich sehr oft mit frohem Behagen
> Bellend kläffen, den Hund, den sich der Nachbar erzog.
> Denn er bellte mir einst mein Mädchen an, da sie sich heimlich
> Zu mir stahl, und verriet unser Geheimnis beinah.
> Jetzo, hör ich ihn bellen, so denk ich mir immer; sie kommt wohl!
> Oder ich denke der Zeit, da die Erwartete kam.

Die Folge des „Verrats" war die Italienreise, das Ende ihrer nur im Schutze der Täuschung möglichen „Nachtliebe". Nach seiner Rückkehr aus Italien tritt Christiane Vulpius in das Leben des Anna Amalia entsagenden Dichters ein. Die ELEGIE XVIII hat Christiane zum Gegenstand. Um einen Identitätswechsel zur vorher besungenen Witwe „A" deutlich zu machen, führt Goethe sie in der ELEGIE XVIII mit dem Namen Faustine ein. Ihre Bedeutung gibt er darin wie folgt wieder: „Eines ist mir verdrießlich vor allen Dingen, ein andres/Bleibt mir abscheulich, empört jegliche Faser in mir,/Nur der bloße Gedanke. Ich will es euch, Freunde, gestehen:/Gar verdrießlich ist mir einsam das Lager zu Nacht./Aber ganz abscheulich ist's, auf dem Wege der Liebe/Schlangen zu fürchten, und Gift unter den Rosen der Lust,/Wenn im schönsten Moment der hin sich gebenden Freude/Deinem sinkenden Haupt lispelnde Sorge sich naht./Darum macht Faustine mein Glück; sie teilet das Lager/Gerne mit mir, und bewahrt Treue dem Treuen genau." Faustine verhindert also vor allem, dass der Dichter mit Geschlechtskrankheiten, in der ELEGIE als Schlangen, Gift und lispelnde Sorge bezeichnet, in Berührung kommt. Der Dichter besingt in der ELEGIE das sinnliche Glück, das ihm Christiane schenkt (Vers 13 ff.): „Welche Seligkeit ist's! Wir wechseln sichere Küsse,/Atem und Leben getrost saugen und flößen wir ein./So erfreuen wir uns der langen Nächte, wir lauschen,/Busen an Busen gedrängt, Stürmen und Regen und Guß." Christiane, die Goethes Mutter lange seinen Bettschatz nannte, wird fortan dem Dichter wenn auch keine ebenbürtige Partnerin, so doch eine aufrichtige und treue Gefährtin sein.

In der ELEGIE XX spricht Goethe nochmals deutlich das Staatsgeheimnis an. Die letzte Zeile lautet (Vers 32): „Eines glücklichen Paares schönes Geheimnis". Dieses Geheimnis hatte er bisher immer gehütet (Vers 3 f.): „Verschwiegenheit! …/Teure Göttin, die mich sicher durchs Leben geführt", doch nun kann Goethe nicht mehr schweigen (Vers 5 ff.): „Es löset scherzend die Muse,/Amor löset, der Schalk, mir den verschlossenen Mund./Ach, schon wird es so schwer, der Könige Schande verbergen!" Die „Schande" des Herzogtums, das Weimarer Staatsgeheimnis, muss er jemandem anvertrauen, doch (Vers 17 f.) „Keiner Freundin darf ich's vertraun: sie möchte mich schelten;/Keinem Freunde: vielleicht brächte der Freund mir Gefahr", auch der belebten und unbelebten Natur nicht, allein seiner Dichtung: „Dir, Hexameter, dir, Pentameter, sei es vertrauet,/Wie sie des Tags mich erfreut, wie sie des Nachts mich beglückt" (Vers 21 f.).

Nach Anna Amalias Tod 1807 hat Goethe sie weiter in seiner Liebeslyrik besungen. Andere Frauen versetzten den Dichter in eine verliebte Stimmung und verhinderten, dass erkannt werden konnte, wem seine Liebesdichtung wirklich galt. Im SONETTENKRANZ, der um 1807/1808 entstanden ist, erweckt Goethe den Anschein, nur durch seinen Umgang mit Minna Herzlieb (1789–1865) zu den Sonetten angeregt worden zu sein. Goethe schrieb nach Anna Amalias Tod den offiziellen Nachruf „Zum feyerlichen Andenken der Durchlauchtigsten Fürstin und Frau Anna Amalia", ein Meisterwerk der Gedenkrede,[267] das von allen Kanzeln des Herzogtums vorgelesen und veröffentlicht wurde. Danach wurde er schwer krank, ging nach Jena und von dort nach Karlsbad. Dort begann er WILHELM MEISTERS WANDERJAHRE zu diktieren, ein Werk, das tiefe Einblicke in seine Biographie gibt. Nach seiner Rückkehr aus Karlsbad fand er in Minna Herzlieb eine Frau, die ihn in leidenschaftliche Stimmung versetzte. In dieser Stimmung besang er aber hauptsächlich seine „Einzige". Die im SONETTENKRANZ zum Ausdruck gebrachte Liebesempfindung kann nicht aus einem kurzzeitigen platonischen Zusammensein mit Minnchen hervorgegangen sein, denn sobald Goethe sich in einer verliebten Gemütsverfassung befand, zog er sich zur Entsagung zurück, er hatte sich ihr also nie genähert. Anders bei der Frau, die im SONETTENKRANZ besungen wird, denn am Ende des zweiten Sonetts FREUNDLICHES BEGEGNEN heißt es: „Da wars geschehen!/In meiner Hülle konnt ich mich nicht halten,/Die warf ich weg, *sie* lag in meinen Armen." In den Sonetten verarbeitet Goethe Motive aus seiner Liebesbeziehung zu Anna Amalia, er gedenkt aber auch Minna Herzlieb, dankbar dafür, durch sie aus seiner Trauer herausgerissen worden zu sein.

Das erste Sonett, MÄCHTIGES ÜBERRASCHEN, mit dem Motiv eines gehemmten Stromes, aus dem ein See entsteht, weist auf Anna Amalias Wirkung auf seine Dichtung hin (Vers 9 ff.):

> Die Welle sprüht, und staunt zurück und weichet,
> Und schwillt bergan, sich immer selbst zu trinken;
> Gehemmt ist nun zum Vater hin das Streben.
>
> Sie schwankt und ruht, zum See zurückgedeichet;
> Gestirne, spiegelnd sich, beschaun das Blinken
> Des Wellenschlags am Fels, ein neues Leben.

Eine Zeichnung Goethes von 1806, die einen riesigen A-Buchstaben vor einem Bergsee zeigt (ABB. 9), ist eine bildliche Umsetzung des Sonetts, wobei durch das riesige A ausdrücklich Anna Amalia benannt ist. Zu Beginn rauscht der Strom von Goethes Dichtung noch einer Verbindung mit dem Ozean entgegen, in dem sie sich verliert: „Was auch sich spiegeln mag von Grund zu Gründen,/Er wandelt unaufhaltsam fort zu Tale." Durch die Liebe und den Einfluss Anna Amalias wird der Strom der Dichtung zu einem

See zurückgedeicht und die Gestirne können sich darin spiegeln; Goethe hat also ungleich mehr erreicht, als wenn er weiterhin nur den Ozean gespeist hätte, denn seine Dichtung erreicht durch seine Liebe nun die Sterne, ist also unvergänglich.

Beim Sonett ABSCHIED geht es um Goethes Aufbruch nach Italien, da nach der Trennung „das Meer den Blick" des Dichters umgrenzt: „War unersättlich nach viel tausend Küssen,/Und mußt mit einem Kuß am Ende scheiden./Nach herber Trennung tiefempfundnem Leiden". Die Zeit für „viel tausend Küsse" hatte Goethe nur bei Anna Amalia und Christiane, nur von seiner Prinzessin musste er aber „mit einem Kuß am Ende scheiden". Im Sonett EPOCHE – die Epoche seiner Liebe zu einer lebenden Frau ist mit dem Tod Anna Amalias 1807 zu Ende – kommt es zum bedeutsamen Vergleich zwischen Petrarcas Laura und Goethes Anna Amalia:

> Mit Flammenschrift war innigst eingeschrieben
> Petrarcas Brust vor allen andern Tagen
> *Karfreitag.* Ebenso, ich darfs wohl sagen,
> Ist mir *Advent* von Achtzehnhundertsieben.

> Ich fing nicht an, ich fuhr nur fort, zu lieben
> Sie, die ich früh im Herzen schon getragen,
> Dann wieder weislich aus dem Sinn geschlagen,
> Der ich nun wieder bin ans Herz getrieben.

> Petrarcas Liebe, die unendlich hohe,
> War leider unbelohnt und gar zu traurig,
> Ein Herzensweh, ein ewiger Karfreitag;

> Doch stets erscheine, fort und fort, die frohe,
> Süß, unter Palmenjubel, wonneschaurig,
> Der Herrin Ankunft mir, ein ewger Maitag.

Francesco Petrarca (1304–1374) verbindet den Karfreitag, den Tag der Kreuzigung Christi, mit seiner Geliebten, denn er hat Laura erstmals an diesem Tag (13. April 1327) gesehen. Goethe verbindet Advent, die Zeit der Ankunft Christi, mit seiner Geliebten. Da er in der Adventszeit 1807 in Jena war und dort Minna Herzlieb gesehen hatte, wird daraus geschlossen, dass er sich auf sie bezieht. Dann hätte Goethe aber eine Frau, der er letztlich aus dem Weg gegangen ist und die an seinem Leben keinerlei Anteil außer kurze Begegnungen gehabt hat, auf die Höhe von Petrarcas Laura emporheben wollen. Ein Dichter kann durch seinen Gesang nur eine Frau zu den Sternen erheben, sonst entwertet er eine Besungene mit der anderen. Goethe kann daher nur Anna Amalia meinen, deren Ankunft er in einem höheren Sinne erwartet. In TASSO, dem Liebesdenkmal für Anna Amalia, lässt er den Dichter sagen (Vers 1937 f.): „Ist Laura denn allein der Name, der/Von allen zarten Lippen klingeln soll?" Auch seine Prinzessin will Goethe in dieser edlen Reihe eingereiht wissen und widmet ihr deshalb ein Monument der Liebeslyrik nach dem anderen. Schon im zweiten Sonett, FREUNDLICHES BEGEGNEN, vergleicht Goethe seine Geliebte mit den zwei berühmten Frauen der Literatur, Beatrice und Laura, die von ihren Dichtern auch in Sonettform besungen wurden: „Ein Mädchen kam, ein Himmel anzuschauen,/So musterhaft wie jene lieben Frauen/Der Dichterwelt." Wenn eines Tages die wahre Identität seiner Geliebte bekannt sein wird, so soll die Nachwelt Anna Amalia neben Namen wie Beatrice, Laura oder auch Hölderlins Diotima und Maccaris Emilia[268] nennen. Bei Petrarca war die Liebeserfahrung mit Laura „unbelohnt und gar zu traurig", bei Goethe ist es trotz der späteren Entsagung eine erfüllte Liebe gewesen, nunmehr lebt er in Vorfreude auf der „Herrin Ankunft", auf eine Wiedervereinigung mit ihr.

In seiner Gedichtsammlung WEST-ÖSTLICHER DIVAN (1819), dessen Lieder hauptsächlich zwischen 1814 und 1815 entstanden sind, setzt Goethe erneut zu einer großartigen Liebesdichtung an. Der DIVAN ist in zwölf Bücher unterteilt und mit einem Kommentar von Goethe versehen. Wenn diese Dichtung mit einer Symphonie verglichen wird,[269] so ist Suleika, die Geliebte des Dichters, das Hauptthema, die immer wiederkehrende Leitmelodie. Auch gilt ihr nicht zufällig das längste Buch, was den DIVAN als eine Symphonie der Liebe ausweist. Goethe musste sich aber in eine Liebesstimmung versetzen, um seine Leitmelodie umsetzen zu können; im 21. Gedicht des BUCHES SULEIKA verwendet er hierfür das Bild des Vulkans: „Unter Schnee und Nebelschauer/Rast ein Ätna dir hervor." In dieser Stimmung kann er seine Inspirationen empfangen, rückblickend drückt er dies gegenüber Eckermann aus (11. März 1828): „Als mich … die Gedichte des ‚Divan' in ihrer Gewalt hatten …" Im Juni 1814 beginnt Goethe die Arbeit am DIVAN. In Marianne v. Willemer (1784–1860), die er im September 1814 auf einer Fahrt nach Frankfurt und an den Rhein kennen lernte, fand er die Frau, die seine Inspiration beflügeln konnte. Im selben Monat heiratete Marianne ihren Pflegevater, was Goethe die Möglichkeit gab, ohne Hoffnungen zu wecken mit ihr Umgang zu pflegen. 1815 reiste er wieder zu ihr, um dann von Mai bis Oktober den DIVAN nahezu abzuschließen. Marianne gilt als Vorbild für die Gestalt der Suleika, einige Verse aus dem BUCH SULEIKA sollen von ihr stammen.[270] Für die Inspiration zum DIVAN ist neben Marianne wichtig, dass Goethe sich an den Schauplätzen seiner Jugend befand, wo er eine heftige Jugendliebe zu Lili Schönemann durchlebt hatte, bevor er nach Weimar kam.[271] Erst durch die Glut, die all dies in ihm entfachte, konnte der Großteil der Gedichte, die das BUCH SULEIKA ausmachen, im September und Oktober 1815 entstehen. Im 30. Gedicht des BUCHES SULEIKA rechtfertigt Goethe, dass es sehr lang geraten sei, damit, dass er sich in einem Zustand des „Liebeswahnsinns" befunden habe. Sein Gesang gilt aber einer Einzigen, dem „Stern der Sterne", wie er Suleika im 40. Gedicht, WIEDERFINDEN, nennt, und verschlüsselt bringt dies Goethe im DIVAN zum Ausdruck.

Bereits der Vorspruch zum BUCH SULEIKA, den Goethe aus der Sammlung des orientalischen Dichters Selims I. (16. Jh.) auswählte, enthält ein bekanntes Motiv:

> Ich gedachte in der Nacht,
> Daß ich den Mond sähe im Schlaf;
> Als ich aber erwachte,
> Ging unvermutet die Sonne auf.

Das Symbol der Sonne (☉) verwendet Goethe in seinem Tagebuch, um „Frau v. Stein", also in verschlüsselter Form Anna Amalia, das des Mondes (☽), um dieselbe direkt zu bezeichnen. Bei seinem Aufenthalt in den Schweizer Alpen hatte Goethe an Anna Amalias 40. Geburtstag am 24. Oktober 1779 ihrer mit einer erhabenen Schilderung eines Sonnenunterganges bei gleichzeitigem Mondaufgang gedacht. Bereits im ersten Wortwechsel zwischen Suleika und Hatem (Goethe) findet sich eine bekannte Formulierung:

HATEM

> Nicht Gelegenheit macht Diebe,
> Sie ist selbst der größte Dieb;
> Denn sie stahl den Rest der Liebe,
> Die mir noch im Herzen blieb.

> Dir hat sie ihn übergeben,
> Meines Lebens Vollgewinn,
> Daß ich nun, verarmt, mein Leben
> Nur von dir gewärtig bin.

„Meines Lebens Vollgewinn" lehnt sich an die Formulierung „Meines Wertes Vollgewinn" aus dem Gedicht ZWISCHEN BEIDEN WELTEN an, womit Goethe Lida bezeichnet. Suleika erwidert: „Gar zu gerne möcht ich glauben –/Ja, ich bins, die dich bestahl", wobei diese Verse Marianne selbst zugeschrieben werden. Marianne merkte, dass Goethe sie nur als Inspiration brauchte, denn er wich einem von ihr gewünschten Wiedersehen stets freundlich aus. Sie erkannte daraufhin, dass sie auch „in jenen Zauberkreis der Frauen

getreten [ist], nicht, um darin zu bleiben, sondern nach getaner Beschwö-
rung sogleich wieder den stillen Pfad ... zu betreten".[272] Die betonte Einzig-
artigkeit der Geliebten Suleika schließt aus, dass eine andere Frau als Anna
Amalia besungen wird. Im 19. Gedicht heißt es: „Alles Erdenglück vereinet/
Find' ich in Suleika nur." Im dritten Gedicht aus dem BUCH DES PARADIESES,
AUSERWÄHLTE FRAUEN, steigert der Dichter die Bedeutung seiner Geliebten
ins Unermessliche, denn nur vier Frauen seien schon im Paradies eingetroffen: Maria, die Mutter Jesu, Chadidja, die Frau des Propheten Mohammed,
deren Tochter Fatima und Suleika. Weil der Dichter in seinem Lied diese
Damen gepriesen hat, ist ihm gestattet, im Paradies mit ihnen zu lustwan-
deln. Am 24. Oktober 1815 schreibt Goethe das Gedicht VOLLMONDNACHT als
41. Gedicht des BUCHES SULEIKA, das mit dem Vers beginnt: „Herrin, sag'
was heißt das Flüstern?" Damit nennt er an Anna Amalias Geburtstag Suleika
seine Herrin. Im 34. Gedicht wendet sich der Dichter an seine Muse Suleika.
Er möchte, dass sein Lied sie erreicht, ohne dass die Ferne, in der es weder
Ton noch Schall gibt, also das Jenseits, dies verhindert:

> Hast mir dies Buch geweckt, du hast's gegeben;
> Denn was ich froh, aus vollem Herzen sprach,
> Das klang zurück aus deinem holden Leben,
> Wie Blick dem Blick, so Reim dem Reime nach.

> Nun tön' es fort zu dir, auch aus der Ferne
> Das Wort erreicht, und schwände Ton und Schall.
> Ist's nicht der Mantel noch gesäter Sterne?
> Ist's nicht der Liebe hochverklärtes All?

In der Marienbader ELEGIE (1823), später der Mittelteil der TRILOGIE DER
LEIDENSCHAFT, versetzte sich Goethe das letzte Mal in ein Gefühl glühender
Leidenschaft. Inspirationsquelle ist diesmal Ulrike v. Levetzow (1804–1899),
die Goethe 1823 bereits das dritte Jahr im Westböhmischen Kurort Marien-
bad sah. Scheinbar ohne Goethes Wissen trug Carl August für ihn einen
Heiratsantrag vor und stellte Ulrike eine beträchtliche Witwenpension in
Aussicht.[273] Der Antrag wurde freundlich abgelehnt, wohl auf Druck der
Mutter, denn die 19-jährige Ulrike blieb zeitlebens unverheiratet.[274] Goethe
erklärte Eckermann was es für ihn bedeutete, durch Ulrike inspiriert worden
zu sein (Gespräch vom 16. November 1823): „Sie sehen [mit der ELEGIE] das
Produkt eines höchst leidenschaftlichen Zustandes; als ich darin befangen
war, hätte ich ihn um alles in der Welt nicht entbehren mögen, und jetzt
möchte ich um keinen Preis wieder hineingeraten." Eckermann charakterisierte die ELEGIE kurz zuvor im selben Gespräch: „Die jugendlichste Glut der

Liebe, gemildert durch die sittliche Höhe des Geistes". Die ELEGIE bildet später das Mittelstück der TRILOGIE DER LEIDENSCHAFT, am Anfang steht AN WERTHER (1824), am Ende das Gedicht AUSSÖHNUNG (1823). Gegenüber Eckermann erklärt der Dichter die Entstehung seiner TRILOGIE (1. Dezember 1831): „Meine sogenannte ‚Trilogie der Leidenschaft' ... ist ... erst nach und nach und gewissermaßen zufällig zur Trilogie geworden. Zuerst hatte ich wie Sie wissen, bloß die ‚Elegie' als selbständiges Gedicht für sich. Dann besuchte mich Szymanowska ... Die Strophen, die ich dieser Freundin widmete, sind daher auch ganz im Versmaß und Ton jener ‚Elegie' gedichtet ... Dann wollte Weygand eine neue Ausgabe meines ‚Werther' veranstalten und bat mich um eine Vorrede, welches mir denn ein höchst willkommener Anlaß war, mein Gedicht ‚An Werther' zu schreiben. Da ich aber immer noch einen Rest jener Leidenschaft im Herzen hatte, so gestaltete sich das Gedicht, wie von selbst als Introduktion zu jener ‚Elegie'. So kam es denn, daß alle drei jetzt beisammenstehenden Gedichte von demselbigen liebesschmerzlichen Gefühle durchdrungen worden und jene ‚Trilogie der Leidenschaft' sich bildete, ich wußte nicht wie." Was für Goethe eine Trilogie ist, sagt er im selben Gespräch: „Es kommt darauf an, daß man einen Stoff finde, der sich naturgemäß in drei Partien behandeln lasse, so daß in der ersten eine Art Exposition, in der zweiten eine Art Katastrophe, und in der dritten eine versöhnende Ausgleichung stattfinde."

In AN WERTHER als Exposition wird des „vielbeweinten Schattens" gedacht, denn Werther ist der Jüngling, der in dem Briefroman DIE LEIDEN DES JUNGEN WERTHER als Ausweg einer unerwiderten Liebe den Freitod wählt. Damit stimmt Goethe die dramatische Handlung der ELEGIE an: „Zum Bleiben ich, zum Scheiden du erkoren,/Gingst du voran – und hast nicht viel verloren." Die Schlussverse von AN WERTHER lehnen sich an den Schluss von TASSO an (Vers 3432 f.): „Verstrickt in solche Qualen, halbverschuldet,/Geb ihm ein Gott, zu sagen, was er duldet." Die ELEGIE beginnt dann fast wortgleich mit den TASSO-Versen: „Und wenn der Mensch in seiner Qual verstummt,/Gab mir ein Gott, zu sagen, was ich leide". Die Leiden Werthers bilden damit die Exposition zu den Leiden Goethes; aufgrund des Bezuges zu TASSO weist Goethe darauf hin, dass die in der Mitte der Trilogie stattfindende Katastrophe seine dramatische Liebesgeschichte mit Anna Amalia ist. Goethe bezeichnete in einem Gespräch mit Eckermann vom 3. Mai 1827 Tasso als einen gesteigerten Werther, weil ihm die Prinzessin, die er in TASSO besingt, ungleich mehr wert ist als die Charlotte, für die sich Werther am Ende des Romans erschießt.

In der ELEGIE erscheint ihm seine verstorbene Prinzessin als eine Lichtgestalt (Vers 5 f.): „Kein Zweifel mehr! Sie tritt ans Himmelstor,/Zu ihren

Armen hebt sie dich empor." Die junge Ulrike v. Levetzow, „ein Luftgebild",
hatte ihn nur Momente festgehalten, denn sein Leben gilt nur einer, Anna
Amalia, und er hebt an sie zu verherrlichen (Vers 43 ff.):

> Doch nur Momente darfst dich unterwinden,
> Ein Luftgebild statt ihrer festzuhalten;
> Ins Herz zurück! dort wirst du's besser finden,
> Dort regt sie sich in wechselnden Gestalten:
> Zu Vielen bildet Eine sich hinüber,
> So tausendfach, und immer, immer lieber.
> …
> So klar beweglich bleibt das Bild der Lieben,
> Mit Flammenschrift, ins treue Herz geschrieben.
>
> Ins Herz, das fest, wie zinnenhohe Mauer,
> Sich ihr bewahrt und sie in sich bewahret,
> Für sie sich freut an seiner eignen Dauer,
> Nur weiß von sich, wenn sie sich offenbaret,
> Sich freier fühlt in so geliebten Schranken
> Und nur noch schlägt, für alles ihr zu danken.
> …
> Wenn Liebe je den Liebenden begeistet;
> Ward es an mir aufs lieblichste geleistet;
>
> Und zwar durch sie!…

Goethe steigert die Huldigung an seine Prinzessin in den folgenden Versen
noch höher und höher. In den Schlussversen der ELEGIE wird seine Lebens-
katastrophe wieder zusammengefasst, der Verlust seiner Pandora, Anna
Amalia (Vers 133 ff.):

> Mir ist das All, ich bin mir selbst verloren,
> Der ich noch erst den Götter Liebling war;
> Sie prüften mich, verliehen mir Pandoren,
> So reich an Gütern, reicher an Gefahr;
> Sie drängten mich zum gabeseligen Munde,
> Sie trennten mich, und richten mich zugrunde.

Der Name Pandora weist auf ein Fragment Goethes hin. Nach Anna Amalias
Tod Anfang 1807 begann der Dichter im Herbst das Festspiel PANDORA, bei
dem er mit Pandora, die von den Göttern eine Büchse erhielt, in der alle Übel
eingeschlossen sind, Anna Amalia meint, da auch sie „reich an Gütern,
reicher an Gefahr" war. Goethe ist ihr verlassener Gatte Epimetheus: „Die

holde Braut empfing ich mit berauschtem Sinn./Sodann geheimnisreicher Mitgift naht' ich mich/.../Du trügst mich nicht, Pandora, mir die einzige!/ Kein andres Glück verlang' ich, weder wirkliches/Noch vorgespiegeltes im Luftwahn. Bleibe mein!" Angesichts des Verlustes seiner Pandora hebt Epimetheus mit Wehklagen an, etwa in den Versen:

> Mühend versenkt ängstlich der Sinn
> Sich in die Nacht, suchet umsonst
> Nach der Gestalt. Ach wie so klar
> Stand sie am Tag sonst vor dem Blick.
>
> Schwankend erscheint kaum noch das Bild;
> Etwa nur so schritt sie heran!
> Naht sie mir denn? Faßt sie mich wohl? –
> Nebelgestalt schwebt sie vorbei"

Goethe kommt aber mit PANDORA nicht weiter, er belässt es als Fragment zugunsten seines „Entsagungsromans" DIE WAHLVERWANDTSCHAFTEN (1808/ 09), der ursprünglich als Einlage für den Roman WILHELM MEISTERS WAN-DERJAHRE (1821/1829) geplant war und bemerkenswerte Parallelen zu der dort erzählten Novelle DER MANN VON FÜNFZIG JAHREN, einer genialen Ver-schlüsselung seiner Liebesgeschichte, aufweist.

Im dritten Teil der TRILOGIE findet „eine versöhnende Ausgleichung" statt, sie führt in das Reich der Musik. Das Gedicht AUSSÖHNUNG ist der Pianistin Marie Szymanowska (1789–1831) gewidmet. Ihrem Spiel lauschend steigerte sich Goethes Liebesgefühl für Ulrike v. Levetzow in Marienbad 1823 langsam zur jugendlichen Liebesglut, auf deren Höhepunkt Goethe die ELEGIE dichten konnte. Die Ausgleichung nach der Katastrophe bringt ihm also die Musik. Gerade in der Musik suchte Goethe nach Anna Amalias Tod Zuflucht. In einem Brief an Zelter vom 27. Juli 1807 aus Karlsbad äußerte er gegenüber dem Berliner Komponisten einen Wunsch, der zeigt, in welcher Weise er sich nun der verstorbenen Geliebten zu nähern suchte: „Ich möch-te daher das Saeculum sich selbst überlassen und mich ins Heilige zurück-ziehn. Da möchte ich nun alle Woche einmal bei mir mehrstimmige geistliche Gesänge aufführen lassen". Sobald er nach Weimar zurückgekehrt war, grün-dete er tatsächlich eine eigene Hauskapelle, die sich wöchentlich zusam-menfand, um „mehrstimmige geistliche Gesänge" einzustudieren und auf-zuführen.[275] Marie erinnerte ihn durch ihr virtuoses Klavierspiel besonders an Anna Amalia, die von allen Instrumenten, die sie spielte, es auf dem Klavier zur höchsten Reife brachte, so dass sie als Fürstin sogar „ziemlich öffentlich"[276] auftrat. Nachdem Marie Goethe schon in Marienbad an sein erstes Weimarer Jahrzehnt erinnert hatte, lud er sie nach Weimar ein. Sie kam am 24. Oktober 1823, an Anna Amalias Geburtstag, in Weimar an, um am Abend bei Goethe ein Klavierkonzert zu geben. Anna Amalia hatte einmal geäußert: „Die Musik ist ein Kordial für schweres Blut, denn es steht in der Bibel, daß König Saul seine schwarze Melancholie damit vertrieben habe".[277] Wie Anna Amalia suchte auch die Prinzessin in Tasso Trost und Zuflucht in der Musik (Vers 1806 ff.):

> … Eines war,
> Was in der Einsamkeit mich schön ergetzte,
> Die Freude des Gesangs; ich unterhielt
> Mich mit mir selbst, ich wiegte Schmerz und Sehnsucht
> Und jeden Wunsch mit leisen Tönen ein.
> Da wurde Leiden oft Genuß, und selbst
> Das traurige Gefühl zur Harmonie.

Zwei Wochen später reiste die Pianistin ab und Goethe wurde schwer krank. Anfang und Schluss des ihr gewidmeten Gedichts Aussöhnung lauten:

> Die Leidenschaft bringt Leiden! – Wer beschwichtigt,
> Beklommnes Herz, dich, das zu viel verloren?
> …
> Und so das Herz erleichtert merkt behende,
> Daß es noch lebt und schlägt und möchte schlagen,
> Zum reinsten Dank der überreichen Spende
> Sich selbst erwidernd willig darzutragen.
> Da fühlte sich – o daß es ewig bliebe! –
> Das Doppel-Glück der Töne wie der Liebe.

WILHELM MEISTER: „Da ist Leben drin!"

In einem für die Interpretation von WILHELM MEISTER grundlegenden Gespräch mit Eckermann vom 25. Dezember 1825 deutet Goethe vielsagend darauf hin, dass sein autobiographischer Roman auf zwei Ebenen gelesen werden kann: „Den anscheinenden Geringfügigkeiten des ‚Wilhelm Meister' liegt immer etwas Höheres zum Grunde, und es kommt bloß darauf an, daß man Augen, Weltkenntnis und Übersicht genug besitze, um im Kleinen das Größere wahrzunehmen. Andern mag das gezeichnete Leben als Leben genügen." Eine erste Arbeitsphase an dem Bildungs- und Erziehungsroman WILHELM MEISTERS THEATRALISCHE SENDUNG dauerte von 1777 bis 1785. Da Goethe mit dieser noch unbeendeten Version nicht zufrieden war, arbeitete er sie von 1793 bis 1796 in WILHELM MEISTERS LEHRJAHRE um. Ab 1807 beginnt Goethe nach einer 10-jährigen Planungsphase[278] den zweiten Teil des Romans unter dem Titel WILHELM MEISTERS WANDERJAHRE ODER DIE ENTSAGENDEN auszuarbeiten, wobei er einzelne Teile davon vorweg veröffentlichte. 1821 wurde eine erste Fassung der WANDERJAHRE veröffentlicht, 1829 erschien die zweite, im Wesentlichen eine Erweiterung der ersten Fassung. Über die WANDERJAHRE äußerte sich Goethe in einem Brief an Zelter (19. Oktober 1821): „... ich kann mich rühmen, daß keine Zeile drinnen steht, die nicht gefühlt oder gedacht wäre. Der echte Leser wird das alles schon wieder herausfühlen und -denken." Obwohl bisher die autobiographische Dimension nicht erschlossen werden konnte, galt der erste Teil des Romans, die LEHRJAHRE, als epochales Werk, weil Goethe darin auf der Grundlage des pädagogischen Denkens seit der Antike ein allgemeines Erziehungs- und Bildungsmodell entwirft. Darüber hinaus stellt aber die verschlüsselte Biographie des Dichters das tragende Gerüst des Romans dar, über dessen frühesten Teil Anna Amalia in einem Brief an Goethes Mutter vom 22. Februar 1784 schreibt: „Wie hat Ihnen der ‚Wilhelm Meister' gefallen? Es wird wohl wieder ein Meisterstück von unserem Herrn Wolf [Goethe] werden. Da ist Leben drin!" Ohne die Kenntnis der biographischen Bezüge bleibt WILHELM MEISTER letztlich unzugänglich. Dies zeigt sich besonders an den WANDERJAHREN, in denen aufgrund der Vorwegpublikation einzelner Teile ein zusammengeflicktes Werk gesehen wird. Schon Franz Grillparzer (1791–1872), ein Dichter, den Goethe nach einem Besuch 1826 gerne in Weimar behalten hätte, führte im Hinblick auf die WANDERJAHRE aus: „So wie ihn das [jener begreifliche Wunsch von Goethe letzter Zeit, keins seiner geistigen Kinder unversorgt zurückzulassen] veranlaßte, mit

142

weitem allgemeinem Streben, in individueller Besonderheit angefangene Werke fortzusetzen und abzuschließen, so scheint es ihn sogar verleitet zu haben, Teile und Bruchstücke, die ursprünglich nicht für einander bestimmt waren, gewaltsam in einen Verband zusammenzudrängen, und die Sorge für die Herstellung der Einheit zum Ganzen, der Bewunderung der Zeiten und der Gewalt seines Namens überlassen zu haben. Was bei Wilhelm Meisters Wanderjahren sichtlich geschehen ist".[279] Es gehörte zu Goethes Verschlüsselungsstrategie, den Eindruck zu erwecken, verschiedene kleinere Arbeiten nur wiederverwendet zu haben. Die WANDERJAHRE sind in Wirklichkeit eine mit großer Sorgfalt ausgearbeitete Fortsetzung seiner autobiographischen Erzählung ab dem Zeitpunkt der Entsagung mit Rückblenden auf die Zeit davor.

Die autobiographische Dimension des Romans kann ausgehend von den WANDERJAHREN (ab 1807) über DICHTUNG UND WAHRHEIT (ab 1811) zu den LEHRJAHREN (ab 1777) erschlossen werden. Am 10. April 1807 starb Anna Amalia, Mitte Mai begann Goethe mit dem Diktat der WANDERJAHRE. Unmittelbar nach Anna Amalias Tod verfasste Goethe den Nachruf, suchte plötzlich am 18. April Kontakt zu Frau v. Stein, wurde schwer krank, ging nach Jena, um schließlich von dort nach Karlsbad zu einer Kur aufzubrechen. In dieser Situation der Haltlosigkeit ging Goethe daran, die WANDERJAHRE zu diktieren. Vom Ertrag dieser ersten Beschäftigung mit der Fortsetzung des Romans schreibt er an Zelter (27. Juli 1807): „... kleine Geschichten und Märchen, die ich lang im Kopf herumgetragen, diktiert". Im Eintrag für das Jahr 1807 in seinen TAG- UND JAHRESHEFTEN – ALS ERGÄNZUNG MEINER SONSTIGEN BEKENNTNISSE, die er von 1817 bis 1830 verfasste, berichtet Goethe: „Gar bald nach Aufführung des ,Tasso', einer so reinen Darstellung zarter, geist- und liebevoller Hof- und Weltszenen, verließ Herzogin Amalie den für sie im tiefsten Grund erschütterten, ja zerstörten Vaterlandsboden, allen zur Trauer, mir zum besonderen Kummer. Ein eiliger Aufsatz, mehr in Geschäftsform als in höherem inneren Sinne abgefaßt, sollte nur Bekenntnis bleiben, wieviel mehr ihrem Andenken ich zu widmen verpflichtet sei." Später im Bericht erwähnt Goethe, was er in „höherem inneren Sinne" abgefasst hat: „An kleineren Geschichten, ersonnen, angefangen, fortgesetzt, ausgeführt, war diese Jahreszeit reich; sie sollten alle, durch einen romantischen Faden unter dem Titel ,Wilhelm Meister Wanderjahre' zusammengeschlungen, ein wunderlich anziehendes Ganze bilden. Zu diesem Zweck finden sich bemerkt: Schluß der ,Neuen Melusine', ,Der Mann von fünfzig Jahren', ,Die pilgernde Törin'."

In Goethes UNTERHALTUNGEN DEUTSCHER AUSGEWANDERTEN (1795) heißt es: „Ich liebe mir sehr Parallelgeschichten. Eine deutet auf die andere hin und erklärt ihren Sinn besser als viele trockene Worte."[280] Die Novelle DIE PILGERNDE TÖRIN ist die Übersetzung und Veredelung einer französischen Vorlage eines unbekannten Autors, die Goethe 1789 erstmals las. Darin geht es um eine geheimnisvolle Frau, die sich allein auf einer Art Pilgerschaft befindet und bei der es viele Parallelen zu Anna Amalia zu entdecken gibt. Von zentraler Bedeutung ist die Novelle DER MANN VON FÜNFZIG JAHREN, die in großer Dichte Goethes verbotene Liebesgeschichte behandelt, sie stellt eine Art Konzentrat der LEHR- und WANDERJAHRE dar. Im Tagebucheintrag vom 5. Oktober 1803 erwähnt der 54 Jahre alte Dichter erstmals die Novelle: „Früh Mann von 50 Jahren durchgedacht." Über zwei Jahrzehnte arbeitete Goethe noch daran, ab Juni 1807 diktierte er die Novelle; im Tagebucheintrag vom 4. August 1807 heißt es: „Der Mann von 50 Jahren bis zu einer gewissen Epoche." Die Novelle wird, ergänzt um alle weiteren „Epochen", im Jahre 1827 abgeschlossen. Um die 50. Wiederkehr des ersten Geburtstages von Anna Amalia seit Goethes Ankunft in Weimar arbeitete er intensiv daran, was viele Tagebucheinträge belegen, an ihrem Geburtstag, den 24. Oktober 1826, schreibt er: „Das Schema zum Mann von fünfzig Jahren." Im eingangs zitierten Gespräch Goethes mit Eckermann vom 25. Dezember 1825, also am Geburtstag der Frau v. Stein, sagt Goethe anlässlich der Frage, ob er in seinem dichterischen Werk wirklich Erlebtes darstellt: „Es gibt indes wenige Menschen, die eine Phantasie für die Wahrheit des Realen besitzen, vielmehr ergehen sie sich gerne in seltsamen Ländern und Zuständen, wovon sie gar keine Begriffe haben und die ihre Phantasie ihnen wunderlich genug ausbilden mag. Und dann gibt es wieder andere, die durchaus am Realen kleben und, weil es ihnen an aller Poesie fehlt, daran gar zu enge Forderungen machen."

In der Novelle stehen ein Major und sein Sohn Flavio, beide talentierte Dichter, dem Mädchen Hilarie und einer schönen jungen Witwe gegenüber. Der Major ist der Onkel von Hilarie und wünscht aus familienpolitischen Gründen eine Heirat seines Sohnes Flavio mit Hilarie, Flavio liebt aber die schöne Witwe. Der Major verliebt sich in seine Nichte Hilarie, nachdem er erfährt, dass diese in ihn verliebt sei. Vielfach stellt Goethe eine reale Person in seiner Dichtung als mehrere dar, etwa in TASSO Antonio und Tasso, die beide für ihn stehen. Damit gelingt es Goethe autobiographische Hintergründe so darzustellen, dass sie nicht ohne weiteres erkennbar sind, zugleich kann er eine spannungsreiche Handlung aufbauen. In einem Brief vom 27. September 1827 deutet Goethe in diese Richtung wenn er schreibt: „Auch wegen anderer dunkler Stellen in frühern und spätern Gedichten möchte ich folgendes zu bedenken geben: Da sich manches unserer Erfahrungen nicht rund aussprechen und direkt mitteilen läßt, so habe ich seit langem das

Mittel gewählt, durch einander gegenübergestellte und sich gleichsam ineinander abspiegelnde Gebilde den geheimeren Sinn dem Aufmerkenden zu offenbaren. Da alles, was von mir mitgeteilt worden, auf Lebenserfahrung beruht, so darf ich wohl andeuten und hoffen, daß man meine Dichtungen auch wieder erleben wolle und werde.“[281] Die vier Protagonisten der Novelle stehen für Goethe und Anna Amalia: Die schöne Witwe stellt Anna Amalia in ihrer öffentlichen Funktion als Fürstin, Hilarie hingegen die Frau hinter der Fürstenmaske dar; Flavio ist der stürmische junge Goethe, der Major der geachtete Staatsmann und weltberühmte Dichter. Die Namenswahl der Romanfiguren unterstreicht dies, denn wirkliche Namen erhalten nur Flavio und Hilarie, der Major und die schöne Witwe bekommen nur die Berufs- bzw. Standesbezeichnung. Hilarie und die schöne Witwe ziehen beide den Major dem jungen Flavio vor. Flavio will die schöne Witwe, also die Fürstin Anna Amalia, heiraten, was sie aber ablehnt. Hilarie nähert sich später Flavio, da dies aber unter dem Zeichen der Sünde geschieht, wendet sie sich am Ende der Novelle doch wieder dem Major zu.

Flavio, der von der schönen Witwe bezaubert ist, beschreibt sie entsprechend (WANDERJAHRE II, 3): „Sie ist eine junge Witwe, Erbin eines alten, reichen, vor kurzem verstorbenen Mannes, unabhängig und höchst wert es zu sein, von vielen umgeben, von eben so vielen geliebt, von eben so vielen umworben, doch wenn ich mich nicht sehr betriege, mir von Herzen angehörig.“ Als der Major durch Flavio die schöne Witwe kennen lernt, um seinen Segen zu ihrer Verbindung zu erteilen, wird er von dieser als Mittelpunkt der bei ihr anwesenden Gesellschaft behandelt. Die schöne Witwe arbeitet an einer „so prächtigen als geschmackvollen Brieftasche“, die ein großes Format aufweist und bedeutungsvoll für ihr Verhältnis zum Major ist. Als Flavio die schöne Witwe fragt, was sie von seinem Vater, dem Major, halten würde, antwortet diese lächelnd (WANDERJAHRE II, 3): „... mich deucht, daß Sie ihn wohl zum Muster nehmen könnten. Sehen Sie nur wie nett er angezogen ist! Ob er sich nicht besser trägt und hält als sein lieber Sohn!“ Flavio will sie heiraten: „... ich weiß nicht, wie ich es wagen konnte, mitten im gleichgültigsten Gespräch, auf einmal ihre Hand zu fassen, diese zarte Hand zu küssen, sie an mein Herz zu drücken. Man zog sie nicht weg. ... Sie entfernte sich nicht, sie widerstrebte nicht, sie antwortete nicht. Ich wagte es sie in meine Arme zu fassen, sie zu fragen, ob sie die Meinige sein wolle. Ich küßte sie mit Ungestüm; sie drängte mich weg. – Ja doch, ja! oder so etwas sagte sie halblaut und wie verworren. Ich entfernte mich und rief: ich sende meinen Vater, der soll für mich reden! – Kein Wort mit ihm darüber! versetzte sie, indem sie mir einige Schritte nachfolgte. Entfernen Sie sich, vergessen Sie was geschehen ist.“ Als der Vater bei der schönen Witwe erscheint, gibt diese ihm die „prächtige und geschmackvolle" Brieftasche (WANDERJAHRE II, 4): „Nehmen Sie diese Brieftasche, sie hat etwas Ähnliches von Ihrem Jagdgedicht, viel Erinnerungen sind daran geknüpft, manche Zeit verging unter der Arbeit, endlich ist sie fertig, bedienen Sie sich derselben als eines Boten uns Ihre liebliche Arbeit zu überbringen."

Der Major kehrt zunächst in sein Quartier zurück, um das Jagdgedicht zu suchen, doch steht zunächst die Verwaltung des Familienbesitzes an. Dieser soll nach dem Willen des Majors und seiner Schwester, der Mutter von Hilarie, durch die Heirat von Flavio und Hilarie ungeteilt bleiben. Erforderlich ist hierfür das Abfinden eines weiteren Bruders, des Obermarschalls. Dieser willigt in die Pläne seiner Geschwister ein, will aber etwas zurückbehalten (WANDERJAHRE II, 4): „... auch die Früchte der Spaliere [sollten] ihm versichert werden. ... besonders aber eine gewisse Sorte grauer kleiner Äpfel, die er seit vielen Jahren der Fürstin Witwe zu verehren gewohnt war, sollten ihm treulich geliefert sein. ... auch schied er [der Obermarschall] auf gleiche Weise ... ließ die kleinen vorrätigen grauen Goldäpfel sorgfältig einpacken und fuhr mit diesem Schatz, den er als eine willkommene Verehrung der Fürstin zu überreichen gedacht, nach ihrem Witwensitz, wo er denn auch gnädig und freundlich empfangen ward." Scheinbar als unwesentliches Detail erscheint hier eine verwitwete Fürstin, eine Beschreibung, die auf Anna Amalia zutrifft. Bedeutsam sind die seltsamen Äpfel, zunächst als grau bezeichnet, dann genauer als graue Goldäpfel. Im Gespräch mit Eckermann vom 25. Dezember 1825, in dem Goethe auf die „anscheinenden Geringfügigkeiten des ‚Wilhelm Meister'" hinweist, denen „immer etwas Höheres zum Grunde" liege, heißt es kurz danach: „,Shakespeare' fuhr Goethe fort, ‚gibt uns in silbernen Schalen goldene Äpfel.'" Der Obermarschall, eine Nebenfigur, die ebenfalls für Goethe steht, bringt also einer Fürstin-Witwe auf ihrem Witwensitz goldene Äpfel, also seine Dichtungen. Am 22. Oktober 1828, kurz vor Anna Amalias Geburtstag, ergänzte Goethe im Gespräch mit Eckermann das Bild mit den Äpfeln: „,Die Frauen', sagte er, ‚sind silberne Schalen, in die wir goldene Äpfel legen.'" Er fügt gleich ironisch hinzu: „Meine Idee von den Frauen ist nicht von den Erscheinungen der Wirklichkeit abstrahiert, sondern sie ist mir angeboren, oder in mir entstanden, Gott weiß wie." Was die goldenen Äpfel im Gesamtwerk eines Dichters sind, erklärt Goethe in den LEHRJAHREN (V, 4) als es um die Bühnenbearbeitung von Stücken geht. Es müsse eine „Absonderung der Spreu von dem Weizen" stattfinden, denn man bringe „nicht den ganzen Stamm auf den Tisch, der Künstler müsse goldene Äpfel in silbernen Schalen seinen Gästen reichen." Goethe – als Theaterleiter ein Meister der Streichungen, auch bei seinen eigenen Arbeiten – deutet damit an, dass die „goldenen Äpfel" seines Gesamtwerkes jene sind, die er in der „silbernen Schale Anna Amalia" dargebracht hat. In TASSO sagt die Prinzessin (Vers 177 ff.): „Die schönen Lieder, .../Die, goldnen Äpfeln gleich, .../... erkennst du sie nicht alle/ Für holde Früchte einer wahren Liebe?"

Der Major sucht nun das versprochene Jagdgedicht für die schöne Witwe, dessen Wortlaut nicht wiedergegeben wird. Es ist geschrieben in einer „sorgfältige[n] Reinschrift, wie er sie vor Jahren mit lateinischen Lettern, groß Oktav, zierlichst verfaßt hatte. Die köstliche Brieftasche von bedeutender Größe nahm das Werk ganz bequem auf, und nicht leicht hat ein Autor sich so prächtig eingebunden gesehen." Er gedenkt als Geleit einige Zeilen aus Ovids (43 v. Chr. – um 17 n. Chr.) METAMORPHOSEN hinzuzufügen:

> Ich sah's in meisterlichen Händen,
> Wie denk' ich gern der schönen Zeit!
> Sich erst entwickeln, dann vollenden
> Zu nie geseh'ner Herrlichkeit.
> Zwar ich besitz' es gegenwärtig,
> Doch soll ich mir nur selbst gestehn:
> Ich wollt' es wäre noch nicht fertig,
> Das Machen war doch gar zu schön!

Dem Major fällt aber ein, dass es bedenklich wäre, der schönen Witwe gerade diese Verse zu schicken, denn „Jene Ovidischen Verse werden von Arachnen gesagt, einer eben so geschickten als hübschen und zierlichen Weberin. Wurde nun aber diese durch die neidische Minerva in eine Spinne verwandelt, so war es gefährlich eine schöne Frau mit einer Spinne, wenn auch nur von Ferne verglichen, im Mittelpunkte eines ausgebreiteten Netzes schweben zu sehen." Dies ist ein Bild für die offizielle Anna Amalia, die als Herzogin-Mutter im kleinen Herzogtum ihr Netz ausgebreitet hatte, um das Geheimnis ihrer Liebe zu Goethe zu schützen. Arachne ist eine Lyderin, also eine Frau aus Lydien, dem heutigen Westanatolien. Am 1. Juni 1781 führte Goethe für seine Gedichte an „Frau v. Stein" den Namen Lydia ein, also „die aus Lydien Stammende", den er in der Folge in Lida umänderte. Die Notwendigkeit, den Namen Lotte in seinen Briefwechsel einzuführen, macht sich Goethe dadurch annehmbar, dass er Anna Amalia zugleich in seiner Dichtung einen Namen gibt, der sie ironisch in Beziehung zu der Spinne setzt, in die die Lydierin Arachne verwandelt wurde.

Eine vergleichbare Reinschrift, wie sie beim Jagdgedicht beschrieben wird, fertigte Goethe eigenhändig für seine Marienbader ELEGIE an.[282] Im Eintrag vom 27. Oktober 1823 heißt es bei Eckermann, dass Goethe diese „wie eine Art Heiligtum ansehe und geheim halte." Drei Tage nach Anna

Amalias Geburtstag legte er Eckermann die ELEGIE vor: „Er hatte die Verse eigenhändig mit lateinischen Lettern auf starkes Velinpapier geschrieben und mit einer seidenen Schnur in einer Decke von rotem Maroquin befestigt, und es trug also schon im Äußern, daß er dieses Manuskript vor allen seinen übrigen besonders werthalte." Goethe, der sein „Heiligtum" eigenhändig abgeschrieben hatte, wird von Eckermann am 25. Oktober 1823 wie folgt beschrieben: „In der Dämmerung war ich ein halbes Stündchen bei Goethe. Er saß auf einem hölzernen Lehnstuhl vor seinem Arbeitstische; ich fand ihn in einer wunderbar sanften Stimmung, wie einer, der von himmlischem Frieden ganz erfüllt ist, oder wie einer, der an ein süßes Glück denkt, das er genossen hat und das ihm wieder in aller Fülle vor der Seele schwebt."

An Anna Amalias Geburtstag, am 24. Oktober 1823, gedachte Goethe ihrer mit einem Klavierkonzert der Pianistin Marie Szymanowska, die dafür am selben Tag angereist war. In der ELEGIE, vom 74-jährigen Dichter geschrieben, nachdem er sich wohl ein letztes Mal in ein Gefühl glühender Liebesleidenschaft versetzt hatte, erscheint ihm seine Prinzessin als eine Lichtgestalt: „Kein Zweifel mehr! Sie tritt ans Himmelstor,/Zu ihren Armen hebt sie dich empor." Der Major beschreibt das Jagdgedicht, wobei die einzelnen Jagdszenen „wohl gesehen, klar aufgenommen, leidenschaftlich verfolgt, leicht und scherzhaft, oft ironisch dargestellt" seien. Dann heißt es: „Jenes elegische Thema klang jedoch durch das Ganze durch; es war mehr als ein Abschied von diesen Lebensfreuden verfaßt". Goethe meint also mit seinem „elegischen Thema" – elegisch bedeutet ein Gedicht mit wehmütigem und klagendem Inhalt – nicht eine Jagd nach Wild, vielmehr die nach Anna Amalias Herzen. Das Jagdgedicht, das er der schönen Witwe überreichen wird, ist also die Marienbader ELEGIE, ein weiterer „goldener Apfel", den er in die „silberne Schale Anna Amalia" legt.

Die Brieftasche der schönen Witwe ist ein Sinnbild für ihr Verhältnis zum Major. Anna Amalias ganzes Streben galt der Verwandlung des jungen, sie liebenden Stürmer und Dränger Goethe (Flavio) in einen geachteten Staatsmann und weltberühmten Dichter (Major); weil ihr dies gelungen ist kann Goethe schreiben: „… nicht leicht hat ein Autor sich so prächtig eingebunden gesehen". In der Novelle wird die Brieftasche zugleich als „Penelopeisch zauderhaftes Werk" bezeichnet. Penelope ist die Gattin des für tot geglaubten Odysseus, die, um eine erneute Heirat möglichst lange hinauszuzögern, erst das Leichentuch für ihren Schwiegervater weben will. In Homers ODYSSEE sagt Penelope (XIX, Verse 149 f.): „Und des Tages webte ich da an dem großen Gewebe,/Nachts jedoch löste ich's stets wieder auf im Scheine der Fackeln."[283] Während Anna Amalia tagsüber an der Verwandlung Goethes von Flavio in einen Major arbeitet, ist sie nachts die

Geliebte des Flavio. Durch diese „Nachtliebe" ist aber Goethes Stellung am Weimarer Hof gefährdet, denn eine Aufdeckung des Täuschungswerks würde für die Liebenden die Trennung bedeuten. Wenn die Brieftasche, an der die schöne Witwe arbeitet, also die Verwandlung Goethes in einen geachteten Staatsmann und weltberühmten Dichter, vollbracht ist, bedeutet dies zugleich, dass ihre „Nachtliebe" beendet werden muss, denn die Brieftasche ist zugleich ein Leichentuch für ihre sinnliche Liebe.

Die Annäherung von Flavio und Hilarie, dem jungen leidenschaftlichen Goethe und der Frau Anna Amalia hinter ihrer fürstlichen Maske, steht für ihre „Nachtliebe", die als sündig dargestellt wird. Hilarie ist bei ihrer Mutter, als Flavio dazukommt (WANDERJAHRE II, 5): „Flavio stürzte herein in schauderhafter Gestalt, verworrenen Hauptes, auf dem die Haare teils borstig starrten, teils vom Regen durchnäßt niederhingen; zerfetzten Kleides wie einer der durch Dorn und Dickicht durchgestürmt, greulich beschmutzt, als durch Schlamm und Sumpf herangewadet." Die schöne Witwe hatte Flavio, als er sie bedrängte, ihn zu heiraten, zurückgewiesen. Er irrte „durch Nacht, Sturm und Regen nach dem Landgut seiner Tante", weil er dort seinen Vater vermutet, dem er sein Leid klagen will. Nun nähert er sich Hilarie, zugleich findet ein langsames Hinübergleiten Flavios in die Identität des Majors statt. Man bringt Flavio in das entfernte Gastzimmer, „das der Vater zu bewohnen pflegte." Später heißt es: „Der Sohn kam völlig in des Vaters Kleidern; denn da von seinem Anzug nichts zu brauchen war, so hatte man sich der Feld- und Hausgarderobe des Majors bedient, die er, zu bequemem Jagd- und Familienleben, bei der Schwester in Verwahrung ließ." Seine Kusine besucht ihn: „Hilarien sehnsuchtsvoll ergriff das Licht und beleuchtete den Schlafenden. … Hilarie, leise atmend, glaubte selbst einen leisen Atem zu vernehmen, sie näherte die Kerze, wie Psyche in Gefahr, die heilsamste Ruhe zu stören." Das Märchen AMOR UND PSYCHE von Apuleius ist die Melodie von Goethes Liebe zur Fürstin Anna Amalia, denn wie der Gott Amor und die Prinzessin Psyche sich nur nachts und bei völliger Dunkelheit sehen dürfen, ist Goethes Liebe zu seiner Prinzessin eine verborgene. Mit einem Ringstein, auf dem Psyche dargestellt ist, siegelte „Frau v. Stein" ihre Briefe (Brief vom 27. November 1781), Anna Amalia hatte das Märchen AMOR UND PSYCHE übersetzt[284] und in TASSO wurde damit die Identität des Liebespaares verschlüsselt (Vers 228 ff.), nun taucht das Motiv auch in der Novelle auf. Am nächsten Morgen, als Flavio Hilarie sieht, sagt er: „‚Gegrüßt, liebe Schwester' – das fuhr ihr durch's Herz, er ließ nicht los, sie sahen einander an, das herrlichste Paar kontrastierend im schönsten Sinne." Hiermit fällt ein weiteres Schlüsselwort für Goethes Liebesverhältnis zu Anna Amalia. Ende Oktober 1776 diktierte er in kürzester Zeit das knapp

einstündige Drama DIE GESCHWISTER, bei dem die „Geschwister" am Ende
heiraten können, weil die vermeintliche Schwester in Wirklichkeit die Tochter der verstorbenen Geliebten ist, eine Witwe mit Namen Charlotte. In DIE
GESCHWISTER wie in dieser Äußerung Flavios geht es um einen möglichen
Inzest. Goethe kann das aus dem Gesellschaftssystem erwachsende Verbot,
die verwitwete Fürstin Anna Amalia zu heiraten, mit nichts anderem vergleichen als eben mit dem Inzestverbot. In DIE GESCHWISTER hofft er noch, dass
er bald Anna Amalia ehelichen kann. Geschwister sind auch die Hauptge-
stalten seiner Dichtung IPHIGENIE AUF TAURIS (1779/1787). Unbewusste Ge-
schwisterliebe ist in den LEHRJAHREN wieder von zentraler Bedeutung, denn
aus solch einer Verbindung geht eine der geheimnisvollsten Gestalten des
Romans hervor: Mignon. Indem Flavio Hilarie als seine Schwester anspricht,
ist deutlich gemacht, dass sie sich nicht lieben dürfen.

Zunächst darf Flavio „sich der Gegenwart Hilarien's erfreuen", nachdem
seine Aussichten auf die schöne Witwe „durch eine peremtorische [endgül-
tige] Forderung ihrer Hand für immer verfinstert worden" waren. Goethe
sieht ein, dass er Anna Amalia nicht heiraten kann. Seine Zuflucht findet
Flavio in der Dichtung und in der Musik (WANDERJAHRE II, 5): „Hier nun
konnte die edle Dichtkunst abermals ihre heilenden Kräfte erweisen. Innig
verschmolzen mit Musik heilt sie alle Seelenleiden aus dem Grunde". Inoffiziell, verkörpert durch Hilarie als die private Anna Amalia, kann Goethe die
gesellschaftlichen Verbote umgehen, sofern keine Entdeckung droht, doch
steht das Zusammensein von Hilarie und Flavio unter dem Zeichen der
Sünde. Hilarie wird als Flavios Schwester bezeichnet, damit darf sie für ihn
als Geliebte nicht in Frage kommen, zudem stellt Goethe einen Bezug zur
HÖLLE in Dantes GÖTTLICHE KOMÖDIE her. Die Novelle fährt fort: „Auch ging
die Unterhaltung immer mehr und mehr in's Bedeutende. Wechselgedichte,
wie sie der Liebende gern verfaßt, weil er sich von seiner Schönen, wenn
auch nur bescheiden, halb und halb kann erwidern lassen was er wünscht
und was er aus ihrem schönen Munde zu hören kaum erwarten dürfte. Der-
gleichen wurden mit Hilarien auch wechselweise gelesen, und zwar, da es
nur aus der einen Handschrift geschah, in welche man beiderseits, um zu
rechter Zeit einzufallen, hineinschauen und zu diesem Zweck jedes das
Bändchen anfassen mußte, so fand sich, daß man, nahe sitzend, nach und
nach Person an Person, Hand an Hand immer näher rückte, und die Gelenke
sich ganz natürlich zuletzt im Verborgnen berührten." Diese Schilderung
knüpft an den V. Gesang der HÖLLE von Dantes GÖTTLICHER KOMÖDIE an, in
dem die Sünder der Fleischeslust rastlos von einem Wirbelwind durch die
Lüfte getrieben werden, etwa die antiken Frauengestalten Dido, Kleopatra
und Helena. Goethes Anspielung gilt dem Liebespaar Francesca da Rimini

und Paolo Malatesta, deren Schatten auf Dantes Zuruf sich nähern, um ihm ihre erschütternde Geschichte zu erzählen. Francesca hatte sich in Paolo, den Bruder ihres Ehegatten, verliebt; als sie sich küssten, wurden sie von ihrem Mann überrascht und getötet (HÖLLE V, Vers 100 ff.):[285]

> Liebe, die edlem Herzen schnell sich lehrt,
> Ließ ihn sich in den schönen Leib verlieben,
> Den ich verlor, daß noch die Art mich sehrt.
> Liebe, die den Geliebten zwingt zu lieben,
> Ließ mich an seiner Schönheit so entzünden,
> Daß sie, wie du ersiehst, mir noch geblieben.

Dante fragt nach, wie das sündhafte Verlangen entfacht wurde, und Francesca berichtet ihm von der gemeinsamen Lektüre über die verbotene Liebe von Lanzelot, einem Ritter der Tafelrunde, zur Königin Ginevra, der Frau von König Artus (HÖLLE V, Vers 127 ff.):

> Wir lasen eines Tages, uns zur Lust,
> Von Lanzelot, wie Liebe ihn durchdrungen;
> Wir waren einsam, keines Args bewußt.
> Obwohl das Lesen öfters uns verschlungen
> Die Augen und entfärbt uns das Gesicht,
> War eine Stelle nur, die uns bezwungen:
> Wo vom ersehnten Lächeln der Bericht,
> Das der Geliebte es geküßt, gibt Kunde,
> Hat er, auf den ich leiste nie Verzicht,
> Den Mund geküßt mir bebend mit dem Munde;
> Galeotto war das Buch, und der's geschrieben:
> Wir lasen weiter nicht in jener Stunde.

Durch den Vergleich mit Paolo und Francesca sowie mit Lanzelot und Ginevra drückt Goethe aus, dass die Annäherung Flavios und Hilaries unter dem Zeichen der Sünde steht, eine Situation, in der sich auch Goethe im ersten Weimarer Jahrzehnt befand. Im weiteren Verlauf der Erzählung kommt es zu einer Überschwemmung. Das Motiv der Überschwemmung kehrt mehrmals in Goethes Werk wieder, etwa in WERTHER, und steht „als Bild einer chaotischen, von Gefühl und Leidenschaft überfluteten Seelenlandschaft".[286] Eine gewaltige Kälte bewirkt, dass die Eismassen gefrieren, und Flavio und Hilarie haben nach der Arbeit, die Folgen der Überschwemmung zu lindern, große Freude mit dem Schlittschuhlaufen. In einer nächtlichen Eislaufszene taucht plötzlich der Major auf: „Hilarie, den Schritt anhaltend, verlor in Überraschung das Gleichgewicht und stürzte zu Boden, Flavio lag zu gleicher Zeit auf einem Knie, und faßte ihr Haupt in seinen Schoß auf, sie verbarg ihr Angesicht, sie wußte nicht wie ihr geworden war. … ‚Laß uns fliehen,' rief sie, ‚das ertrag ich nicht.'" Damit ist der Punkt erreicht, an dem die Frau hinter der fürstlichen Maske an eine Flucht mit dem Geliebten denkt, um endlich ohne Täuschung einander lieben zu können. Goethe entwirft diese Szene parallel zur Fahrt des Odysseus in die Unterwelt. Erkennbar wird dies insbesondere durch die Erwähnung von Bäumen wie Weiden, Pappeln und Erlen, die sich teils auf der Insel der Göttin und Zauberin Kirke befinden, die Odysseus für seinen Gang in die Unterwelt berät, teils soll Odysseus durch sie erst den Ort erkennen können, von dem aus er in die Unterwelt gelangen kann.[287] Neben der christlichen Hölle taucht damit die antike Unterwelt auf, eine Annäherung Flavios und Hilaries steht unter den schlimmsten Vorzeichen. Nach dieser Szene gehen sie alle ins Schloss, in dem Musik und Tanz im Gange sind, „das junge Paar einzeln, sich nicht zu berühren, sich nicht zu nähern wagend". Der Major ist verwundert, „obgleich nicht unerwartet, sein Zimmer wie bewohnt anzutreffen; die eigenen Kleider, Wäsche und Gerätschaften, nur nicht so ordentlich wie er's gewohnt war, umher liegend." Ihm bleibt zunächst verborgen, dass „Hilarien's Neigung im Umwenden begriffen sei". Der Major ist aber „durch ein halbes Bewußtsein, ohne sein Wollen und Trachten, schon auf einen solchen Fall im Tiefsten vorbereitet", denn ihm „war vor kurzem ein Vorderzahn ausgefallen und er fürchtete den zweiten zu verlieren." Goethe war dies 1809 passiert,[288] in dem Jahr, in dem er sechzig wurde. Der Major merkt, dass er zu alt für die junge Hilarie ist, diese hält aber unerwarteterweise dennoch an ihn als ihrem künftigen Gatten fest. Gegenüber ihrer Mutter rechtfertigt sich Hilarie, indem sie in Bezug auf Flavio „mit Energie und Wahrheit das Unschickliche, ja das Verbrecherische einer solchen Verbindung" hervorhebt. Da Flavio der Sohn des Majors ist, kann sich das „Unschickliche, ja das Verbrecherische" nicht auf ihre Verwandtschaft beziehen, es wird also damit auf Goethes verbotene Liebe zu einer Fürstin hingewiesen.

Am Ende der Novelle bittet die schöne Witwe den Major um eine Unterredung in einem Gasthof: „‚Ich weiß alles,' fuhr sie fort, ‚wir brauchen uns nicht zu erklären; Sie und Hilarien, Hilarien und Flavio'". Die schöne Witwe bekennt bitterlich weinend, für das Unheil verantwortlich zu sein: „Verzeihen Sie mir, bedauern Sie mich, Sie sehen wie ich bestraft bin." Goethe in der Person des Majors akzeptiert die Beweggründe seiner Geliebten, die sich nicht für die Liebe des jungen Flavio entscheiden konnte. Er drückt dies damit aus, dass er bei der Schilderung der reuigen schönen Witwe diese in die höchsten Sphären hebt: „… sie war schöner als jemals", „… entgegnete sie himmlisch lächelnd", „… aus dieser sonst in ihrer Eigenheit abgeschlossenen merkwürdigen Person sich ein sittlich-schönes, teilnehmendes und teilgebendes Wesen hervortat", „Sie ... war ... mehr als liebenswürdig ... deren himmel-schönes Innere nun hervortritt, und das Äußere zu verherrlichen beginnt". Die schöne Witwe schildert dem Major ihre Gefühle, als Flavio sie bestürmte: „Ich war nicht unglücklich, aber unruhig, ... ich gehörte mir selbst nicht recht mehr an, und das heißt denn doch am Ende nicht glücklich sein. Ich gefiel mir selbst nicht mehr, ich mochte mich vor dem Spiegel zurechtrücken wie ich wollte, es schien mir immer als wenn ich mich zu einem Maskenball herausputzte". Mit Goethes Flucht nach Italien ist der Zwang, eine ungeheure Welttäuschung aufrechterhalten zu müssen, endlich beendet. Anna Amalias Plan, aus Flavio einen Major zu machen, einen geachteten Staatsmann und weltberühmten Dichter, erweist sich als klug und vorausschauend. Am Ende der WANDERJAHRE (III, 14) teilt Goethe mit, dass Flavio mit Hilarie und der Major mit der schönen Witwe doch noch verbunden wurden, und weist damit darauf hin, dass Anna Amalia die Frau seines Lebens gewesen ist, als Hilarie die „Nachtliebe" Flavios und als schöne Witwe die entsagende Freundin des Majors.

Bei dieser durch die Vernunft bestimmten Entsagung wurde Goethes und Anna Amalias sinnliche Liebe geopfert, um aber auf eine höhere Ebene entrückt zu werden. Bis in die Einzelheiten berichten die LEHRJAHRE darüber. Die der Novelle DER MANN VON FÜNFZIG JAHREN folgende Szene am Lago Maggiore (WANDERJAHRE II, 7) stellt die Verbindung zwischen beiden Teilen des autobiographischen Romans WILHELM MEISTER her. Bei dieser Szene tauchen Hilarie und die schöne Witwe auf und stehen Wilhelm und einem Maler und Sänger gegenüber, der nur in dieser Szene eine Rolle im Roman spielt. Sie unternehmen eine Wallfahrt in die Heimat Mignons, einer geheimnisvolle Gestalt, die am Ende der LEHRJAHRE stirbt. Über die Figur Mignon und Wilhelm (Goethe) werden die schöne Witwe, also die Fürstin Anna Amalia, und Hilarie, die Frau hinter der Fürstenmaske, in den Kontext des Gesamtromans gestellt. Mignon steht für das, was Anna Amalia und Goethe durch ihre Trennung verloren haben, denn zu ihr gehen die am Schluss der Novelle DER MANN VON FÜNFZIG JAHREN durch die Vernunft auseinander gebrachten Geliebten auf eine Wallfahrt. Wilhelm wird von einem Sänger begleitet, der als neuer Orpheus bezeichnet wird und mit Gesang und einer Laute auftritt, obwohl er als Maler vorgestellt wurde. Die mythologische Gestalt Orpheus erreichte durch seinen bezaubernden Gesang, dass die Götter ihm erlaubten, seine jung verstorbene Gemahlin Eurydike aus der Unterwelt zurückzuholen. Noch bevor er das Tageslicht wieder erreichte, setzte er sich jedoch über das Verbot hinweg, sich nach ihr umzuschauen, so dass Eurydike im Totenreich bleiben musste.

Die gesamte Szene am Lago Maggiore ist parallel zur Eislaufszene in der Novelle DER MANN VON FÜNFZIG JAHREN aufgebaut und spielt wie jene wegen der von Goethe eingearbeiteten Bezüge zur Fahrt von Odysseus in die Unterwelt vor deren Toren.[289] Erst am letzten Abend ihrer Wallfahrt wird der Bezug zu Mignon deutlich: „Das Vorgefühl des Scheidens verbreitete sich über die Gesamtheit; ein allmähliches Verstummen wollte fast ängstlich werden. Da ermannte, da entschloß sich der Sänger, auf seinem Instrumente kräftig präludierend, uneingedenk jener früheren wohlbedachten Schonung. Ihm schwebte Mignons Bild mit dem ersten Zartgesang des holden Kindes vor. Leidenschaftlich über die Grenze gerissen, mit sehnsüchtigem Griff die wohlklingenden Saiten aufregend, begann er anzustimmen: Kennst du das Land, wo die Zitronen blüh'n,/Im dunklen Laub … Hilarie stand erschüttert auf und entfernte sich, die Stirne verschleiernd; unsere schöne Witwe bewegte, ablehnend, eine Hand gegen den Sänger, indem sie mit der andern Wilhelm's Arm ergriff. Hilarien folgte der wirklich verworrene Jüngling. Wilhelmen zog die mehr besonnene Freundin hinter beiden drein. Und als sie nun alle viere im hohen Mondschein sich gegenüber standen, war die allgemeine Rührung nicht mehr zu verhehlen. Die Frauen warfen sich einander in die Arme, die Männer umhals'ten sich und Luna ward Zeuge der edelsten, keuschesten Tränen. Einige Besinnung kehrte langsam erst zurück, man zog sich auseinander, schweigend, unter seltsamen Gefühlen und Wünschen, denen doch die Hoffnung schon abgeschnitten war. Nun fühlte sich unser Künstler, welchen der Freund mit sich riß, unter dem hehren Himmel, in der ernstlieblichen Nachtstunde, eingeweiht in alle Schmerzen des ersten Grades der Entsagenden, welchen jene Freunde schon überstanden hatten, nun aber sich in Gefahr sahen abermals schmerzlich geprüft zu werden." Den ersten Grad der Entsagung hatten Anna Amalia und Goethe mit ihrer Trennung überstanden. Der Sänger aber muss noch die Erfahrung der Entsagung überstehen; wenn aber von Gefahr der „schmerzlichen Prüfung" die Rede ist, besteht auch die Möglichkeit des Scheiterns. Die beiden Frauen, die für Anna Amalia stehen, befinden sich in Italien. Dort ereignete sich der Selbstmord aus unerwiderter Liebe des Sängers David Heinrich Grave (1752–1789). Indem dieser leidenschaftlich „über die Grenze gerissen, mit sehnsüchtigem Griff die wohlklingenden Saiten aufregend" Mignons Lied anstimmt, versucht er sich Hilarie, der Frau hinter der verwitweten Fürstin Anna Amalia, zu nähern. Durch das Lied wird Hilarie aber an Mignon erinnert, die das Sinnbild für Goethes und Anna Amalias Liebe ist, und sie versinkt in Trauer, denn in ihrem Herzen ist auch nach der erzwungenen Trennung nur für Goethe Platz. Die schöne Witwe, die Fürstin Anna Amalia, bewahrt die Fassung, sie „bewegte, ablehnend, eine Hand gegen den

Sänger, indem sie mit der andern Wilhelm's Arm ergriff". Der „verworrene Jüngling" Grave verlor in Neapel das seelische Gleichgewicht und erlag als neuer Orpheus den Gefahren der Entsagung von der Liebe.

Die dritte Novelle, die Goethe im Eintrag 1807 der TAG- UND JAHRESHEFTE erwähnt, DIE NEUE MELUSINE (WANDERJAHRE III, 6), ist die selbständige Umdichtung von älteren Vorlagen; ein erster Teil scheint ab 1782 konzipiert worden zu sein, der zweite Teil 1807.[290] Die Novelle führt den Helden der Geschichte in das Reich der Gnome. Es ist kein Zufall, dass aus dem Namen Mi-gno-n das Wort Gno-mi-n gebildet werden kann. Der Held der Novelle lernt eines Tages eine schöne Frau mit einem geheimnisvollen Kästchen kennen. Als Lohn dafür, dass er für sie das Kästchen mit sich führt, nähert sie sich ihm zeitweise. Eines Tages bemerkt er in der Dunkelheit, dass Licht aus dem Kästchen hervorbricht, er schaut durch eine Ritze hinein und sieht seine Schöne: „Aber wie groß war mein Erstaunen, als ich in ein von Lichtern wohl erhelltes, mit viel Geschmack, ja Kostbarkeit möbliertes Zimmer hineinsah, gerade so als hätte ich durch die Öffnung eines Gewölbes in einen königlichen Saal hinab gesehen. ... von der andern Seite des Saals [kam] ein Frauenzimmer mit einem Buch in den Händen, die ich sogleich für meine Frau erkannte, obschon ihr Bild nach dem allerkleinsten Maßstabe zusammengezogen war." Die Schöne kommt später wieder in völliger Menschengröße zu ihm, da er von ihrer Verwandlung weiß, fragt sie ihn: „Prüfe dich genau ... ob diese Entdeckung deiner Liebe nicht geschadet habe, ob du vergessen kannst, daß ich in zweierlei Gestalten mich neben dir befinde, ob die Verringerung meines Wesens nicht auch deine Neigung vermindern werde." Hier vergleicht Goethe ironisch die offizielle Anna Amalia mit der inoffiziellen, die Fürstin ist nichts anderes als eine „Verringerung" der Frau Anna Amalia: „Ich sah sie an; schöner war sie als jemals und ich dachte bei mir selbst: ist es denn ein so großes Unglück eine Frau zu besitzen, die von Zeit zu Zeit eine Zwergin wird, so daß man sie im Kästchen herumtragen kann?" Das Zwergenreich steht damit für die adlige Hofgesellschaft, die Goethe mit dem Schöpfungsmythos der Zwerge, den er seine Prinzessin erzählen lässt, karikiert. Die Zwerge, das älteste und edelste Schöpfungswerk Gottes, sind mit dem Problem konfrontiert, dass sie immer kleiner werden, „vor allen andern aber die königliche Familie". Um das Zwergengeschlecht etwas im Blute aufzufrischen, war die Schöne „in's Land gesendet ..., um sich mit einem ehrsamen Ritter zu vermählen ... Man hätte vielleicht noch lange gezaudert, eine Prinzessin wieder einmal in das Land zu senden, wenn nicht mein nachgeborner Bruder so klein ausgefallen wäre, daß ihn die Wärterinnen sogar aus den Windeln verloren haben und man nicht weiß wo er hingekommen ist." Der Held folgt der Prinzessin mit Hilfe eines goldenen Ringes, der ihn verkleinert, in das Reich der Gnome. Der nunmehrige Gemahl der Königstochter ist aber unglücklich bei den Gnomen, also in der höfischen Gesellschaft: „Dabei hatte ich jedoch leider meinen vorigen Zustand nicht vergessen. Ich empfand in mir einen Maßstab voriger Größe, welches mich unruhig machte. Nun begriff ich zum erstenmal, was die Philosophen unter ihren Idealen verstehen mochten, wodurch die Menschen so gequält sein sollen. Ich hatte ein Ideal von mir selbst und erschien mir manchmal im Traum wie ein Riese." Indem er den Ring durchfeilt, wird er wieder in seine ursprüngliche Größe verwandelt: „Da stand ich nun wieder, freilich um so viel größer, allein, wie mir vorkam, auch um vieles dümmer und unbehülflicher. ... und so kam ich denn endlich, obgleich durch einen ziemlichen Umweg, wieder an den Herd zur Köchin".

Für die Interpretation der LEHRJAHRE ist ein Vergleich wichtig, den Goethe zwischen dieser Novelle und seinem Märchen DER NEUE PARIS zieht. Das Märchen will Goethe zwar als Knabe seinen Spielkameraden erzählt haben, tatsächlich ist es aber 1811 entstanden. Ganz am Anfang seiner Autobiographie DICHTUNG UND WAHRHEIT heißt es (II, 10): „,Die neue Melusine'... verhält sich zum ,Neuen Paris' wie ohngefähr der Jüngling zum Knaben". Im Märchen DER NEUE PARIS erscheint in der Nacht vor Pfingstsonntag dem Knaben Goethe der römische Gott Merkur, der ihm drei Äpfel, einen roten, einen gelben und einen grünen reicht: „Ich hielt sie darauf in die Höhe, gegen das Licht, und fand sie ganz durchsichtig; aber gar bald zogen sie sich aufwärts in die Länge und wurden zu drei schönen, schönen Frauenzimmerchen in mäßiger Puppengröße, deren Kleider von der Farbe der vorigen Äpfel waren." Nachdem diese entschwinden, erscheint ihm noch eines: „Aber mit einmal erblickte ich auf meinen Fingerspitzen ein allerliebstes Mädchen herumtanzen, kleiner als jene, aber gar niedlich und munter". Dieses bleibt auf seinen Fingerspitzen, als er aber nach dem Mädchen greifen will, fühlt er „einen Schlag an den Kopf, so daß ich ganz betäubt niederfiel". Für Goethe, einem unermüdlichen Farbenforscher mit bedeutenden Beiträgen auf diesem Wissensgebiet, steht die Farbe Gelb für die Vernunft, Rot für die Phantasie und Grün für die Sinnlichkeit.[291] Er verbindet diese Farben mit den drei Frauengestalten, die somit Personifizierungen der Vernunft, Phantasie und der Sinnlichkeit darstellen, was entscheidend für die Interpretation der LEHRJAHRE ist. Als der Knabe Goethe am Nachmittag des Pfingstsonntag ausgeht, findet er wundersam den Eingang zu einem Märchengarten, in dem er die vier Frauen wiederfindet, doch auf dem Weg zu diesen ruft ihm ein Star „,Paris, Paris', und ein anderer: ,Narciß, Narciß'" zu. Goethe wird nicht zum neuen Paris, da er auch ein Narziss ist, damit sagen ihm die Stare seine Zukunft voraus. Paris entführte die schöne Helena und gab dadurch den Anlass zum Trojanischen Krieg und letztlich zum Untergang Trojas. Goethe wäre beinahe mit seiner „Helena" Anna Amalia geflohen, wohl in die neue Welt, und hätte damit vielleicht den Untergang Weimars bewirkt. Durch die Prophezeiung, der neue Paris zu sein, vergleicht Goethe im Märchen Weimar auch mit Troja, nachdem er es mit Bethlehem und Rom verglichen hatte. Ist er der neue Paris, dann ist Anna Amalia seine Helena, ein bedeutsamer Hinweis auf die FAUST-Dichtung, die einer ausführlichen Ausarbeitung vorbehalten bleibt. Narziss, der schöne Sohn des Flussgottes Kephisos, verschmähte die Liebe der Bergnymphe Echo und wurde von der Göttin Aphrodite derart bestraft, dass er, über eine Quelle gebeugt, sich in sein eigenes Spiegelbild verliebte. Hier weist Goethe auf sein allzu selbstsüchtiges, „narzisstisches" Beharren hin, sein Liebesverhältnis zu Anna Amalia bekannt zu machen, da er es nicht aushielt, seine Prinzessin nur im Geheimen lieben zu dürfen. Wie in TASSO dargestellt, zerstört der Dichter damit selbst sein Glück und es bleibt nur die Entsagung.

Der junge Knabe Goethe stößt nun im Wundergarten auf die Frauen, „in drei verschiedenen Farben gekleidet, die eine rot, die andre gelb, die dritte grün", daneben das „artige Mädchen" Alerte. Die Frau im roten Gewand (Phantasie) ist „ansehnlich von Gestalt, groß von Gesichtszügen, und in ihrem Betragen majestätisch". Die Frau im gelben Gewand (Vernunft) ist „ein leicht anmutiges, heiteres Wesen". Jene im grünen Gewand (Sinnlichkeit) „war diejenige, die am meisten auf mich Acht zu geben und ihr Spiel an mich zu richten schien; nur konnte ich aus ihr nicht klug werden: denn sie kam mir bald zärtlich, bald wunderlich, bald offen, bald eigensinnig vor, je nachdem sie die Mienen und ihr Spiel veränderte. Bald schien sie mich rühren, bald mich necken zu wollen. Doch mochte sie sich stellen wie sie wollte, so gewann sie mir wenig ab". Eingenommen ist der Knabe Goethe für Alerte: „Die artige Kleine hätte ich lieber angepackt, wenn mir nur nicht der Schlag, den sie mir im Traume versetzt hatte, gar zu erinnerlich gewesen wäre." Der Knabe und Alerte spielen sodann mit Spielzeugsoldaten, das Spiel wird immer verbissener und scheint auf seltsame Weise reale Folgen zu haben, bis – eine bei Goethe immer wiederkehrende Szene – ein Kuss den Zauber auflöst: „Mein ergrimmter Wunsch war, ihr ganzes Heer zu vernichten; sie dagegen nicht faul, sprang auf mich los und gab mir eine Ohrfeige, daß mir der Kopf summte. Ich, der ich immer gehört hatte, auf die Ohrfeige eines Mädchens gehöre ein derber Kuß, faßte sie bei den Ohren und küßte sie zu wiederholten Malen. Sie aber tat einen solchen durchdringenden Schrei, der mich selbst erschreckte; ich ließ sie fahren, und das war mein Glück". Am Ende des Abenteuers steht für den Knaben Goethe fest, dass Alerte die seinige werden muss.

Vor dem Hintergrund des Märchens DER NEUE PARIS können drei zentrale Frauengestalten der LEHRJAHRE als Sinnbilder für die Phantasie, die Sinnlichkeit und die Vernunft gedeutet werden, einen autobiographischen Hintergrund haben sie nicht. Wegen der vielen Frauen um den Helden Wilhelm (Goethe) war der Erziehungs- und Bildungsroman heftiger Kritik ausgesetzt, er wurde sogar demonstrativ verbrannt. Herder schrieb darüber: „... die Marianen und Philinen, diese ganze Wirtschaft ist mir verhaßt", Goethes Schwager, Johann G. Schlosser (1739 – 1799), sah in den LEHRJAHREN gar die Darstellung eines Bordells.[292] Die erste Frau, die der Held des Romans, liebt, heißt Mariane, sie steht für die Phantasie. Mariane wird mit der Farbe Rot-weiß eingeleitet (LEHRJAHRE I, 2): „Mit welcher Lebhaftigkeit flog sie ihm [Wilhelm] entgegen! mit welchem Entzücken umschlang er die rote Uniform! drückte er das weiße Atlaswestchen an seine Brust!" Wilhelm hat sie als Schauspielerin im Theater kennen gelernt (LEHRJAHRE I, 3): „... nach einem kurzen Umgange hatte er ihre Neigung gewonnen, er fand sich im Besitz einer Person, die er so sehr liebte, ja verehrte: denn sie war ihm zuerst in dem günstigen Lichte theatralischer Vorstellung erschienen, und seine Leidenschaft zur Bühne verband sich mit der ersten Liebe zu einem weiblichen Geschöpfe." Goethe, der schon früh Dichter werden wollte, beschreibt das Gefühl, das ihn ergriff, als er verstand, dass er zu jenen Auserlesenen gehört, die mit der Phantasie einen Bund eingehen dürfen: „Als er aus dem ersten Taumel der Freude erwachte, und auf sein Leben und seine Verhältnisse zurückblickte, erschien ihm alles neu, seine Pflichten heiliger, seine Liebhabereien lebhafter, seine Kenntnisse deutlicher, seine Talente kräftiger, seine Vorsätze entschiedener." Nur dank der Phantasie kann Goethe aus der für ihn vorgezeichneten Laufbahn ausbrechen: „Er [Wilhelm] glaubte den hellen Wink des Schicksals zu verstehen, das ihm durch Marianen die Hand reichte, sich aus dem stockenden, schleppenden bürgerlichen Leben heraus zu reißen, aus dem er schon so lange sich zu retten gewünscht hatte" (LEHRJAHRE I, 10). Im Gedicht MEINE GÖTTIN, das Goethe am 15. September 1780 an „Frau v. Stein" sandte, besingt der Dichter die Phantasie. Er bedankt sich als Sterblicher „eine schöne,/Unverwelkliche Gattin" zugesellt bekommen zu haben, die treu ist und er weist ihr auch Farben zu: „Sie mag rosenbekränzt/Mit dem Lilienstengel/Blumentäler betreten". Lilie und Rose stehen für Weiß und Rot, es sind die Liebesfarben. Weiß als einzelne Farbe steht bei Goethe etwa für die Abstraktion und die Reinheit,[293] Rot als einzelne Farbe vor allem für die Phantasie. Goethe setzt die Kenntnis des Märchens DER NEUE PARIS jedoch voraus, um drei Frauengestalten der LEHRJAHREN als Sinnbilder der Phantasie, der Sinnlichkeit und der Vernunft erkennen zu können. Die Farbbeigabe Rot-weiß dient daher dazu anzudeuten, dass es sich bei Mariane nicht um eine reale Frau handelt, sondern um ein Sinnbild, um ein Produkt der Phantasie (Rot) und der Abstraktion (Weiß). Aus kompositorischen Gründen muss Mariane früh sterben, um der Frau, die am Ende der LEHRJAHRE Wilhelm die seine nennen soll, Platz zu machen. Aus seiner Verbindung mit Mariane als die Phantasie geht jedoch ein Kind hervor: Felix, „der Glückliche".

Die nächste Frauengestalt, die als Sinnbild interpretiert werden kann, ist Philine, sie steht für die Sinnlichkeit (Grün). Auch kurz nach ihrer Einführung in der Erzählung erscheint die Farbe Rot, was sie als phantastische Figur kennzeichnet, denn nachdem Wilhelm sie kennen gelernt hat, soll er sich von ihrem Fenster aus das Schauspiel von Seiltänzern anschauen (II, 4), dort treten die Akrobaten zum Teil aus „aufgespannten roten Vorhängen hervor". Von den Reizen Philines ist die Rede, die sie gut anzubringen weiß, was ihre Eroberungen bezeugen. Nach einem Räuberüberfall, bei dem Wilhelm schwer verletzt wurde und ihm eine schöne Frau, die ihm wie eine Amazone erscheint, zu Hilfe kommt, schauen die um ihr Hab und Gut Beraubten missgünstig auf Philine, denn man (LEHRJAHRE IV, 7) „wollte ihr die Art und Weise, wie sie ihren Koffer gerettet, zum Verbrechen machen. Aus allerlei Anzüglichkeiten und Stichelreden hätte man schließen sollen, sie habe sich während der Plünderung und Niederlage um die Gunst des Anführers der Bande bemüht, und habe ihn, wer weiß durch welche Künste und Gefälligkeiten, vermocht, ihren Koffer frei zu geben. Man wollte sie eine ganze Weile vermißt haben." Als Philine eine Herzogin in einer Komödie spielen soll, freut sie sich außerordentlich (LEHRJAHRE V, 5): „Das will ich so natürlich machen, rief sie aus, wie man in der Geschwindigkeit einen zweiten heuratet, nachdem man den ersten ganz außerordentlich geliebt hat. Ich hoffe mir den größten Beifall zu erwerben, und jeder Mann soll wünschen der dritte zu werden." Schon für Friedrich Schlegel (1772–1829) war sie das „verführerische Symbol der leichtesten Sinnlichkeit",[294] sie ist aber auch nicht mehr als ein Sinnbild.

Theresa schließlich steht als Sinnbild für die Vernunft (Gelb). Eingeleitet wird sie mit den Farben Rot und Weiß, denn ihr „Häuschen war weiß und rot angestrichen" (LEHRJAHRE VII, 5), was auch sie als Phantasiegestalt kenntlich macht. Sie erzählt Wilhelm über ihre Jugend und wie sie kein Verständnis dafür hatte (LEHRJAHRE VII, 6), „wenn die Menschen, die ich alle recht gut kannte, sich verkleidet hatten, da droben standen, und für etwas anders als sie waren gehalten sein wollten. … Deswegen blieb ich auch sehr selten unter den Zuschauern, ich putzte ihnen immer die Lichter, damit ich nur etwas zu tun hatte, besorgte das Abendessen, und hatte des andern Morgens, wenn sie noch lange schliefen, schon ihre Garderobe in Ordnung gebracht, die sie des Abends gewöhnlich übereinander geworfen zurückließen." Unordnung ist Theresa unerträglich, denn: „Was ist das höchste Glück des Menschen, als daß wir das ausführen, was wir als recht und gut einsehen? daß wir wirklich Herren über die Mittel zu unsern Zwecken sind. Und wo sollen, wo können unsere nächsten Zwecke liegen, als innerhalb des Hauses? alle immer wiederkehrenden, unentbehrlichen Bedürfnisse, wo erwarten wir, wo fordern wir sie, als da, wo wir aufstehn und uns niederlegen, wo Küche und Keller und jede Art von Vorrat für uns und die unsrigen immer bereit sein soll?" Ihr Häuschen wird entsprechend beschrieben, in ihrem kleinen Garten kann sich Wilhelm kaum herumdrehen, denn „so eng waren die Wege, und so reichlich war alles bepflanzt. Er mußte lächeln, als er über den Hof zurückkehrte, denn da lag das Brennholz so akkurat gesägt, gespalten und geschränkt, als wenn es ein Teil des Gebäudes wäre, und immer so liegen bleiben sollte. Rein standen alle Gefäße an ihren Plätzen". Bis zur Karikatur der Vernunft geht es fort mit der Charakterisierung Thereses, etwa wenn sie über sich sagt: „Ich hatte nie geliebt und liebte auch jetzt nicht" (LEHRJAHRE VII, 5).

Die nächste Romanfigur, die als Sinnbild gedeutet werden kann, ist Felix, das Kind von Wilhelm und Mariane. Wilhelm wird in den LEHRJAHREN alles verlieren, was ihm lieb ist, um der Entsagende der WANDERJAHRE zu werden, allein Felix wird bei ihm bleiben. Als Wilhelm am Ende der LEHRJAHRE von Mitgliedern der Turmgesellschaft seinen Lehrbrief erhält, eine Sammlung von Sinnsprüchen in der Tradition der Antike, hat er eine Frage (VII, 9): „Gut denn, ihr sonderbaren und weisen Menschen, deren Blick in so viele Geheimnisse dringt, könnt Ihr mir sagen, ob Felix wirklich mein Sohn sei?" Man bestätigt ihm dies, Felix taucht auf einmal auf, Wilhelm nimmt ihn in die Arme „und drückte ihn an sein Herz. Ja ich fühl's, rief er aus, Du bist mein! welche Gabe des Himmels habe ich meinen Freunden zu verdanken!" Felix als eine Gabe des Himmels steht für Goethes poetische Gabe, für sein Genie, die Frucht aus seiner Verbindung mit der Phantasie. Ganz am Ende der WANDERJAHRE sind Wilhelm und Felix „fest umschlungen, wie Kastor und Pollux, Brüder die sich auf dem Wechselwege vom Orkus zum Licht begegnen." Mit Bezug auf Felix heißt es weiter: „‚Wirst du doch immer auf's neue hervorgebracht, herrlich Ebenbild Gottes! rief er [Wilhelm] aus, ‚und wirst sogleich wieder beschädigt, verletzt von innen oder von außen.'" Die Erwähnung von Kastor und Pollux verweist einmal mehr auf die griechische Mythologie, sie sind die unzertrennlichen Zwillingsbrüder, die Götter der Freundschaft, der erste sterblich, der zweite unsterblich. Pollux erwirkt bei seinem Vater Zeus, dass sie abwechselnd zusammen einen Tag im Olymp bei den Göttern und einen in der Unterwelt verweilen dürfen.

Zwei weitere Frauen, die um die Liebe Wilhelms ringen, können nun, nachdem Mariane, Philine und Therese als Sinnbilder für die Phantasie, die Sinnlichkeit und die Vernunft erkannt sind, als die offizielle (schöne Gräfin) und die inoffizielle (Natalie, die Amazone) Anna Amalia erkannt werden. Bei der schönen Gräfin gibt es direkte Bezüge zur Fürstin, etwa ihr in Weimar viel gerühmter schöner Fuß. Im Alter erinnerte sich ein ehemaliger Page Anna Amalias an den bestaunten Fuß seiner Fürstin: „Allgemein wurde ihr kleiner Fuß bewundert, und da sie täglich ein Paar neue Schuhe anlegte, die sie dann den Kammerfrauen überließ, so kamen solche häufig zum Verkauf, und jede Dame war stolz darauf, ihren Fuß in die Schuhe der Herzogin zu zwängen. Die Hof- und anderen Kavaliere trugen aus Galanterie kleine goldene Schuhe als Urketten-Berlocke [-Schmuck]".[295] Auch in Tasso wird der schöne Fuß erwähnt, als es von dem verliebten Dichter heißt (Vers 190 f.): „Entfernt sich die Verehrte, heiligt er/Den Pfad, den leis ihr schöner Fuß betrat." In den Lehrjahren (V, 5) heißt es über ein Paar zierliche Halbschuhe: „Sie waren Pariser Arbeit; Philine hatte sie von der Gräfin zum Geschenk erhalten, einer Dame, deren schöner Fuß berühmt war." Philine ist es auch, die bei Ankunft der Gräfin „mit einem gar frommen Gesichte und demütigen Gebärden sich neigte und der Dame den Rock küßte" (Lehrjahre III, 1). Der Rockkuss ist wiederum das Zeichen der Ehrbezeugung gegenüber einer Fürstin. Ganze Schlüsselszenen der Lehrjahre sind nur verständlich, wenn die Romanfiguren, die als Sinnbilder konzipiert sind, als solche erkannt werden, etwa beim Abschied Wilhelms von der schönen Gräfin (Lehrjahre III, 12): „Philine [Sinnlichkeit] ergriff die rechte Hand der Gräfin, und küßte sie mit Lebhaftigkeit. Wilhelm stürzte auf seine Knie, faßte die linke, und drückte sie an seine Lippen. Die Gräfin schien verlegen, aber ohne Widerwillen." Dann wird die Aufmerksamkeit auf den Mann der Gräfin gelenkt, der auf einem Medaillon abgebildet ist: „Er ist als Bräutigam gemalt, versetzte die Gräfin. War er denn damals so jung? fragte Philine: Sie sind ja nur erst, wie ich weiß, wenige Jahre verheiratet. Die Jugend kommt auf die Rechnung des Malers, versetzte die Gräfin." Auch Anna Amalia war nur zwei Jahre mit ihrem Mann Ernst August Constantin verheiratet, als dieser starb. „Doch sollte wohl niemals, fuhr sie [Philine] fort, indem sie die Hand auf das Herz der Gräfin legte, in diese verborgene Kapsel sich ein ander Bild eingeschlichen haben?" Nun tritt wieder Wilhelm hinzu und Philine geht: „Wilhelm hielt die schönste Hand noch in seinen Händen. … Er küßte ihre Hand, und wollte aufstehn; aber wie im Traum das Seltsamste aus dem Seltsamsten sich entwickelnd uns überrascht; so hielt er, ohne zu wissen wie es geschah, die Gräfin in seinen Armen, ihre Lippen ruhten auf den seinigen, und ihre wechselseitigen lebhaften Küsse gewährten ihnen eine Seligkeit, die wir nur aus dem ersten aufbrausenden Schaum des frisch eingeschenkten Bechers der Liebe schlürfen. ... Wie erschrak Wilhelm, wie betäubt fuhr er aus einem glücklichen Traume auf, als die Gräfin sich auf einmal mit einem Schrei von ihm losriß, und mit der Hand nach ihrem Herzen fuhr. ... Verlassen Sie mich, rief sie, und indem sie die Hand von den Augen nahm, und ihn mit einem unbeschreiblichen Blicke ansah, setzte sie mit der lieblichsten Stimme hinzu: fliehen Sie mich, wenn Sie mich lieben. ... Die Unglücklichen! welche sonderbare Warnung des Zufalls oder der Schickung riß sie auseinander?"

Als Wilhelm nach einem Raubüberfall verwundet im Schoße von Philine (Sinnlichkeit) liegt, taucht eine schöne Amazone auf (LEHRJAHRE IV, 6); später erfährt man, dass sie Natalie heißt. Dieser Name, der klanglich „Amalie" sehr nahe kommt, konnte auch leicht auf die am 25. Dezember geborene Frau v. Stein bezogen werden, denn Natalie bedeutet „die an Weihnachten Geborene". Als der schwer verletzte Wilhelm sieht, wie Philine der Amazone die Hand küsst, heißt es: „Philine war ihm noch nie in einem so ungünstigen Lichte erschienen. Sie sollte, wie es ihm vorkam, sich jener edlen Natur nicht nahen, noch weniger sie berühren." Die Begegnung mit der Amazone ist für Wilhelm ein Schlüsselerlebnis und lässt ihn nicht mehr los (LEHRJAHRE IV, 10): „Alle seine Jugendträume knüpften sich an dieses Bild. Er glaubte nunmehr die edle heldenmütige Chlorinde mit eigenen Augen gesehen zu haben; ihm fiel der kranke Königssohn wieder ein, an dessen Lager die schöne teilnehmende Prinzessin ... herantritt." Hier wie auch mit dem Bild der Amazone knüpft Goethe an Vorbilder aus Tassos Kreuzzugsepos DAS BEFREITE JERUSALEM (1581) an und weist auch damit auf die Prinzessin in TASSO hin, auf Anna Amalia.

Natalie, die schöne Amazone, ist die Schwester der schönen Gräfin. Es besteht eine starke Ähnlichkeit zwischen ihnen bis zu ihren Handschriften (LEHRJAHRE IV, 11): „Sie glichen sich, wie sich Schwestern gleichen mögen, deren keine die jüngere noch die ältere genannt werden darf, denn sie scheinen Zwillinge zu sein." Als Wilhelm Natalie wiedersieht, heißt es (LEHRJAHRE VIII, 2): „Die Amazone war's! er konnte sich nicht halten, stürzte auf seine Knie, und rief aus: sie ist's! er faßte ihre Hand, und küßte sie mit unendlichem Entzücken. Das Kind [Felix] lag zwischen ihnen beiden auf dem Teppich und schlief sanft." Die Gräfin bringt symbolisch zum Ausdruck, dass sie, die Fürstin Anna Amalia, und ihre Schwester Natalie, die inoffizielle Anna Amalia, mit Wilhelm (Goethe) einen Bund eingehen (LEHRJAHRE VIII, 10): „... beim Abschied faßte die schöne Gräfin Wilhelms Hand, ehe sie noch die Hand der Schwester los ließ, drückte alle vier Hände zusammen, kehrte sich schnell um, und stieg in den Wagen." Nachdem Wilhelm am Ende der LEHRJAHRE endlich in Natalie die Frau seines Herzens gefunden hat und alle Hindernisse für eine Verbindung aus dem Weg geräumt sind, ist er „genötigt zu fliehen! Ach! warum muß sich zu diesen Empfindungen, zu diesen Erkenntnissen das unüberwindliche Verlangen des Besitzes gesellen? und warum richten, ohne Besitz, eben diese Empfindungen, diese Überzeugungen jede andere Art von Glückseligkeit völlig zu Grunde? Werde ich künftig der Sonne und der Welt, der Gesellschaft oder irgend eines Glücksgutes genießen? wirst du nicht immer zu dir sagen: Natalie ist nicht da! und doch wird leider Natalie dir immer gegenwärtig sein." In einem Brief aus Italien vom 21. Februar 1787 an „Frau v. Stein" ist für Goethe die Unmöglichkeit, sich öffentlich zu seiner Geliebten bekennen zu können, der Grund für die Entsagung: „An dir häng ich mit allen Fasern meines Wesens. Es ist entsetzlich was mich oft Erinnerungen zerreisen. Ach liebe Lotte du weist nicht welche Gewalt ich mir angethan habe und anthue und daß der Gedanke dich nicht zu besitzen mich doch im Grunde, ich mags nehmen und stellen und legen wie ich will aufreibt und aufzehrt." Briefe an Natalie bilden den Rahmen, in dem die autobiographische Fortsetzung, die WANDERJAHRE, spielt, sie erscheint aber nicht mehr direkt. Zu Beginn der WANDERJAHRE (I, 1) schreibt Wilhelm an Natalie: „Nun ist endlich die Höhe erreicht, die Höhe des Gebirgs, das eine mächtigere Trennung zwischen uns setzen wird … Was könnte mich von Dir scheiden! von dir, der ich auf ewig geeignet bin, wenn gleich ein wundersames Geschick mich von dir trennt und mir den Himmel, dem ich so nahe stand, unerwartet zuschließt. Ich hatte Zeit mich zu fassen, und doch hätte keine Zeit hingereicht, mir diese Fassung zu geben, hätte ich sie nicht aus deinem Munde gewonnen, von deinen Lippen in jenem entscheidenden Moment. Wie hätte ich mich losreißen können, wenn der dauerhafte Faden nicht gesponnen wäre, der uns für die Zeit und für die Ewigkeit verbinden soll. Doch ich darf ja von allem dem nicht reden. Deine zarte Gebote will ich nicht übertreten; auf diesem Gipfel sei es das letztemal, daß ich das Wort Trennung vor dir ausspreche."

Vor diesem Hintergrund erweisen sich die Romanfiguren Mignon und ihr Vater, der Harfenspieler Augustinus, ebenfalls als Sinnbilder. Wilhelm lernt Mignon als kleines Mädchen in Knabenkleidung als Mitglied einer Seiltänzergesellschaft kennen (LEHRJAHRE II, 4): „Entsetzt erblickte er, als er sich durch's Volk drängte, den Herrn der Seiltänzergesellschaft, der das interessante Kind bei den Haaren aus dem Hause zu schleppen bemüht war, und mit einem Peitschenstiel unbarmherzig auf den kleinen Körper losschlug." Wilhelm kauft sie los und behält sie bei sich. In seinem Notizbuch von 1793 bezeichnet Goethe Mignon als „Wahnsin des Mißverhältnisses".[296]

Auffällig ist die Parallele zu seiner Charakterisierung Tassos: „Es ist die Disproportion des Talents mit dem Leben."[297] Anhand der Handlung wird nicht verständlich, warum Wilhelm, der Mignon freigekauft hat, in ihrer Schuld stehen soll (LEHRJAHRE III, 11): „Er schloß Mignon, die ihm eben entgegen kam, in die Arme, und rief aus: nein, uns soll nichts trennen, du gutes kleines Geschöpf! Die scheinbare Klugheit der Welt soll mich nicht vermögen, dich zu verlassen, noch zu vergessen, was ich dir schuldig bin." Verständlich wird dies nur, wenn Mignon als Sinnbild für Goethes und Anna Amalias sinnliche Liebe, als ihr Herz verstanden wird. So gesehen ergeben alle ihre Äußerungen sowie ihr Tod einen Sinn.

Wilhelm muss sich im Verlauf der Romanhandlung doch von Mignon trennen, sie soll aufs Land zu Therese (Vernunft), da sie sich dort womöglich kurieren könnte (LEHRJAHRE VII, 8). „Er [Wilhelm] dachte an Mignon und Felix, wie glücklich die Kinder unter einer solchen Aufsicht [Thereses] werden könnten, dann dachte er an sich selbst, und fühlte, welche Wonne es sein müsse, in der Nähe eines so ganz klaren menschlichen Wesens zu leben" (LEHRJAHRE VII, 6). Mignon ist bei dieser Vorstellung erschüttert: „Du willst mich nicht bei Dir? sagte sie, vielleicht ist es besser, schicke mich zum alten Harfenspieler, der arme Mann ist so allein." Wilhelm erwidert, dass er diese Neigung bisher nicht bemerkt hatte, als der Harfenspieler mit ihnen zusammen lebte, worauf Mignon sagt: „Ich fürchtete mich vor ihm, wenn er wachte, ich konnte nur seine Augen nicht sehen, aber wenn er schlief, setzte ich mich gern zu ihm … O! er hat mir in schrecklichen Augenblicken beigestanden, es weiß niemand, was ich ihm schuldig bin." Als Wilhelm auf seinem Plan beharrt, sagt Mignon (LEHRJAHRE VII, 8): „Die Vernunft [Therese] ist grausam, versetzte sie, das Herz [Mignon] ist besser, ich will hingehen, wohin Du willst, aber laß mir Deinen Felix [dichterische Gabe]." Als Mignon dem Sterben nahe ist, erscheint sie bereits wie ein Engel, Kinder stehen um sie, sie ist mit einem weißen Gewand bekleidet (LEHRJAHRE VIII, 2): „Bist Du ein Engel? fragte das eine Kind. Ich wollte ich wär' es, versetzte Mignon, Warum trägst Du eine Lilie? So rein und offen sollte mein Herz sein, dann wär' ich glücklich." Goethes und Anna Amalias Herz, Mignon, die Gnomin, muss alles Irdische ablegen, während Felix, die poetische Gabe, weiterleben kann (LEHRJAHRE VIII, 3): „Mignon im langen weißen Frauengewande, teils mit lockigen, teils aufgebundenen, reichen, braunen Haaren, saß, hatte Felix auf dem Schoße und drückte ihn an ihr Herz, sie sah völlig aus wie ein abgeschiedner Geist, und der Knabe wie das Leben selbst, es schien als wenn Himmel und Erde sich umarmten." Als sie mit Felix um die Wette läuft, um einem Gast die Tür zu öffnen, ist sie ganz erschöpft (LEHRJAHRE VIII, 5): „Mignon lag in Nataliens Armen, ihr Herz pochte gewaltsam. Böses Kind! sagte Natalie, ist dir nicht alle heftige Bewegung untersagt? sieh, wie Dein Herz schlägt? Laß es brechen! sagte Mignon, mit einem tiefen Seufzer, es schlägt schon zu lange." Therese (Vernunft) tritt herein und sagt zu Wilhelm, da er ihr, noch bevor er seine Natalie wiedersah, einen Heiratsantrag gemacht hatte: „Mein Freund! mein Geliebter! mein Gatte! ja auf ewig die Deine, rief sie unter den lebhaftesten Küssen. … Mignon fuhr auf einmal mit der linken Hand nach dem Herzen, und indem sie den rechten Arm heftig ausstreckte, fiel sie mit einem Schrei zu Nataliens Füßen für tot nieder." Mignon, das Sinnbild für Goethes und Anna Amalias sinnliche Liebe, stirbt zwar wegen Therese (Vernunft), aus ihr wird aber ein Engel, sie wird in einen übersinnlichen Bereich entrückt, wie Goethes Liebe zu Anna Amalia.

Eine Romanfigur, die Goethe grausam sterben lässt, ist der Harfner Augustinus. In seiner Jugend war dieser in den geistlichen Stand getreten, danach hat er unwissend eine ungeheure Sünde begangen. „Sein größter Wahn ist, daß er überall Unglück bringe, und daß ihm der Tod durch einen unschuldigen Knaben bevorstehe" (LEHRJAHRE VII, 4). Der Harfenspieler ist Mignons Vater, was er aber erst kurz vor seinem Tod erfährt. Als Wilhelm ihn besuchen will, hört er den Harfner ein Lied singen (LEHRJAHRE II, 13):

Wer nie sein Brot mit Tränen aß,
Wer nie die kummervollen Nächte
Auf seinem Bette weinend saß,
Der kennt euch nicht, ihr himmlischen Mächte.

Ihr führt ins Leben uns hinein,
Ihr laßt den Armen schuldig werden,
Dann überlaßt ihr ihn der Pein:
Denn alle Schuld rächt sich auf Erden.

Er wird weiter traurige Lieder, die von Pein, Qual und Schuld handeln, singen. Seine Sünde bestand darin, als Klosterbruder ausgerissen zu sein und, ohne es zu wissen, seine Schwester Sperata, „die Hoffende", geliebt zu haben, eine Beziehung, aus der Mignon hervorging (LEHRJAHRE VIII, 9). Sperata hält Mignon für tot, nachdem diese von Seiltänzern entführt worden war, später ist sie eine hochverehrte Frau, die nach ihrem Tod für heilig gehalten wird. Als Augustinus erfahren hatte, dass seine Geliebte Sperata seine Schwester ist, rechtfertigte er sich damit, dass die Natur selbst nichts am Leben ließe, worauf ein Fluch ruhe, man hält ihm aber vor: „Er solle sich überlegen, daß er nicht in der freien Welt seiner Gedanken und Vorstellungen, sondern in einer Verfassung lebe, deren Gesetze und Verhältnisse die

Unbezwinglichkeit eines Naturgesetzes angenommen haben." Für Goethe und Anna Amalia waren die Standesschranken genauso unüberwindbar wie Naturgesetze. Als Wilhelm den Harfenspieler zurückhalten will, ihn zu verlassen, sagt dieser (LEHRJAHRE IV, 1): „Mein Herr, lassen Sie mir mein schaudervolles Geheimnis, und geben Sie mich los. Die Rache, die mich verfolgt, ist nicht des irdischen Richters; ich gehöre einem unerbittlichen Schicksale … Meine Gegenwart verscheucht das Glück, und die gute Tat wird ohnmächtig, wenn ich dazu trete. …"

> Ihm färbt der Morgensonne Licht
> Den reinen Horizont mit Flammen,
> Und über seinem schuldigen Haupte bricht
> Das schöne Bild der ganzen Welt zusammen.

Der Harfenspieler steht als das Sinnbild für Goethes Täuschungswerk, das unabdingbar war, um Anna Amalia lieben zu können. Nur im Schutz der Täuschung kann Mignon, das Sinnbild für Goethes und Anna Amalias sinnliche Liebe, geboren werden, als Tochter der Hoffnung und der Täuschung. Der unschuldige Knabe, der dem Harfner den Tod bringt, ist Fritz v. Stein, der „Verräter", der Goethes und Anna Amalias Geheimnis entdeckte und letztlich die Flucht nach Italien bedingte. Lange Zeit bilden Mignon und der Harfenspieler die Reisegesellschaft von Wilhelm (LEHRJAHRE IV, 12). Später versucht der Harfenspieler Felix, Goethes poetische Gabe, zu töten: „Darauf [auf brennendem Stroh] habe er den Felix niedergesetzt, mit wunderlichen Gebärden die Hände auf des Kindes Kopf gelegt und ein Messer gezogen, als wenn er ihn opfern wolle." Mignon verhindert es. Als der Harfenspieler zufällig die Zusammenfassung seiner Lebensgeschichte zu lesen bekommt – Goethes Geheimnis ist also entdeckt –, sucht er einen grausamen Tod: „… er wurde auf dem Oberboden in seinem Blute gefunden …, ein Schermesser habe neben ihm gelegen, wahrscheinlich … [hat] er sich die Kehle abgeschnitten" (Lehrjahre VIII, 10). Nachdem er noch lebend aufgefunden und gerettet wird, löst er nachts seinen Verband und verblutet.

Epilog: „Alles um Liebe"

Goethe und Anna Amalia konnten nur gemeinsam den ehrgeizigen Plan verwirklichen, Troja, Rom und Bethlehem in Weimar zu beerben. Ihr Leitgedanke war die unablässige Arbeit des Menschen an seiner Veredelung, um das Göttliche in sich zu verwirklichen. Goethe hat sich in seinem dichterischen Werk, wenn auch verschlüsselt, immer an die Wahrheit gehalten; deshalb gab er viele Hinweise, mit deren Hilfe das unglaubliche Täuschungswerk, das mit Hilfe von Frau v. Stein in Szene gesetzt wurde, erkannt werden konnte. In seinem Gedicht ZUEIGNUNG (1784), das er seinem Gesamtwerk vorangestellt hat, huldigt der Dichter der Wahrheit, denn ohne diese gibt es keine Poesie: „Aus Morgenduft gewebt und Sonnenklarheit,/Der Dichtung Schleier aus der Hand der Wahrheit." Goethe erwies sich in einem höheren Sinne immer als würdig, mit der Gabe der Dichtkunst, als „das, was die Natur allein verleiht,/Was jeglicher Bemühung, jedem Streben/Stets unerreichbar bleibt, was weder Gold,/Noch Schwert, noch Klugheit, noch Beharrlichkeit/ Erzwingen kann" (TASSO, Vers 2324 ff.), beschenkt worden zu sein. An einem Fürstenhof an höchster Stelle eingebunden hatte Goethe die Wahl zwischen der Inszenierung eines unglaublichen Täuschungswerks oder dem Verzicht auf sein Lebensglück, denn nur unter dem Deckmantel einer Täuschung war es ihm möglich, eine Fürstin zu lieben. Wenn er seinen Briefwechsel mit „Frau v. Stein" unter das Motto „Alles um Liebe" stellte und ihn damit siegelte, so führte er das erhabenste Motiv ins Feld, um sein Handeln zu rechtfertigen. Zugleich war es aber eben diese Welt, die ihm alles gab, dessen er bedurfte und die ihm im Rahmen seines Standes alle nur denkbare Ehrung und Förderung angedeihen ließ. Mittellos war er nach Weimar gekommen und dank der Fürsten, die seine Leistung zu würdigen wussten, allen voran seine Anna Amalia, durfte er sich „erst entwickeln, dann vollenden/Zu nie gesehʾner Herrlichkeit." Was ihm die stolze bürgerliche Reichsstadt Frankfurt hingegen zu bieten hatte, war dem jungen Goethe bald klar: Der Verfasser des GÖTZ, des WERTHER oder von unsterblichen Gedichten, die ein einzigartiges Genie offenbaren, hätte als Dichter in der bürgerlichen Gesellschaft keinen Platz gehabt. Der Vater beharrte darauf, dass er den Beruf des Anwalts ausüben solle, sein Genie sollte in ein Korsett gezwängt werden.

Auch in Weimar hatte Goethe gegen Widerstände zu kämpfen gehabt. Als er auf Wunsch des Herzogs in den Staatsrat berufen werden sollte, erklärte etwa der Geheimrat Schmid am 24. April 1776, „daß ich in einem

Collegio dessen Mitglied gedachter D. Goethe anjetzt werden soll, länger nicht sitzen kann". Carl August verteidigte in einem Brief vom 10. Mai 1776 die Berufung: „... nicht alleine ich sondern einsichtsvolle Männer wünschen mir Glück diesen Mann zu besitzen. Sein Kopf, und Genie ist bekant. Sie werden selbst einsehen, daß ein Mann wie dieser nicht würde die langweilige und mechanische Arbeit, in einem Landes Collegio von untenauf zu dienen außhalten. Einem Mann von Genie, nicht an den Ort gebrauchen, wo er seine außerordentl. Talente nicht gebrauchen kann, heißt denselben mißbrauchen".[298] Es blieb Goethe damals gar nichts anderes übrig, als ein Aristokrat zu werden und damit eine mächtige Stütze des ganzen Adelssystems, denn nur in dieser Gesellschaftsschicht wurde er gefördert. Gegenüber der Prinzessin und dem Herzog Alfons sagt Tasso (Vers 402 ff.): „Doch seh ich näher an, was dieser Dichtung/Den innern Wert und ihre Würde gibt:/Erkenn ich wohl, ich hab es nur von euch."

Dabei zeigt Goethe ein differenziertes staatstheoretisches Denken, was etwa dadurch zum Ausdruck kommt, dass er für ein Gespräch mit Eckermann über den am 14. Juni 1828 verstorbenen Herzog Carl August den 23. Oktober 1828 wählt, den Tag vor Anna Amalias Geburtstag. Die Wahl dieses Datums besagt, dass für Goethe Carl August als Fürst immer nur im Schatten seiner Mutter stand.[299] Anna Amalia ist für ihn das Ideal eines Fürsten, denn sie trachtete nicht nach militärischen Siegen, sondern nach der Förderung von Kultur. Goethe stellte sogar dem von ihm bewunderten Napoleon Anna Amalia als Fürstenideal gegenüber, obwohl diese nur stellvertretend für ihren unmündigen Sohn und nicht aus eigenem Recht regierende Herzogin gewesen war. In seiner UNTERREDUNG MIT NAPOLEON 1808, eine Skizze von 1824, die erst nach seinem Tod veröffentlicht wurde, berichtet Goethe von einer Audienz in Erfurt beim Kaiser. In dieser Skizze erwähnt Goethe zwei Mal Anna Amalia. Als Napoleon die Unterredung kurz unterbricht schaut Goethe sich im Saal der Statthalterei um und erinnert sich: „Hier hatte das Bild der Herzogin Amalia gehangen, im Redoutenanzug [Maskenkostüm], eine schwarze Halbmaske in der Hand". Weiter soll Napoleon nach seinem „Verhältnisse zu dem fürstlichen Hause, nach Herzogin Amalia" gefragt haben. Dies ist unwahrscheinlich, denn Anna Amalia war schon über ein Jahr tot; der damals in den Rheinbund aufgenommene Carl August hatte Napoleon den Tod seiner Mutter mitgeteilt, der daraufhin seine Anteilnahme aussprach.[300] Kaiser Napoleon I. hatte 34 Fürsten nach Erfurt berufen, um vor dem glänzenden Hintergrund seiner Vasallen mit Zar Alexander I. (1777–1825) über eine Allianz zu verhandeln. Ein „Parterre von Königen", befand sarkastisch Napoleons Außenminister Talleyrand im Theater.[301] Von allen Herrschern, die Goethe kennen gelernt hatte, erwähnt er in seiner Unterredungsskizze neben Napoleon nur Anna Amalia namentlich und dies zwei Mal. Für Goethe hat die Politik gute soziale Verhältnisse zu schaffen als Grundlage für Kunst und Wissenschaft, die der Veredelung des Menschen dienen sollen. Dass der aufgeklärte Absolutismus nur eine Phase des Überganges darstellen würde, weil auch der aufgeklärte Fürst nicht aus eigenen Stücken seine Macht einschränken und seine Machtausübung kontrollieren kann, war für den Staatsmann Goethe absehbar. Schon die Hauptforderung der Amerikanischen (ab 1776) und der Französischen Revolution (1789) war eine echte Gewaltenteilung auf der Grundlage eines Menschenrechtskatalogs gewesen. Dass der „Fürstenknecht" Goethe seinen Kritikern, die nach Napoleons Sturz (1814/15) die Nation als Selbstwert forderten, in seinem staatstheoretischen Denken weit überlegen war, zeigt er mit seiner Dichtung WEST-ÖSTLICHER DIVAN (ab 1814). Diese wird durch das Gedicht HEGIRE eröffnet, ein Begriff, der bei Goethe im Sinne von Flucht verwendet wird, etwa in einem Brief vom 14. Oktober 1786 aus Venedig, in dem er gegenüber Carl August seine Flucht nach Italien eine „Hegire" nannte. Goethe flüchtet mit dem WEST-ÖSTLICHEN DIVAN vor den Bestrebungen, in deutschsprachigen Landen allein in der Nation eine Alternative zum bisherigen politischen System zu sehen, da für ihn damit verkannt werden würde, dass ein Kulturvolk das Ergebnis eines ständigen Austausches mit der ganzen Welt ist. Franz Grillparzer prophezeite eine Entwicklung, die „Von Humanität/Durch Nationalität/Zur Bestialität" führen würde. Mit dem WEST-ÖSTLICHEN DIVAN hat Goethe den Zustand jenseits des Wahns der Nation beschrieben, doch damit sah er weit in die Zukunft. Zu Beginn des Ersten Weltkrieges (1914) hatten die Buchhändler die meisten Exemplare der Ausgabe des DIVAN von 1819 noch nicht verkauft.[302]

Goethes unehelicher Sohn Julius August (1789–1830) sollte sich für die Entsagenden zu einem schwierigen Problem entwickeln. Unehelichkeit war damals ein Grund für Verachtung durch die Gesellschaft, Goethes Mutter spricht dieses Problem vorsichtig gegenüber ihrem Sohn an: „Nur ärgert mich, daß ich mein Enkelein nicht darf ins Anzeigenblättchen setzen lassen – und ein öffentliches Freudenfest anstellen – doch da unter diesem Mond nichts Vollkommenes zu treffen ist …" In seinen Testamenten von 1797 und 1800 setzte Goethe seinen Sohn als Erben ein, Christiane sollte nur als Augusts Mutter zu versorgen sein. Viele fragten sich, warum Goethe Christiane Vulpius nicht ehelichte, um damit seinen Sohn, der als Bastard galt, zu legitimieren, denn es gab keinen ersichtlichen Hinderungsgrund, auch nicht die Gesellschaftskonvention.[303] Obwohl der Dichter mehrmals lebensgefährlich erkrankt war, 1801 etwa hatten ihn die Ärzte schon aufgegeben, ehelichte er Christiane lange nicht. Goethe berichtet, damals bereits besinnungslos gewesen zu sein. Als er sich langsam erholte, war sein rechtes Auge geschwollen, an dem Tag, an dem „sich das Auge wieder geöffnet, … durfte [ich] hoffen, frei und vollständig abermals in die Welt zu schauen. Auch konnte ich zunächst mit genesendem Blick die Gegenwart der durchlauchtigsten Herzogin Amalia und ihrer freundlich-geistreichen Umgebung bei mir verehren" (TAG- UND JAHRESHEFTE, Eintrag 1801). Goethe wollte Christiane deshalb lange Zeit nicht ehelichen, weil er sich bereits als mit Anna Amalia verheiratet fühlte. Zu Beginn seiner verbotenen Liebe glaubte Goethe Anna Amalia bald auch zu der seinen machen zu können: „Man hätte mir eine Krone aufsetzen können, und ich hätte gedacht, das verstehe sich von selbst".[304] Als Goethe erkannte, dass eine öffentliche Vermählung unmöglich ist, heißt es am 8. Juli 1781 in einem Brief an „Frau v. Stein": „Wir sind wohl verheurathet, das heist: durch ein Band verbunden wovon der Zettel aus Liebe und Freude, der Eintrag aus Kreuz Kummer und Elend besteht."

Das letzte, von 1806 stammende Ölgemälde,[305] das Anna Amalia von sich malen ließ, ist eine Art Hochzeitsbild (ABB. 13). Anna Amalia trägt auf dem Gemälde einen weißen Schleier und ein weißes Kleid, das aber fast vollständig von einem rotbraunen Gewand verdeckt wird. In ihrer linken Hand hält sie einen weißen Handschuh, an ihrer Halskette hängt ein Medaillon mit dem Bild ihres Sohnes Carl August. Der linke Arm stützt sich auf einen Tisch, auf dem drei Bücher stehen, jeweils eines von Goethe, Herder und Wieland. Unter diesen sind Zeichnungen eingeklemmt, die oberste stellt Homer dar. Daneben liegt ein Lorbeerzweig, der das oberste Buch von Goethe kranzartig umschließt, sowie ein Zeichenstift; in der Mitte der Tischvorderseite ist das Profil der Göttin Athene zu erkennen. Gewisse Bezüge des Bildes sind leicht zu deuten, darüber hinaus verschlüsselt Anna Amalia ihr wirkliches Verhältnis zu Goethe. Das Medaillon weist sie als Fürstin aus, die Bücher stehen für den Musenhof, den sie in Weimar begründet hat, so dass aus der kleinen Stadt eines der führenden geistigen Zentren Europas wurde. Daher sieht sie sich in der Tradition der Göttin Athene, im griechischen Mythos unter anderem die Schutzherrin der Helden, der Wissenschaft und der Künste. Die Bücher beschweren den vorderen Teil einer Zeichnung mit dem Profil Homers, diese fließt sozusagen aus den drei Büchern. Auffällig ist, dass sie Schiller nicht aufnimmt. Während bei dem Dramatiker Schiller 1806 noch ein Streit vorstellbar gewesen wäre, ist ungeachtet der Verdienste Wielands und Herders nur Goethe derjenige, der auf einer Stufe mit Homer steht. Goethe ist hervorgehoben, denn sein Buch steht ganz oben und berührt den ihm geltenden kranzartig gewundenen Lorbeerzweig als Symbol des Sieges und des Ruhmes, als Lorbeerkranz traditionell die höchste

Auszeichnung für einen Dichter. Die Verbindung zwischen Anna Amalia und Goethe wird mit Hilfe des Zeichenstifts hergestellt. Dieser liegt zum Teil auf der Zeichnung Homers als Sinnbild für den größten Dichter, hier also Goethe, während die Spitze des Stifts auf das linke Handgelenk von Anna Amalia weist. In dieser Hand hält sie einen weißen Handschuh, was Auskunft darüber gibt, wem Goethe am 23. Juli 1780 nach Aufnahme in die Freimaurerloge „Anna Amalia" wirklich die weißen Handschuhe gab, die ein Freimaurer „derjenigen zu übergeben [hat], mit welcher der Aufgenommene ehelich verbunden ist, oder mit der er sich zu verbinden gedenkt."[306] In seinem Brief vom 24. Juni 1780 an „Frau v. Stein" schreibt er: „Ein geringes Geschenk, dem Ansehen nach, wartet auf Sie wenn Sie wiederkommen. Es hat aber das merckwürdige dass ich's nur Einem Frauenzimmer, ein einzigsmal in meinem Leben schenken kan." Anna Amalia trägt diesen weißen Handschuh in der linken Hand, was auf eine „Ehe zur linken Hand" hinweist, beim Hochadel die Bezeichnung für eine standesungleiche Ehe. Weiter trägt Anna Amalia einen weißen Schleier sowie ein weißes Kleid, was seit dem 19. Jahrhundert zur traditionellen Brautkleidung geworden ist, allerdings ist diese durch einen rotbraunen Mantel fast ganz verdeckt. Goethe war also in einem höheren Sinne bereits mit Anna Amalia verheiratet.

Am 14. Oktober 1806, dem Tag, an dem unweit von Weimar die Doppelschlacht von Jena und Auerstedt tobte, bei der die preußische Armee unterlag, flüchtete Anna Amalia mit „blutendem Herzen"[307] aus Weimar vor allem, weil sie ihre Enkelin Caroline in Sicherheit bringen sollte. Fünf Tage später entschloss sich Goethe, seinen 17-jährigen Sohn August zu legitimieren, indem er am 19. Oktober 1806 Christiane ehelichte. Dem Pfarrer erklärte Goethe zuvor: „Dieser Tage und Nächte ist ein alter Vorsatz bei mir zur Reife gekommen; ich will meine kleine Freundin, die so viel an mir getan und auch diese Stunden der Prüfung mit mir durchlebte, völlig und bürgerlich anerkennen als die Meine". Am 30. Oktober war Anna Amalia wieder in Weimar und Goethes „kleine Freundin" dessen Ehefrau.

Das von Goethe erwartete Verständnis für diesen Schritt konnte Anna Amalia nicht aufbringen und erstmals scheint sie sogar einige Kritik an ihm geäußert zu haben, indem sie sein angeblich gleichgültiges Verhalten während der Kriegshandlungen tadelte.[308] Für Anna Amalia als Fürstin, die von frühster Jugend mit Staatsakten und Zeremonien vertraut war, muss die „völlige und bürgerliche Anerkennung" von Christiane als Goethes Frau sehr viel Gewicht gehabt haben. Dies ist der Grund, warum Anna Amalia nur einen Freimaurerhandschuh in Händen hält, womit das „Hochzeitsgemälde" ihre Antwort auf Goethes Vermählung darstellt. Nach außen war Anna Amalia gefasst, sie scheint die ihr von Goethe im September 1806 angebotene Mitpräsidentschaft in der Naturforschenden Gesellschaft in Jena (ab 1793) angenommen zu haben.[309] In dieser für sie schweren Zeit kam hinzu, dass am 14. Oktober 1806 ihr Bruder Carl Wilhelm Ferdinand als preußischer Heerführer gleich zu Beginn der Schlacht gegen die Franzosen in Auerstedt durch einen Kopfschuss tödlich verwundet wurde. Das Herzogtum Braunschweig, aus dem sie stammte, wurde von Napoleon mit den Worten ausgelöscht: „Das Haus Braunschweig hat aufgehört zu existieren."[310] Das Herzogtum Weimar entging nur deswegen dem gleichen Schicksal, weil die Frau des Erbprinzen, Maria Paulowna (1786–1859), die Schwester des russischen Zaren Alexander I. war, den Napoleon für eine Allianz mit Frankreich gewinnen wollte. Anna Amalia wurde damit eindrücklich vor Augen geführt, wie relativ die Fürstentümer von Gottesgnaden waren. Sie muss sich wohl gefragt haben, ob die Rücksichtnahme auf das ständisch-monarchische System, die zum Verzicht auf eine gemeinsame Zukunft mit Goethe geführt hatte, nicht ein zu hohes Opfer gewesen war.

Im Dezember 1806 malte Goethe für Anna Amalia ein Aquädukt, das aus den Buchstaben AMALIE gebildet wird (Abb. 8), sowie einen See in gebirgiger Landschaft, vor dem ein riesiger A-Buchstabe steht (Abb. 9). Gleichzeitig malte er vor eine italienische Küstenlandschaft ein großes C, das für die Prinzessin Caroline steht, Anna Amalias Enkelin, für Goethe das „holde Prinzeßchen".[311] Mit dem Hinweis auf ihre Enkeltochter suchte Goethe Anna Amalia seinen Schritt begreiflich zu machen, denn wie sie Freude an ihrer legitimen Enkelin hat und, um diese zu schützen, am 14. Oktober flüchtete, will auch er seinen Sohn August vor gesellschaftlichen Nachteilen bewahren und ihm deshalb seinen Namen geben. An seiner Liebe zur Fürstin in „höherem inneren Sinne" bestand für den Dichter nie ein Zweifel, beide weißen Freimaurerhandschuhe gehörten nur ihr.

In dieser für beide schweren Situation entschloss sich Goethe zu etwas ganz Besonderem: zu der Erstaufführung des TASSO, seinem Liebesdenkmal für Anna Amalia. Im Februar 1807, 17 Jahre nachdem TASSO gedruckt vorlag, wurde er angeblich von seinem Lieblingsschüler zu einer Inszenierung umgestimmt,[312] wobei das Stück lange Zeit vorher zu Übungszwecken einstudiert worden war. Er wandte sich mit der Aufführung an Anna Amalia als eine Versicherung seiner ewigen Liebe, ein Flehen, seine wichtigen Beweggründe zu verstehen – vergeblich. Im Eintrag 1807 der TAG- UND JAHRESHEFTE heißt es: „Gar bald nach Aufführung des ‚Tasso', einer so reinen Darstellung zarter, geist- und liebevoller Hof- und Weltscenen, verließ Herzogin Amalie den für sie im tiefsten Grund erschütterten, ja zerstörten Vaterlandsboden." Sie starb ohne äußere Anzeichen einer Krankheit. Goethe hielt in seinem Nachruf fest: „Ihr Tod, ihr Verlust sollte nur schmerzen als nothwendig, unvermeidlich, nicht durch zufällige, bängliche, angstvolle Nebenumstände."

Keinen Monat nach ihrem Tod taucht bei Goethe ein Satz auf, der wie eine Auflehnung gegen das ihm widerfahrene tragische Schicksal klingt: „Nichts gegen Gott außer Gott selbst" („Nihil contra Deum, nisi Deus ipse").[313] Von Anna Amalia, die am 10. April verschieden war, wurde, vermutlich von Carl Gottlob Weißer,[314] eine Totenmaske abgenommen (ABB. 14). Im Oktober 1807 überwand Goethe seine Abneigung gegen Gesichtsmasken und ließ sich vom Bildhauer Weißer eine abnehmen, die mit ungeöffneten Augen überliefert ist und dadurch wie eine Totenmaske wirkt (ABB. 15).[315] Eine zweite und letzte Maske ließ Goethe sich Anfang 1816 abnehmen, diese ist aber nur mit geöffneten Augen überliefert; ansonsten scheinen Bildhauer Goethe nur nach dem Leben modelliert zu haben.[316] Goethes Gesichtsmaske von 1807 entstand in zwei Sitzungen, eine erste am 19. Oktober, an seinem ersten Hochzeitstag, die abschließende am 24. Oktober,[317] an Anna Amalias erstem Geburtstag nach ihrem Tod. An diesen beiden Tagen ließ sich Goethe selbst als Toter darstellen.

Die Götter wollten aber den Dichter noch auf Erden, denn er konnte der Geliebten und zugleich der Menschheit weitere unsterbliche Werke der Liebe schenken. Die unerschöpfliche Inspirationsquelle für seine Dichtung ist sein erstes Weimarer Jahrzehnt, in dem er in leidenschaftlicher Liebe zu Anna Amalia entbrannt war. Diese Zeit waren sie „glücklich eingeschifft" gewesen, wenn auch unter dem Schutzmantel einer Täuschung. In TASSO spricht die Prinzessin angesichts des Aufbruchs des Dichters nach Rom die Worte aus (Vers 1875 ff.):

> Die Sorge schwieg, die Ahnung selbst verstummte,
> Und glücklich eingeschifft, trug uns der Strom
> Auf leichten Wellen ohne Ruder hin:
> Nun überfällt in trüber Gegenwart
> Der Zukunft Schrecken heimlich meine Brust.

Goethe konnte sich erst dank Anna Amalia zum Dichter der Liebe emporheben, um die Fackel der Liebe in die Finsternis hineinzutragen, wie der Dichter Giuseppe Maccari (1840–1867), der nur 26-jährig starb, jedoch durch die Liebe zu seiner Emilia in 56 Gedichten mit insgesamt 1.215 erhabenen Versen der Menschheit ein modernes Evangelium schenkte.[318] Goethes Tragödie bestand darin, dass er den Weg zur allumfassenden Liebe als den Kern seiner Lebenserfahrung der Welt überliefern wollte, dies aber nur in verschlüsselter Weise tun durfte. Die Entsagung von Anna Amalia bedeutete die Entrückung der verbotenen Liebe auf eine höhere Ebene, zugleich aber auch unsägliche Schmerzen. Erst bei Kenntnis von Goethes wahrer Geschichte im ersten Weimarer Jahrzehnt offenbart ein 1797 veröffentlichtes Gedicht seinen erschütternden Sinn:

AN MIGNON

Über Tal und Fluß getragen,
Ziehet rein der Sonne Wagen.
Ach, sie regt in ihrem Lauf,
So wie deine, meine Schmerzen,
Tief im Herzen,
Immer morgens wieder auf.

Kaum will mir die Nacht noch frommen,
Denn die Träume selber kommen
Nun in trauriger Gestalt,
Und ich fühle dieser Schmerzen,
Still im Herzen
Heimlich bildende Gewalt.

Schon seit manchen schönen Jahren
Seh ich unten Schiffe fahren,
Jedes kommt an seinen Ort;
Aber ach, die steten Schmerzen,
Fest im Herzen,
Schwimmen nicht im Strome fort.

Schön in Kleidern muß ich kommen,
Aus dem Schrank sind sie genommen,
Weil es heute Festtag ist;
Niemand ahnet, daß von Schmerzen
Herz in Herzen
Grimmig mir zerrissen ist.

Heimlich muß ich immer weinen,
Aber freundlich kann ich scheinen
Und sogar gesund und rot;
Wären tödlich diese Schmerzen
Meinem Herzen,
Ach, schon lange wär ich tot.

Wie bei einer Muschel, die eine Verwundung durch konzentrische Perlmut-
terschichten ummantelt, so dass eine Perle entsteht, wird Goethe als Entsagender unentwegt seinen Liebesschmerz mit unsterblichen Werken der Liebe ummanteln. Ohne Anna Amalias Bedeutung für Goethes Leben zu
erkennen, kann sein dichterisches Werk nicht interpretiert werden.

Im Rahmen eines nicht datierten Märchens, das nur drei Seiten umfasst,[319] beschreibt Anna Amalia die Entdeckung ihres Geheimnisses. Das
Märchen handelt von zwei „außerordentlich schönen Brillianten" in einer
Stadt in Nubien, wo die Leute besonders stolz auf ihren Verstand sind –
eine ironische Umschreibung für Weimar. Der größere Brillant, „so groß wie
ein halbes Ei", wird von seinem Eigentümer für wertvoller gehalten. Ein
weiser Mann lässt sich beide Brillanten zeigen und stellt bezüglich des
größeren fest: „Der Stein ist nicht echt." Bis an die Grenze des Durchsichti-
gen wagt sich hier Anna Amalia, denn man braucht statt des männlichen
Artikels nur den weiblichen einzufügen und es ergibt sich der Satz: „*Die
Stein ist nicht echt.*" Der weise Mann lässt eine Kohlenpfanne kommen, um
seine Behauptung zu beweisen: „Er nahm die beiden Steine und warf sie
beide in das Feuer, der große ging sogleich in Rauch auf, der echte aber
blieb, was er war. Eine stumme Stille der Dumpfheit überfiel die ganze Gesellschaft. Der weise Mann erhob seine Stimme, und sprach: ‚Mit Erlaubnis,
meine Herren und Damen, Sie können samt und sonders den Lauf der Welt
daraus sehen, das Falsche wird oft für Wahrheit gehalten und vorgezogen,
der Narr läßt sich durch glänzende Farben hinreißen, der Weise aber schät-
zet die Sache nach ihrem innern Werte.' Alle schrieen ihn für einen weisen
Mann aus, einen Namen, den er bis ans Ende seines Lebens beibehielt."

ABB. 1: ANNA AMALIA
Ölgemälde von Georg M. Kraus, 1774.

ABB. 2: BESUCH DER VILLA D'ESTE – Aquarell von Georg Schütz und Anna Amalia, 1789.
V. l. n. r.: Schütz, Herder, Anna Amalia, Göchhausen, Kaufmann, Reiffenstein, Einsiedel, Zucchi, Verschaffelt.

ABB. 3: ITALIENISCHE LANDSCHAFT MIT FELSENFORMATION, DIE DIE BUCHSTABEN AA BILDEN
Zeichnung von Goethe, um 1787.

ABB. 4: Goethe in der Campagna di Roma
Ölgemälde von Johann H. W. Tischbein, 1786/87.

ABB. 5: ANNA AMALIA IN POMPEJI AM GRABMAL DER PRIESTERIN MAMMIA
Ölgemälde von Johann H. W. Tischbein, 1789.

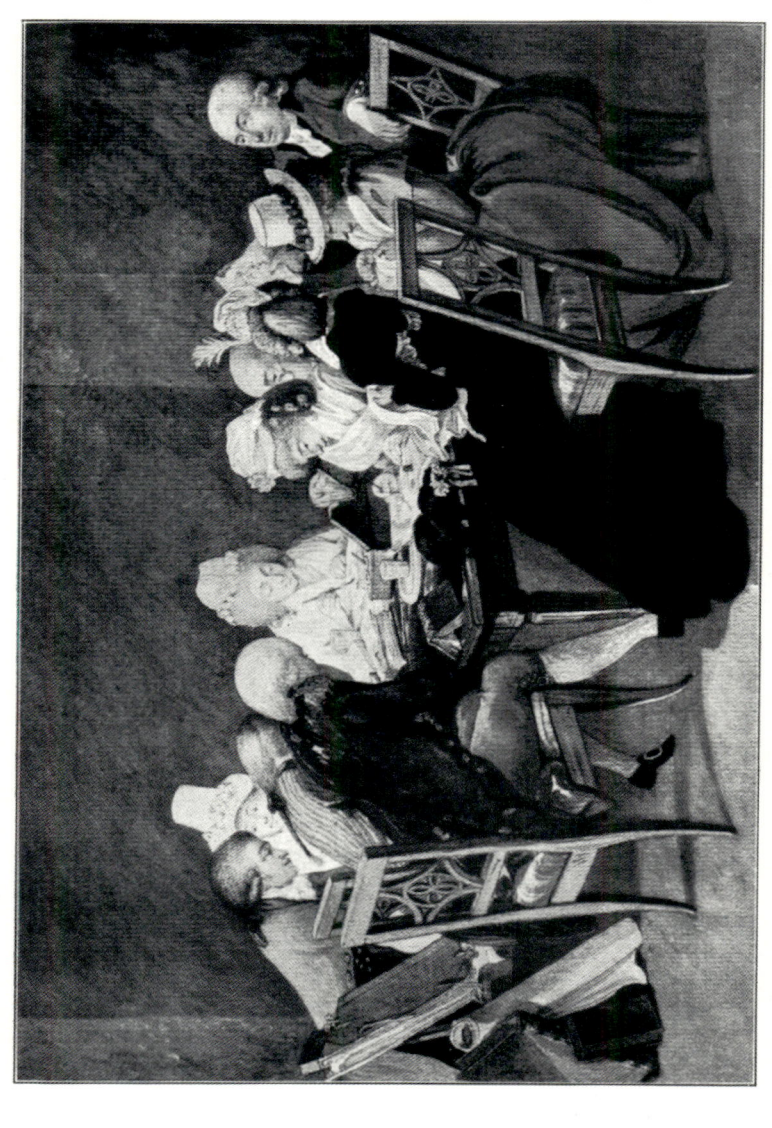

ABB. 6: Geselliges Zeichnen im Wittumspalais – Aquarell von Georg M. Kraus und Anna Amalia, 1795.
V. l. n. r.: Meyer, Wolfskeel, Goethe, Einsiedel, Anna Amalia, Elise Gore, Charles Gore, Emilie Gore, Göchhausen, Herder.

ABB. 7: DER JUNGE GOETHE
Ölgemälde von Georg M. Kraus, 1775/76.

ABB. 8: AQUÄDUKT, GEBILDET AUS DEN BUCHSTABEN AMALIE
Aquarell von Goethe, 1806.

ABB. 9: SEE IN GEBIRGIGER LANDSCHAFT, VOR DEM EIN A-BUCHSTABE STEHT
Aquarell von Goethe, 1806.

ABB. 10: CHARLOTTE V. STEIN
Selbstbildnis, um 1790.

ABB. 11: VIGNETTE, DIE EIN A DARSTELLT
Entwurfszeichnung von Goethe, um 1807/10.

ABB. 12: VIGNETTE MIT GROTTE
Zeichnung von Goethe, um 1807/10.

ABB. 13: ANNA AMALIA
Ölgemälde von Ferdinand Jagemann, 1806.

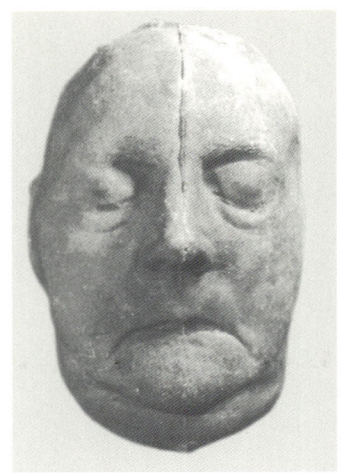

ABB. 14:
TOTENMASKE VON ANNA AMALIA
Abgenommen 1807.

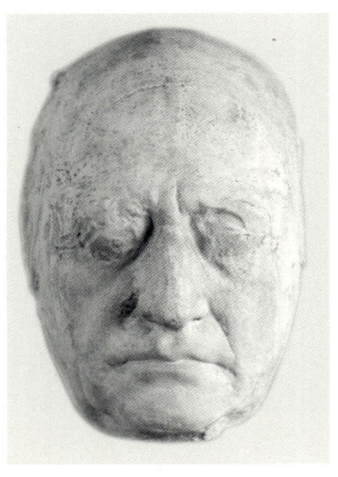

ABB. 15:
LEBENDMASKE VON GOETHE
Abgenommen 1807.

ABB. 16: IGELER SÄULE
Federzeichnung von Goethe,
um 1792.

LITERATUR

Zitate aus den folgenden Werken sind
nicht immer ausdrücklich ausgewiesen:

Alfred Bergmann (Hrsg.): Briefe des Herzogs Carl August von Sachsen-Weimar an seine Mutter, die Herzogin Anna Amalia, Jena 1938.

Werner Deetjen: Die Göchhausen – Briefe einer Hofdame aus dem klassischen Weimar, Berlin 1923.

Johann Peter Eckermann: Goethes Gespräche mit Eckermann, mit einem Vorwort von Edith Zenker, Berlin 1955.

Jürgen von Esenwein/Harald Gerlach (Hrsg.): Johann Wolfgang von Goethe: Zeit – Leben – Werk, CD-ROM, Berlin u. a. 1999.

Johann Wolfgang Goethe: Torquato Tasso – Ein Schauspiel, Stuttgart (^{1}1969) 1999, der Text folgt der Ausgabe: Goethes Werke, Festausgabe, Robert Petsch (Hrsg.), Band VII, Dramen III, Leipzig 1926.

Johann Wolfgang Goethe: Poetische Werke, Berliner Ausgabe, Band XIV, Italienische Reise, Berlin ^{3}1978.

Johann Wolfgang Goethe: Poetische Werke, Berliner Ausgabe, Band XV, Briefe aus der Schweiz 1779 u. a., Berlin ^{2}1972.

Johann Wolfgang Goethe: Poetische Werke, Berliner Ausgabe, Band XVI, Tag- und Jahreshefte – Als Ergänzung meiner sonstigen Bekenntnisse, Berlin ^{2}1973.

Johann Wolfgang Goethe: West-östlicher Divan, Ernst Beutler (Hrsg.), Leipzig 1943.

Johann Wolfgang Goethe: Sämtliche Werke, Frankfurter Ausgabe, Abteilung I, Band IX, Wilhelm Voßkamp/Herbert Jaumann (Hrsg.), Wilhelm Meisters Theatralische Sendung, Wilhelm Meisters Lehrjahre, Unterhaltungen deutscher Ausgewanderten, Frankfurt 1992.

Johann Wolfgang Goethe: Sämtliche Werke, Frankfurter Ausgabe, Abteilung I, Band X, Gerhard Neumann/Hans-Georg Dewitz (Hrsg.), Wilhelm Meisters Wanderjahre, Frankfurt 1989.

Johann Wolfgang Goethe: Sämtliche Werke, Frankfurter Ausgabe, Abteilung II, Band II, Hartmut Reinhardt (Hrsg.), Das erste Weimarer Jahrzehnt, Briefe, Tagebücher und Gespräche vom 7. November 1775 bis zum 2. September 1786, Frankfurt 1997.

Johann Wolfgang Goethe: Sämtliche Werke, Frankfurter Ausgabe, Abteilung II, Band VI, Rose Unterberger (Hrsg.), Napoleonische Zeit, Briefe, Tagebücher und Gespräche vom 10. Mai 1805 bis 6. Juni 1816, Frankfurt 1993.

Johann Wolfgang Goethe: Dichtung und Wahrheit, Walter Hettche (Hrsg.), Stuttgart 1998.

Hans Gerhard Gräf (Hrsg.): Johann Heinrich Mercks Briefe an die Herzogin-Mutter Anna Amalia und an den Herzog Carl August von Sachsen-Weimar, Leipzig 1911.

Otto Harnack: Zur Nachgeschichte der italienischen Reise – Goethes Briefwechsel mit Freunden und Kunstgenossen in Italien 1788–1790, Weimar 1890.

Heide Hollmer (Hrsg.): Anna Amalia von Sachsen-Weimar-Eisenach, Briefe über Italien, St. Ingbert 1999.

Dominik Jost: Deutsche Klassik, Goethes „Römische Elegien", München u. a. ^{2}1978.

M. Leis/K. Riha/C. Zelle (Hrsg.): Die Briefe von Goethes Mutter, nach der Ausgabe von Albert Köster, Frankfurt am Main/Leipzig 1996.

Karl Robert Mandelkow: Goethes Briefe und Briefe an Goethe, Hamburger Ausgabe in 6 Bänden, München 1988.

Heinz Nicolai (Hrsg.): Goethes Gedichte in zeitlicher Folge, Frankfurt am Main/Leipzig ^{11}1999.

Julius Petersen (Hrsg.): Goethes Briefe an Charlotte von Stein, Band I, II/1, II/2, Leipzig 1923.

Robert Steiger: Goethes Leben von Tag zu Tag, Band II, 1776–1788, Zürich/München 1983.

Charlotte von Stein: Dramen (Gesamtausgabe), Susanne Kord (Hrsg.), Hildesheim u. a. 1998.

Hans Wahl (Hrsg.): Briefwechsel des Herzogs-Großherzogs Carl August mit Goethe, Band I, 1775–1806, Band II, 1807–1820, (1915), Nachdruck Bern 1971.

Julius Zeitler (Hrsg.): Goethe-Handbuch, Stuttgart, Band I/1916, Band II/1917, Band III/1918.

[1] Zitiert aus Kanzler v. Müller, Unterhaltungen mit Goethe, Ernst Grumach (Hrsg.), Weimar 1956, S. 281.

[2] Theodor Kleinknecht/*Lutz Meyer-Goßner*, Kommentar zur Strafprozessordnung, München [44]1999, S. 905, Rn. 2.

[3] Ihre Vornamen werden nicht einheitlich wiedergegeben, vgl. *Wilhelm Bode*, Charlotte von Stein, Berlin [5]1920, S. 7.

[4] Siehe nur *Wilhelm Bode*, Charlotte von Stein, Berlin 1920, S. V; *Bodenstedt* zitiert nach K. Heinemann, Goethes Briefe an Frau von Stein, Band I, Stuttgart u. a. 1894, S. 3.

[5] Kritisch *Susanne Kord* (Hrsg.), Einleitung zu Charlotte von Stein, Dramen (Gesamtausgabe), Hildesheim u. a. 1998, S. VI und Fn. 35.

[6] *Fritz Liebeskind*, Der große Hermannstein bei Ilmenau, Ilmenau [2]1928, S. 37.

[7] *Angelika Fischer/Bernd Erhard Fischer*, Schloss Kochberg – Goethe bei Frau von Stein, Berlin-Brandenburg 1999, S. 76, S. 30, siehe auch S. 14.

[8] *Susanne Kord* (Hrsg.), Einleitung zu Charlotte von Stein, Dramen (Gesamtausgabe), Hildesheim u. a. 1998, S. V.

[9] *Helmut Koopmann*, Goethe und Frau von Stein, München 2002, S. 278.

[10] So *Wilhelm Bode*, Charlotte von Stein, Berlin [5]1920, S. 267.

[11] Zitiert nach Doris Maurer, Charlotte von Stein, Frankfurt a. M. u. a. 1997, S. 290.

[12] So *Christian Graf zu Stolberg*, zitiert nach Wilhelm Bode, Charlotte von Stein, Berlin [5]1920, S. 87.

[13] Vgl. eingehend *Carl F. v. Beaulieu-Marconnay*, Anna Amalia, Carl August und der Minister von Fritsch, Weimar 1874, S. 18 f.

[14] Vgl. *Wilhelm Bode*, Amalie Herzogin von Weimar – Das vorgoethische Weimar, Band I, Berlin 1908, S. 53, S. 94 f.

[15] Zitiert nach Hellmuth F. von Maltzahn, Karl Ludwig von Knebel, Jena 1929, S. 39.

[16] Zitiert nach Wilhelm Bode, Amalie Herzogin von Weimar – Das vorgoethische Weimar, Band I, Berlin 1908, S. 125, siehe auch S. 124 ff.

[17] Vgl. ausführlich *Wilhelm Bode*, Charlotte von Stein, Berlin [5]1920, S. 13 ff.

[18] Zitiert nach Wilhelm Bode, Charlotte von Stein, Berlin [5]1920, S. 108.

[19] Hierzu ausführlich *Wilhelm Bode*, Charlotte von Stein, Berlin [5]1920, S. 21 f., S. 26 ff.

[20] *Wilhelm Bode*, Charlotte von Stein, Berlin [5]1920, S. 28.

[21] Zitiert nach Wilhelm Bode, Charlotte von Stein, Berlin [5]1920, S. 263.

[22] *Wilhelm Bode*, Charlotte von Stein, Berlin [5]1920, S. 240 ff., Zitat auf S. 245.

[23] So *Olga G. Taxis-Bordogna*, Frauen von Weimar, München 1948, S. 51.

[24] *Julius Zeitler* in: ders. (Hrsg.), Goethe-Handbuch, Band II, Stuttgart 1917, Stichwort: Die Halsbandgeschichte, S. 115.

[25] Vgl. nur *K. Heinemann*, Goethes Briefe an Frau von Stein, Band I, Stuttgart u. a. 1894, S. 8 f.

[26] *Karl v. Lyncker*, Am Weimarischen Hofe unter Amalien und Karl August, Berlin 1912, S. 23; *F. Bornhak*, Anna Amalia, Herzogin von Sachsen-Weimar-Eisenach, Berlin 1892, S. 104.

[27] Zitiert nach Weimarische Wöchentliche Anzeigen, Nr. 65 vom 12. August 1772, S. 257.

[28] So etwa *Fritz Liebeskind*, Der große Hermannstein bei Ilmenau, Ilmenau [2]1928, S. 40 f., der die Geschichte der Einmeißelungen in der Höhle wiedergibt.

[29] Vgl. für ein Verzeichnis der von Goethe eingesetzten astronomischen Symbole Johann Wolfgang Goethe, Sämtliche Werke, Frankfurter Ausgabe, Abteilung II, Band II, Hartmut Reinhardt (Hrsg.), Das erste Weimarer Jahrzehnt, Frankfurt 1997, S. 1268.

[30] *Wilhelm Bode*, Amalie Herzogin von Weimar – Das vorgoethische Weimar, Band I, Berlin 1908, S. 137.

[31] Vgl. *Hellmuth F. von Maltzahn*, Karl Ludwig von Knebel, Jena 1929, S. 140.

[32] Zitiert nach Wilhelm Bode, Amalie Herzogin von Weimar – Der Musenhof der Herzogin Amalie, Band II, Berlin 1908, S. 207.

[33] *F. Bornhak*, Anna Amalia, Herzogin von Sachsen-Weimar-Eisenach, Berlin 1892, S. 168; für das Gerücht, sie wolle ihrem zweitgeborenen Sohn nach Italien nachreisen, vgl. *Joachim Berger*, Anna Amalia von Sachsen-Weimar-Eisenach (1739–1807) – Denk- und Handlungsräume einer ,aufgeklärten' Herzogin, Jena 2002, S. 507.

[34] So *Böttiger*, zitiert nach Robert Steiger, Goethes Leben von Tag zu Tag, Band II, 1776–1788, Zürich/München 1983, S. 37.

[35] *Wilhelm Bode/Valerian Tornius*, Goethes Leben 1790–1794, Berlin 1926, S. 122.

[36] Vgl. *Karl-Heinz Hahn*, Die Regentin und ihr Minister. Herzogin Anna Amalia von Sachsen-Weimar und Eisenach und der Minister Jakob Friedrich Freiherr von Fritsch, in: Wolfenbütteler Beiträge, Band IX, Wiesbaden 1994, S. 76 ff. (Zitat S. 77); grundlegend *Carl F. v. Beaulieu-Marconnay*, Anna Amalia, Carl August und der Minister von Fritsch, Weimar 1874, S. 55 ff.

[37] *Wilhelm Bode*, Amalie Herzogin von Weimar – Der Musenhof der Herzogin Amalie, Band II, Berlin 1908, S. 21.

[38] Zitiert nach Julius Petersen (Hrsg.), Goethes Briefe an Charlotte von Stein, Band I, Leipzig 1923, S. 530.

[39] Vgl. Wilhelm Bode (Hrsg.), Goethe in Vertraulichen Briefen seiner Zeitgenossen 1749–1793, Bd. I, Berlin 1999, S. 191.

[40] Zitiert aus Kanzler v. Müller, Unterhaltungen mit Goethe, Ernst Grumach (Hrsg.), Weimar 1956, S. 283.

[41] Vgl. etwa die ausgewogene Schilderung von *Wilhelm Bode*, Amalie Herzogin von Weimar – Der Musenhof der Herzogin Amalie, Band II, Berlin 1908, S. 6 ff., S. 82.

[42] Zitiert nach Wilhelm Bode, Amalie Herzogin von Weimar – Der Musenhof der Herzogin Amalie, Band II, Berlin 1908, S. 197 f.

[43] *F. Bornhak*, Anna Amalia, Herzogin von Sachsen-Weimar-Eisenach, Berlin 1892, S. 117.

[44] Vgl. *Wilhelm Bode*, Amalie Herzogin von Weimar – Der Musenhof der Herzogin Amalie, Band II, Berlin 1908, S. 85 f., S. 138.

[45] Zitiert nach Wilhelm Bode, Amalie Herzogin von Weimar – Der Musenhof der Herzogin Amalie, Band II, Berlin 1908, S. 201.

[46] *Jakob Michael Reinhold Lenz*, Werke, München 1992, Nachwort von G. Sauder, S. 590.

[47] Zitiert nach Julius Petersen (Hrsg.), Goethes Briefe an Charlotte von Stein, Band I, Leipzig 1923, S. 533.

[48] Zitiert nach Wilhelm Bode, Charlotte von Stein, Berlin ⁵1920, S. 127.

[49] *Wilhelm Bode*, Charlotte von Stein, Berlin ⁵1920, S. 137; kritisch zu den bisherigen Erklärungsversuchen der Kommentar zu Johann Wolfgang Goethe, Sämtliche Werke, Frankfurter Ausgabe, Abteilung II, Band II, *Hartmut Reinhardt* (Hrsg.), Das erste Weimarer Jahrzehnt, Frankfurt 1997, S. 770 f.

[50] Johann Wolfgang Goethe, Sämtliche Werke, Frankfurter Ausgabe, Abteilung II, Band II, *Hartmut Reinhardt* (Hrsg.), Das erste Weimarer Jahrzehnt, Frankfurt 1997, S. 1220, Stichwort: Lenz.

[51] Zitiert nach Wilhelm Bode, Amalie Herzogin von Weimar – Der Musenhof der Herzogin Amalie, Band II, Berlin 1908, S. 208.

[52] *H. Guenther Nerjes*, Ein Unbekannter Schiller – Kritiker des Weimarer Musenhofes, Berlin 1965, S. 84.

[53] Zitiert nach Hellmuth F. von Maltzahn, Karl Ludwig von Knebel, Jena 1929, S. 122.

[54] *Hellmuth F. von Maltzahn*, Karl Ludwig von Knebel, Jena 1929, S. 16.

⁵⁵ Vgl. *Konrad Scheurmann*, Goethes Schatten in Rom, in: animo italo-tedesco 2000, S. 162.

⁵⁶ Vgl. hierzu *Hans Wahl* (Hrsg.), Briefwechsel des Herzogs-Großherzogs Carl August mit Goethe, Band I, 1775–1806, (1915), Nachdruck Bern 1971, S. 378 f., Rn. 53.

⁵⁷ Zitiert nach Carl F. v. Beaulieu-Marconnay, Anna Amalia, Carl August und der Minister von Fritsch, Weimar 1874, S. 98, S. 250.

⁵⁸ Zitiert nach *Carl F. v. Beaulieu-Marconnay*, Anna Amalia, Carl August und der Minister von Fritsch, Weimar 1874, S. 103.

⁵⁹ *Wilhelm Bode*, Amalie Herzogin von Weimar – Ein Lebensabend im Künstlerkreise, Band III, Berlin 1908, S. 109.

⁶⁰ Vgl. *Robert Steiger*, Goethes Leben von Tag zu Tag, Band II, 1776–1788, Zürich/München 1983, S. 386.

⁶¹ Zitiert nach Carl F. v. Beaulieu-Marconnay, Anna Amalia, Carl August und der Minister von Fritsch, Weimar 1874, S. 78 f.

⁶² Zitiert nach Helene Matthies, Lottine – Lebensbild der Philippine Charlotte, Schwester Friedrich des Großen Gemahlin Karls I. von Braunschweig, Braunschweig 1958, S. 90, weitere Angaben finden sich auf S. 89 ff., S. 104, S. 175 und öfters.

⁶³ So *Charlotte Marlo Werner*, Goethes Herzogin Anna Amalia, Düsseldorf 1996, S. 96.

⁶⁴ Vgl. hierzu *Hans Wahl* (Hrsg.), Briefwechsel des Herzogs-Großherzogs Carl August mit Goethe, Band I, 1775–1806, (1915), Nachdruck Bern 1971, S. 387, Rn. 97 und S. 388, Rn. 101.

⁶⁵ Vgl. aber *Hans Wahl* (Hrsg.), Briefwechsel des Herzogs-Großherzogs Carl August mit Goethe, Band I, 1775–1806, (1915), Nachdruck Bern 1971, S. 399, Rn. 109, mit genauen Angaben über die österreichische Überwachung.

⁶⁶ Zurückhaltend *Konrad Scheurmann*, Goethes Schatten in Rom, in: animo italo-tedesco 2000, S. 174.

⁶⁷ Für Tischbeins rührende Bittbriefe, die von Goethes Freund Merck nach Weimar geschickt wurden, um seine Förderung als Kunstmaler zu erreichen, siehe etwa *Hans Gerhard Gräf* (Hrsg.), Johann Heinrich Mercks Briefe, Leipzig 1911, S. 142 ff., mit Wendungen wie: „... sehe ich aber mein jetziges Geschmier an, so fällt mir immer mein Vater ein, und ich sehe seinen Geist, der mir drohet und sagt: ‚Schäme dich, unnüzer Bube, so wenig glaubte ich nicht von dir‘" (S. 145).

⁶⁸ Vgl. nur *Wilhelm Bode*, Charlotte von Stein, Berlin ⁵1920, S. 249 ff.

⁶⁹ Zitiert nach Robert Steiger, Goethes Leben von Tag zu Tag, Band I, 1749–1775, München 1982, S. 671.

⁷⁰ Vgl. *Wilhelm Bode*, Charlotte von Stein, Berlin ⁵1920, S. 362 ff., S. 392 ff., S. 436 ff. und öfters.

⁷¹ Zitiert nach Wilhelm Bode, Charlotte von Stein, Berlin ⁵1920, S. 564.

⁷² So *Wilhelm Bode*, Charlotte von Stein, Berlin ⁵1920, S. 590, S. 660.

⁷³ Vgl. ausführlich *Wilhelm Bode*, Charlotte von Stein, Berlin ⁵1920, S. 520 ff.

⁷⁴ So *Paul Kühn*, Die Frauen um Goethe, eingeleitet und bearbeitet von G. Biermann, Salzburg 1949, S. 348.

⁷⁵ *Wilhelm Bode*, Amalie Herzogin von Weimar – Das vorgoethische Weimar, Band I, Berlin 1908, S. 137; für das Jahr 1772 vgl. etwa Weimarische Wöchentliche Anzeigen, Nr. 89 vom 4. November 1772, S. 373.

⁷⁶ Vgl. *Wilhelm Bode*, Amalie Herzogin von Weimar – Der Musenhof der Herzogin Amalie, Band II, Berlin 1908, S. 54 f.

⁷⁷ Vgl. eingehend zu den italienischen Sprachkenntnissen *Joachim Berger*, Anna Amalia von Sachsen-Weimar-Eisenach (1739–1807) – Denk- und Handlungsräume einer ‚aufgeklärten‘ Herzogin, Jena 2002, S. 260 ff.

⁷⁸ *Bärbel Raschke*, Anna Amalia von Sachsen-Weimar-Eisenach – Buchbesitz, Lektüre und Geselligkeit, in: J. Berger (Hrsg.), Der Musenhof Anna Amalias, Köln u. a. 2001, S. 87.

[79] Vgl. Johann Wolfgang von Goethe, Italienische Landschaft mit Grotte, „hier ist der Schlüssel zu allem", in: Aus dem Goethe Nationalmuseum, Faltblatt Nr. 15/1999.

[80] Für die Datierungsversuche vgl. *Heide Hollmer* (Hrsg.), Nachwort, Anna Amalia von Sachsen-Weimar-Eisenach, Briefe über Italien, St. Ingbert 1999, S. 92.

[81] Zitiert nach Wilhelm Bode, Amalie Herzogin von Weimar – Der Musenhof der Herzogin Amalie, Band II, Berlin 1908, S. 224.

[82] Vgl. *Christian Lenz*, Tischbein – Goethe in der Campagna di Roma, Frankfurt am Main 1979, S. 41 f.

[83] *Paul Weizsäcker*, Anna Amalia, Herzogin von Sachsen-Weimar-Eisenach, die Begründerin des Weimarischen Musenhofes, in: Sammlung gemeinverständlicher wissenschaftlicher Vorträge, Heft 161, Hamburg 1892, S. 45.

[84] Vgl. *Volkmar Braunbehrens*, Goethes „Egmont", Text – Geschichte – Interpretation, 1982, S. 75 ff.

[85] Zitiert nach Julius Petersen (Hrsg.), Goethes Briefe an Charlotte von Stein, Band II/ 2, Leipzig 1923, S. 715, Anmerkung 1653.

[86] *Christine Reinhard* in einem Brief an ihre Mutter vom 5. Juli 1807, abgedruckt in: Johann Wolfgang Goethe, Sämtliche Werke, Frankfurter Ausgabe, Abteilung II, Band VI, Rose Unterberger (Hrsg.), Napoleonische Zeit, Frankfurt 1993, S. 200.

[87] So *Knebel* zitiert nach Wilhelm Bode, Charlotte von Stein, Berlin ⁵1920, S. 70.

[88] *Wilhelm Bode*, Amalie Herzogin von Weimar – Ein Lebensabend im Künstlerkreise, Band III, Berlin 1908, S. 115 f.

[89] *Wilhelm Bode*, Amalie Herzogin von Weimar – Ein Lebensabend im Künstlerkreise, Band III, Berlin 1908, S. 58.

[90] *Eberhard Zahn*, Die Igeler Säule bei Trier, Neuß 1968, S. 6.

[91] *Eberhard Zahn*, Die Igeler Säule bei Trier, Neuß 1968, S. 36.

[92] So auch der Kommentar zu Johann Wolfgang Goethe, Poetische Werke, Berliner Ausgabe, Band X, Berlin ²1972, S. 705, Rn. 170: „‚ihr Leben... zurückzurufen' ist 1792 ein Anachronismus".

[93] Vgl. etwa *Joachim Berger*, Anna Amalia von Sachsen-Weimar-Eisenach (1739–1807) – Denk- und Handlungsräume einer ‚aufgeklärten' Herzogin, Jena 2002, S. 324 f.

[94] Ähnlich *Angela Borchert*, Die Entstehung der Musenhofvorstellung aus dem Angedenken an Anna Amalia von Sachsen-Weimar-Eisenach, in: J. Berger (Hrsg.), Der Musenhof Anna Amalias, Köln u. a. 2001, S. 166, Fn. 3.

[95] Vgl. *Renate Müller-Krumbach*, Nachlaß Johann Wolfgang von Goethe, in: Stiftung Weimarer Klassik, Verlassenschaften – Der Nachlaß Vulpius, Weimar 1995, S. 22 ff.

[96] Vgl. *Hermann Rollet*, Die Goethe-Bildnisse, (1883), Faksimile-Ausgabe Wiesbaden 1978, S. 54.

[97] In diesem Sinne etwa *Karlheinz Schulz*, Goethes und Goldonis Torquato Tasso, Frankfurt a. M. u. a. 1986, S. 120 ff.

[98] So *W. Gaede* (1929) zitiert nach Karlheinz Schulz, Goethes und Goldonis Torquato Tasso, Frankfurt a. M. u. a. 1986, S. 7.

[99] Vgl. hierzu *Christian Grawe*, Johann Wolfgang Goethe, Torquato Tasso, Erläuterungen und Dokumente, Stuttgart 1981, S. 124 f.

[100] Zitiert nach Christian Grawe, Johann Wolfgang Goethe, Torquato Tasso, Erläuterungen und Dokumente, Stuttgart 1981, S. 190 f.

[101] So *Hermann Grimm*, Goethe-Vorlesungen, 1877, zitiert nach Christian Grawe, Johann Wolfgang Goethe, Torquato Tasso, Erläuterungen und Dokumente, Stuttgart 1981, S. 223.

[102] Zitiert nach Christian Grawe, Johann Wolfgang Goethe, Torquato Tasso, Erläuterungen und Dokumente, Stuttgart 1981, S. 201 f.

[103] Brief zitiert nach Gerhard Bott, Herzogin Anna Amalia von Sachsen-Weimar und ihre Freunde im Park der Villa D'Este in Tivoli, München 1961, S. 490.

[104] Vgl. *Charlotte Marlo Werner*, Goethes Herzogin Anna Amalia, Düsseldorf 1996, S.

134; siehe auch *Joachim Berger*, Anna Amalias Rückzug auf ihren ‚Musensitz', in: ders. (Hrsg.), Der Musenhof Anna Amalias, Köln u. a. 2001, S. 153.

[105] Zitiert nach Gerhard Bott, Herzogin Anna Amalia von Sachsen-Weimar und ihre Freunde im Park der Villa D'Este in Tivoli, München 1961, S. 490.

[106] Zitiert nach Wilhelm Bode, Amalie Herzogin von Weimar – Ein Lebensabend im Künstlerkreise, Band III, Berlin 1908, S. 183.

[107] Vgl. etwa auch *Paul Kühn*, Die Frauen um Goethe, eingeleitet und bearbeitet von G. Biermann, Salzburg 1949, S. 12; *F. Bornhak*, Anna Amalia, Herzogin von Sachsen-Weimar-Eisenach, Berlin 1892, S. 6.

[108] Für *Wilhelm Bode*, Amalie Herzogin von Weimar – Ein Lebensabend im Künstlerkreise, Band III, Berlin 1908, neben S. 24 ist etwa die dritte Person von links Angelika Kauffmann; für *Gerhard Bott*, Herzogin Anna Amalia von Sachsen-Weimar und ihre Freunde im Park der Villa D'Este in Tivoli, München 1961, S. 491 ist diese die Herzogin Anna Amalia.

[109] *Gerhard Bott*, Herzogin Anna Amalia von Sachsen-Weimar und ihre Freunde im Park der Villa D'Este in Tivoli, München 1961, S. 491 f.

[110] Vgl. nur *Karlheinz Schulz*, Goethes und Goldonis Torquato Tasso, Frankfurt a. M. u. a. 1986, S. 145.

[111] *Gerhard Bott*, Herzogin Anna Amalia von Sachsen-Weimar und ihre Freunde im Park der Villa D'Este in Tivoli, München 1961, S. 492.

[112] Vgl. *Winder McConnell*, Mythos Greif, in: U. Müller/W. Wunderlich (Hrsg.), Dämonen, Monster, Fabelwesen, St. Gallen 1999, S. 283 f., eingehend zur Bedeutung des Greifs S. 268 ff.

[113] *Gerhard Bott*, Herzogin Anna Amalia von Sachsen-Weimar und ihre Freunde im Park der Villa D'Este in Tivoli, München 1961, S. 494 (1. Zitat) und S. 495 (2. Zitat).

[114] *Christian Grawe*, Johann Wolfgang Goethe, Torquato Tasso, Erläuterungen und Dokumente, Stuttgart 1981, S. 54.

[115] Hierzu etwa *Karlheinz Schulz*, Goethes und Goldonis Torquato Tasso, Frankfurt a. M. u. a. 1986, S. 34.

[116] Hierzu *Christian Grawe*, Johann Wolfgang Goethe, Torquato Tasso, Erläuterungen und Dokumente, Stuttgart 1981, S. 49 ff.

[117] *Christian Grawe*, Johann Wolfgang Goethe, Torquato Tasso, Erläuterungen und Dokumente, Stuttgart 1981, S. 5 f.

[118] So auch *Karlheinz Schulz*, Goethes und Goldonis Torquato Tasso, Frankfurt a. M. u. a. 1986, S. 110 f.

[119] Vgl. *Paul Kühn*, Die Frauen um Goethe, eingeleitet und bearbeitet von G. Biermann, Salzburg 1949, S. 347 f.

[120] *Paul Weizsäcker*, Anna Amalia, Herzogin von Sachsen-Weimar-Eisenach, die Begründerin des Weimarischen Musenhofes, in: Sammlung gemeinverständlicher wissenschaftlicher Vorträge, Heft 161, Hamburg 1892, S. 9.

[121] Vgl. auch *Charlotte Marlo Werner*, Goethes Herzogin Anna Amalia, Düsseldorf 1996, S. 69.

[122] Zitiert nach Volker Wahl, Anna Amalia und die Wissenschaft in Weimar und Jena, in: Wolfenbütteler Beiträge, Band IX, Wiesbaden 1994, S. 95.

[123] Zitiert nach Gotthard Frühsorge, Der Abt Jerusalem als Erzieher und Berater Anna Amalias, in: Wolfenbütteler Beiträge, Band IX, Wiesbaden 1994, S. 63.

[124] Zitiert nach Wilhelm Bode, Amalie Herzogin von Weimar – Der Musenhof der Herzogin Amalie, Band II, Berlin 1908, S. 29.

[125] Zitiert nach Wilhelm Bode, Amalie Herzogin von Weimar – Der Musenhof der Herzogin Amalie, Band II, Berlin 1908, S. 34.

[126] *Paul Weizsäcker*, Anna Amalia, Herzogin von Sachsen-Weimar-Eisenach, die Begründerin des Weimarischen Musenhofes, in: Sammlung gemeinverständlicher wissenschaftlicher Vorträge, Heft 161, Hamburg 1892, S. 3.

[127] *Henriette v. Egloffstein*, verheiratet v. Beaulieu-Marconnay, zitiert aus Wilhelm Bode, Amalie Herzogin von Weimar – Ein Lebensabend im Künstlerkreise, Band III, Berlin 1908, S. 73.

[128] So *Charlotte Krackow*, zitiert nach Eduard Scheidemantel, Erinnerungen von Charlotte Krackow, Weimar ²1918, S. 4.

[129] Vgl. etwa die Angaben von *Olga G. Taxis-Bordogna*, Frauen von Weimar, München 1948, S. 19.

[130] Zitiert nach Wilhelm Bode, Amalie Herzogin von Weimar – Der Musenhof der Herzogin Amalie, Band II, Berlin 1908, S. 220.

[131] Zitiert nach Wilhelm Bode, Amalie Herzogin von Weimar – Der Musenhof der Herzogin Amalie, Band II, Berlin 1908, S. 150.

[132] Für den Versuch einer ausgewogenen Wertung vgl. *Wolfram Huschke*, Anna Amalia und die Musik ihrer Zeit, in: Wolfenbütteler Beiträge, Band IX, Wiesbaden 1994, S. 143 f.; vgl. auch *Sandra Dreise-Beckmann*, Anna Amalia und das Musikleben am Weimarer Hof, in: J. Berger (Hrsg.), Der Musenhof Anna Amalias, Köln u. a. 2001, S. 63, S. 66 ff.; *Heide Hollmer*, Herzogin Anna Amalias Kunstwahrnehmung und Kunstförderung, in: ebenda, S. 117.

[133] Vgl. unter Berücksichtigung der Sängerin und Gelegenheitskomponistin Corona Schröter *Sandra Dreise-Beckmann*, Anna Amalia und das Musikleben am Weimarer Hof, in: J. Berger (Hrsg.), Der Musenhof Anna Amalias, Köln u. a. 2001, S. 69 f.; vgl. allgemein *Joachim Berger*, Anna Amalia von Sachsen-Weimar-Eisenach (1739–1807) – Denk- und Handlungsräume einer ‚aufgeklärten' Herzogin, Jena 2002, S. 281 ff.

[134] Zitiert nach K. A. Varnhagen von Ense/Th. Mundt, K. L. von Knebel's Literarischer Nachlaß und Briefwechsel, Leipzig ²1840, S. 190; siehe auch *F. Bornhak*, Anna Amalia, Herzogin von Sachsen-Weimar-Eisenach, Berlin 1892, S. 122.

[135] *Wilhelm Bode*, Amalie Herzogin von Weimar – Der Musenhof der Herzogin Amalie, Band II, Berlin 1908, S. 56.

[136] Zitiert nach K. A. Varnhagen von Ense/Th. Mundt, K. L. von Knebel's Literarischer Nachlaß und Briefwechsel, Leipzig ²1840, S. 198 f.

[137] Für die Daten vgl. nur *Charlotte Marlo Werner*, Goethes Herzogin Anna Amalia, Düsseldorf 1996, S. 229.

[138] Vgl. nur *Wilhelm Bode*, Amalie Herzogin von Weimar – Das vorgoethische Weimar, Band I, Berlin 1908, S. 145; für den Text nebst einer Abbildung des Originals siehe Volker Wahl, Meine Gedanken, in: Wolfenbütteler Beiträge, Band IX, Wiesbaden 1994, S. 102 ff.; für eine Datierung auf 1774 ohne Angabe von Gründen siehe *Joachim Berger*, Anna Amalia von Sachsen-Weimar-Eisenach (1739–1807) – Denk- und Handlungsräume einer ‚aufgeklärten' Herzogin, Jena 2002, S. 107, S. 111 und öfters.

[139] Hierzu Hans Wahl (Hrsg.), Briefwechsel des Herzogs-Großherzogs Carl August mit Goethe, Bd. I 1775–1806, (1915), Vorwort, Nachdruck Bern 1971, S. XIII.

[140] *Hans Gerhard Gräf* (Hrsg.), Johann Heinrich Mercks Briefe, Leipzig 1911, S. VII.

[141] Vgl. *Susanne Kord* (Hrsg.), Einleitung, Charlotte von Stein, Dramen (Gesamtausgabe), Hildesheim u. a. 1998, S. VI.

[142] *Hermann Rollet*, Die Goethe-Bildnisse, (1883), Faksimile-Ausgabe Wiesbaden 1978, S. 3 f.; *Edmund Hoefer*, Goethe's Stellung zu Weimar's Fürstenhause, Stuttgart 1872, S. 5.

[143] Für die Datierung siehe *Robert Steiger*, Goethes Leben von Tag zu Tag, Band I, 1749–1775, München 1982, S. 544.

[144] *Charlotte Marlo Werner*, Goethes Herzogin Anna Amalia, Düsseldorf 1996, S. 93; *Joachim Berger*, Anna Amalia von Sachsen-Weimar-Eisenach (1739–1807) – Denk- und Handlungsräume einer ‚aufgeklärten' Herzogin, Jena 2002, S. 127 f.

[145] Fourier-Buch für das Jahr 1772, S. 246 ff., Thüringisches Hauptstaatsarchiv Weimar.

[146] *Sandra Dreise-Beckmann*, Anna Amalia und das Musikleben am Weimarer Hof, in: J. Berger (Hrsg.), Der Musenhof Anna Amalias, Köln u. a. 2001, S. 60 f.

[147] Hierzu *Wolfram Huschke*, Anna Amalia und die Musik ihrer Zeit, in: Wolfenbütteler Beiträge, Band IX, Wiesbaden 1994, S. 128 f.; siehe auch *Wilhelm Bode*, Amalie Herzogin von Weimar – Der Musenhof der Herzogin Amalie, Band II, Berlin 1908, S. 171 f.; *Friedrich August Hohenstein*, Weimar und Goethe – Ereignisse und Erlebnisse, Berlin 1931, S. 102 ff.

[148] *Antje Vanhoefen*, Zum Oßmannstädter Porträt der Herzogin Anna Amalia von Georg Melchior Kraus, in: Die Pforte 6/2002, S. 34.

[149] Vgl. *Hans Gerhard Gräf* (Hrsg.), Johann Heinrich Mercks Briefe, Leipzig 1911, S. X f.

[150] Zitiert nach Carl F. v. Beaulieu-Marconnay, Anna Amalia, Carl August und der Minister von Fritsch, Weimar 1874, S. 133, S. 252; vgl. auch *F. Bornhak*, Anna Amalia, Herzogin von Sachsen-Weimar-Eisenach, Berlin 1892, S. 89 f.

[151] Zitiert nach Wilhelm Bode, Amalie Herzogin von Weimar – Der Musenhof der Herzogin Amalie, Band II, Berlin 1908, S. 85; siehe den Tagebucheintrag von *Böttiger* vom 19. Januar 1797, abgedruckt in Wilhelm Bode (Hrsg.), Goethe in Vertraulichen Briefen seiner Zeitgenossen 1794–1816, Bd. II, Berlin 1999, S. 99.

[152] Zitiert nach Robert Steiger, Goethes Leben von Tag zu Tag, Band I, 1749–1775, München 1982, S. 761.

[153] So *Eduard v. Bamberg* (Hrsg.), Die Erinnerungen der Karoline Jagemann, Band I, Dresden 1926, S. 174.

[154] Zitiert nach Wilhelm Bode, Amalie Herzogin von Weimar – Der Musenhof der Herzogin Amalie, Band II, Berlin 1908, S. 159.

[155] Zitiert nach Wilhelm Bode, Amalie Herzogin von Weimar – Der Musenhof der Herzogin Amalie, Band II, Berlin 1908, S. 32.

[156] Zitiert nach Eduard v. Bamberg (Hrsg.), Die Erinnerungen der Karoline Jagemann, Band I, Dresden 1926, S. 42.

[157] Eduard v. Bamberg (Hrsg.), Die Erinnerungen der Karoline Jagemann, Band I, Dresden 1926, S. 174.

[158] Vgl. etwa die Nr. 14, 15 und 18 vom Jahre 1789.

[159] Zitiert nach Eduard v. Bamberg (Hrsg.), Die Erinnerungen der Karoline Jagemann, Band I, Dresden 1926, S. 180.

[160] Vgl. Eduard v. Bamberg (Hrsg.), Die Erinnerungen der Karoline Jagemann, Band I, Dresden 1926, S. 42; Anna Amalia sorgte für das Kind, das jedoch bereits 1791 starb, *Joachim Berger*, Anna Amalia von Sachsen-Weimar-Eisenach (1739–1807) – Denk- und Handlungsräume einer ,aufgeklärten' Herzogin, Jena 2002, S. 412.

[161] *Wilhelm Bode*, Amalie Herzogin von Weimar – Ein Lebensabend im Künstlerkreise, Band III, Berlin 1908, S. 10 f.

[162] *Olga G. Taxis-Bordogna*, Frauen von Weimar, München 1948, S. 26, S. 90 f.

[163] *Wilhelm Bode*, Amalie Herzogin von Weimar – Ein Lebensabend im Künstlerkreise, Band III, Berlin 1908, S. 34.

[164] Zitiert nach Eduard v. Bamberg (Hrsg.), Die Erinnerungen der Karoline Jagemann, Band I, Dresden 1926, S. 39, S. 42.

[165] Zitiert nach Heide Hollmer, Herzogin Anna Amalias Kunstwahrnehmung und Kunstförderung, in: J. Berger (Hrsg.), Der Musenhof Anna Amalias, Köln u. a. 2001, S. 113, Fn. 22.

[166] Zitiert nach Eduard v. Bamberg (Hrsg.), Die Erinnerungen der Karoline Jagemann, Band I, Dresden 1926, S. 181.

[167] Zitiert nach Otto Harnack, Zur Nachgeschichte der italienischen Reise, Weimar 1890, S. 203 f.

[168] So *Horst Rüdiger*, Goethe und Europa, Berlin u. a. 1990, S. 62.

[169] Vgl. für die Editionsgeschichte *Jonas Fränkel*, Marginalien zu Goethes Briefen an Charlotte von Stein, Jena 1909, S. 2 ff.

[170] Zitiert nach Wilhelm Bode, Charlotte von Stein, Berlin ⁵1920, S. 236; vgl. auch

Charlotte Marlo Werner, Goethes Herzogin Anna Amalia, Düsseldorf 1996, S. 204.
[171] Abgedruckt in Wilhelm Bode (Hrsg.), Goethe in Vertraulichen Briefen seiner Zeitgenossen 1794–1816, Bd. II, Berlin 1999, S. 550 ff.
[172] Zitiert nach Wilhelm Bode, Charlotte von Stein, Berlin ⁵1920, S. 154.
[173] Vgl. etwa *Wilhelm Bode*, Charlotte von Stein, Berlin ⁵1920, S. 86 f.
[174] So *Wilhelm Bode*, Charlotte von Stein, Berlin ⁵1920, S. 155.
[175] Brief vom 22. Juli 1782 an den Herzog Carl August, in: Hans Gerhard Gräf (Hrsg.), Johann Heinrich Mercks Briefe, Leipzig 1911, S. 151 f.
[176] *F. Bornhak*, Anna Amalia, Herzogin von Sachsen-Weimar-Eisenach, Berlin 1892, S. 187.
[177] Zitiert nach Wilhelm Bode, Amalie Herzogin von Weimar – Der Musenhof der Herzogin Amalie, Band II, Berlin 1908, S. 215.
[178] Für eine Abbildung und Beschreibung siehe *Wilhelm Bode*, Charlotte von Stein, Berlin ⁵1920, S. 179.
[179] So *Wilhelm Bode*, Charlotte von Stein, Berlin ⁵1920, S. 191, S. 267.
[180] So *Julius Petersen* (Hrsg.), Goethes Briefe an Charlotte von Stein, Band I, Leipzig 1923, S. 593, Anmerkung Nr. 335.
[181] *Friedrich Kluge*, Etymologisches Wörterbuch der deutschen Sprache, Berlin/New York ²³1999, Stichwort: Omen, S. 601.
[182] Vgl. seine Büste aus dem Sommer 1780, abgebildet in Walter Geese, Gottlieb Martin Klauer – Der Bildhauer Goethes, Leipzig 1935, Abbildung Nr. 49 f.
[183] Zitiert nach H. Guenther Nerjes, Ein Unbekannter Schiller – Kritiker des Weimarer Musenhofes, Berlin 1965, S. 79.
[184] *Charlotte Marlo Werner*, Goethes Herzogin Anna Amalia, Düsseldorf 1996, S. 137.
[185] So der Kommentar zu Johann Wolfgang Goethe, Poetische Werke, Berliner Ausgabe, Band II, Berlin, S. 708, zitiert nach Jürgen von Esenwein/Harald Gerlach (Hrsg.): Johann Wolfgang von Goethe: Zeit – Leben – Werk, CD-ROM, Berlin u. a. 1999.
[186] Vgl. für die Auflistung des Hofstaats Anna Amalias im Jahre 1777 *Charlotte Marlo Werner*, Goethes Herzogin Anna Amalia, Düsseldorf 1996, S. 140 f.
[187] *Karl v. Lyncker*, Am Weimarischen Hofe unter Amalien und Karl August, Berlin 1912, S. 86.
[188] Abgedruckt in Wilhelm Bode (Hrsg.), Goethe in Vertraulichen Briefen seiner Zeitgenossen 1749–1793, Bd. I, Berlin 1999, S. 287.
[189] Zitiert nach H. Bräuning-Oktavio, in: Julius Zeitler (Hrsg.), Goethe-Handbuch, Band II, Stuttgart 1917, Stichwort: Lavater, S. 424.
[190] Zitiert nach Paul Kühn, Die Frauen um Goethe, eingeleitet und bearbeitet von G. Biermann, Salzburg 1949, S. 103.
[191] Abgedruckt in Johann Wolfgang Goethe, Sämtliche Werke, Frankfurter Ausgabe, Abteilung II, Band II, Hartmut Reinhardt (Hrsg.), Das erste Weimarer Jahrzehnt, Frankfurt 1997, S. 349.
[192] *Julius Petersen* (Hrsg.), Goethes Briefe an Charlotte von Stein, Band I, Leipzig 1923, S. 630, Anmerkung Nr. 726.
[193] Zitiert nach Robert Steiger, Goethes Leben von Tag zu Tag, Band I, 1749–1775, München 1982, S. 540.
[194] Der Junge war Karl v. Lyncker, vgl. *ders.*, Am Weimarischen Hofe unter Amalien und Karl August, Berlin 1912, S. 48.
[195] *Karl v. Lyncker*, Am Weimarischen Hofe unter Amalien und Karl August, Berlin 1912, S. 96 f.
[196] Brief von J. G. Forster an F. H. Jacobi, abgedruckt in Johann Wolfgang Goethe, Sämtliche Werke, Frankfurter Ausgabe, Abteilung II, Band II, Hartmut Reinhardt (Hrsg.), Das erste Weimarer Jahrzehnt, Frankfurt 1997, S. 493.
[197] Hier aus dem Französischen nach der Übersetzung in Johann Wolfgang Goethe, Sämtliche Werke, Frankfurter Ausgabe, Abteilung II, Band II, Hartmut Reinhardt (Hrsg.),

Das erste Weimarer Jahrzehnt, Frankfurt 1997, S. 1059 f.

[198] Vgl. *Heinz Nicolai*, Nachwort zu Friedrich H. Jacobi, Woldemar, (1779), Nachdruck Stuttgart 1969, S. 6 f.

[199] Vgl. *Regine Otto/Christa Rudnik*, Karl Ludwig von Knebel – Goethe „alter Weimarischer Urfreund", in: J. Golz (Hrsg.), Das Goethe- und Schiller-Archiv 1896–1996, Weimar u. a. 1996, S. 299; für Anna Amalias Beteiligung vgl. etwa ihren Brief vom 1. Januar 1780 an Knebel, abgedruckt in K. A. Varnhagen von Ense/Th. Mundt, K. L. von Knebel's Literarischer Nachlaß und Briefwechsel, Leipzig ²1840, S. 185; siehe auch *Charlotte Marlo Werner*, Goethes Herzogin Anna Amalia, Düsseldorf 1996, S. 147, S. 161 f.; Brief *Jacobis* an Heinse vom 20.-24. Oktober 1780, abgedruckt in Wilhelm Bode (Hrsg.), Goethe in Vertraulichen Briefen seiner Zeitgenossen 1749–1793, Bd. I, Berlin 1999, S. 262.

[200] Zitiert nach Julius Petersen (Hrsg.), Goethes Briefe an Charlotte von Stein, Band I, Leipzig 1923, S. 541 f.

[201] *Charlotte Marlo Werner*, Goethes Herzogin Anna Amalia, Düsseldorf 1996, S. 202.

[202] Vgl. zur Geschichte *Wilhelm Bode*, Charlotte von Stein, Berlin ⁵1920, S. 232 ff.

[203] *Charlotte Marlo Werner*, Goethes Herzogin Anna Amalia, Düsseldorf 1996, S. 263; *Alfons Nobel*, Charlotte von Stein, München 1985, S. 98.

[204] Zitiert nach Doris Maurer, Charlotte von Stein, Frankfurt a. M. u. a. 1997, S. 261.

[205] *Alfons Nobel*, Charlotte von Stein, München 1985, S. 168.

[206] Abgedruckt in Wilhelm Bode (Hrsg.), Goethe in Vertraulichen Briefen seiner Zeitgenossen 1794–1816, Bd. II, Berlin 1999, S. 355.

[207] Vgl. nur *Olga G. Taxis-Bordogna*, Frauen von Weimar, München 1948, S. 209.

[208] Zitiert nach Wilhelm Bode, Charlotte von Stein, Berlin ⁵1920, S. 672.

[209] So *Helmut Koopmann*, Goethe und Frau von Stein, München 2002, S. 101; für *Ludwig Münz*, Goethes Zeichnungen und Radierungen, Wien 1949, Bild Nr. 63, ist es „wahrscheinlich Charlotte von Stein"; für *Friedrich August Hohenstein*, Weimar und Goethe – Ereignisse und Erlebnisse, Berlin 1931, neben S. 112, ist es die Herzogin Luise, ebenso für *Wilhelm Bode*, Amalie Herzogin von Weimar – Der Musenhof der Herzogin Amalie, Band II, Berlin 1908, neben S. 4; die Identifikation der Dargestellten als Frau v. Stein begann 1932, als ein Goetheforscher „zweifellos" Luise als die Dargestellte ablehnte, u. a. mit Bezug auf Goethes Tagebucheintrag vom 15. März 1777, wonach er „Frau v. Stein" gemalt hätte, denn im Tagebuch findet sich an diesem Tag das Sonnensymbol, vgl. *Gerhard Femmel* (Bearbeiter), Corpus der Goethezeichnungen, Band I, Von den Anfängen bis zur italienischen Reise 1786, Leipzig ³1983, S. 102; für die Einschätzung, es handele sich um Goethes Schwester Cornelia, vgl. Gerhard Schuster/Caroline Gille (Hrsg.), Wiederholte Spiegelungen, Weimarer Klassik, München/Wien 1999, S. 249.

[210] Die Autorschaft wird auch bezweifelt, so etwa bei Johann Wolfgang Goethe, Sämtliche Werke, Frankfurter Ausgabe, Abteilung II, Band II, *Hartmut Reinhardt* (Hrsg.), Das erste Weimarer Jahrzehnt, Frankfurt 1997, S. 1148, Abb. 1: „Undatierte Graphitzeichnung (angebliches Selbstbildnis)".

[211] Zitiert nach Joachim Berger, Anna Amalia von Sachsen-Weimar-Eisenach (1739–1807) – Denk- und Handlungsräume einer ‚aufgeklärten' Herzogin, Jena 2002, S. 527.

[212] Vgl. hierzu *Susanne Kord* (Hrsg.), Einleitung zu Charlotte von Stein, Dramen (Gesamtausgabe), Hildesheim u. a. 1998, S. VIII f.

[213] Vgl. *Susanne Kord* (Hrsg.), Einleitung zu Charlotte von Stein, Dramen (Gesamtausgabe), Hildesheim u. a. 1998, S. VIII.

[214] Zitiert nach K. A. Varnhagen von Ense/Th. Mundt, K. L. von Knebel's Literarischer Nachlaß und Briefwechsel, Leipzig ²1840, S. 198.

[215] Bei einer neuerlich entdeckten Tochter Carl Augusts sollte die Vaterschaft unbedingt Goethe zugeschrieben werden, so *Walter E. Ehrhardt*, Goethes Clausthaler Tochter? – Auguste Böhmer starb vor 200 Jahren, in: Unser Harz 2000, S. 183 ff. Zwar traf am 10. August 1784 Goethe in Clausthal-Zellerfeld ein, mit ihm aber auch der „Wüstling" Carl

August. In einem Brief an seine Mutter Anna Amalia vom 17. August 1784 aus Braunschweig heißt es: „... teils aber konnte ich mich von Harz nicht so geschwinde scheiden,
ich musste noch zwei Tage zulegen." Diese Tochter hieß Auguste (1785–1800), obwohl
ihre Mutter, Caroline Böhmer (1763–1809), später v. Schlegel bzw. v. Schelling, keine
Untertanin des Herzogs Carl August war. Der Verfasser des Aufsatzes weist nach (S. 187),
dass Auguste fürstlicher Geburt gewesen sein muss, denn das für ihr Grab bestimmte
Monument weist zwei Schlangen auf, was mythologisch verschlüsselt auf eine fürstliche
Geburt hinweist. Da Goethe zwar ein Dichter-„Fürst", ansonsten nur ein durch Adelsdiplom (1782) zu den untersten Rängen der Adelsgesellschaft aufgerückter Bürgerlicher
war, trifft auf ihn der mythologische Bezug nicht zu.

[216] Zitiert nach Alfred Bergmann (Hrsg.), Briefe des Herzogs Carl August von Sachsen-
Weimar an seine Mutter die Herzogin Anna Amalia, Jena 1938, S. 179, Anmerkung zu
S. 73.

[217] In diesem Sinne mit Bezug auf Amelie v. Seebach, die Braut von Carl v. Stein, *Wilhelm
Bode*, Charlotte von Stein, Berlin ⁵1920, S. 445.

[218] Vgl. ausführlich *Hellmuth F. von Maltzahn*, Karl Ludwig von Knebel, Jena 1929, S.
171 ff.

[219] Vgl. hierzu etwa *Olga G. Taxis-Bordogna*, Frauen von Weimar, München 1948, S.
283 ff.; *Wilhelm Bode*, Amalie Herzogin von Weimar – Ein Lebensabend im Künstlerkreise, Band III, Berlin 1908, S. 140.

[220] Vgl. eingehend *Eduard v. Bamberg*, Die Erinnerungen der Karoline Jagemann, Band
II, Dresden 1926, S. 283 ff.

[221] Brief vom 29. Mai 1812 von *Charlotte von Stein* an ihren Sohn Fritz, abgedruckt in:
Ludwig Rohmann, Briefe an Fritz von Stein, Leipzig 1907, S. 195.

[222] So *Wilhelm Bode*, Amalie Herzogin von Weimar – Der Musenhof der Herzogin
Amalie, Band II, Berlin 1908, S. 127.

[223] Vgl. etwa *Helene Matthies*, Lottine – Lebensbild der Philippine Charlotte, Schwester
Friedrich des Großen Gemahlin Karls I. von Braunschweig, Braunschweig 1958, S. 114 f.

[224] Vgl. für die folgenden Angaben *Rudolf Reiser*, Adliges Stadtleben im Barockzeitalter
– Internationales Gesandtenleben auf dem Immerwährenden Reichstag zu Regensburg,
München 1969, S. 127 ff.

[225] In diesem Sinne wohl *Rudolf Reiser*, Adliges Stadtleben im Barockzeitalter – Internationales Gesandtenleben auf dem Immerwährenden Reichstag zu Regensburg, München 1969, S. 132 f.; zu den Ausschweifungen S. 120 ff.

[226] Zitiert nach Rudolf Reiser, Adliges Stadtleben im Barockzeitalter – Internationales
Gesandtenleben auf dem Immerwährenden Reichstag zu Regensburg, München 1969, S.
157.

[227] *Olga G. Taxis-Bordogna*, Frauen von Weimar, München 1948, S. 296.

[228] Als Autor wird auch Carl v. Stein genannt, vgl. *Susanne Kord* (Hrsg.), Einleitung zu
Charlotte von Stein, Dramen (Gesamtausgabe), Hildesheim u. a. 1998, S. III.

[229] Vgl. mit Bezug auf die Universität von Utha (USA) *Susanne Kord* (Hrsg.), Einleitung
zu Charlotte von Stein, Dramen (Gesamtausgabe), Hildesheim u. a. 1998, S. III, Fn. 20.

[230] *Wilhelm Bode*, Charlotte von Stein, Berlin ⁵1920, S. 368; siehe auch *H. Guenther
Nerjes*, Ein Unbekannter Schiller – Kritiker des Weimarer Musenhofes, Berlin 1965, S.
80.

[231] *Alfons Nobel*, Charlotte von Stein, München 1985, S. 127, S. 77.

[232] Hierzu etwa *Wilhelm Bode*, Charlotte von Stein, Berlin ⁵1920, S. 215 f., S. 360.

[233] Vgl. *Wilhelm Bode*, Charlotte von Stein, Berlin ⁵1920, S. 265.

[234] *Wilhelm Bode*, Charlotte von Stein, Berlin ⁵1920, S. 260.

[235] *Wilhelm Bode*, Amalie Herzogin von Weimar – Das vorgoethische Weimar, Band I,
Berlin 1908, S. 108.

[236] *Charlotte Marlo Werner*, Goethes Herzogin Anna Amalia, Düsseldorf 1996, S. 16.

[237] *Wilhelm Bode*, Charlotte von Stein, Berlin ⁵1920, S. 449.

[238] Zitiert nach Paul Kühn, Die Frauen um Goethe, eingeleitet und bearbeitet von G. Biermann, Salzburg 1949, S. 360.

[239] *Wilhelm Bode*, Charlotte von Stein, Berlin ⁵1920, S. 560.

[240] So *Susanne Kord* (Hrsg.), Einleitung zu Charlotte von Stein, Dramen (Gesamtausgabe), Hildesheim u. a. 1998, S. XVIII f.

[241] Vgl. *Thomas Freller*, Cagliostro – Die dunkle Seite der Aufklärung, Erfurt 2001, S. 100, der Bezug nimmt auf François Ribadeau Dumas, Cagliostro. Ein Lebensbericht, München u. a. 1968, S. 134, S. 143.

[242] Hierzu *Thomas Freller*, Cagliostro – Die dunkle Seite der Aufklärung, Erfurt 2001, S. 73 ff.

[243] Vgl. Johann Wolfgang Goethe, Poetische Werke, Italienische Reise, Berliner Ausgabe, Band XIV, Berlin ³1978, S. 826.

[244] *Helmut Mathy*, Die Halsbandaffäre, Mainz 1989, S. 106.

[245] Deutsche Übersetzung von *François Ribadeau Dumas*, Cagliostro. Ein Lebensbericht, München u. a. 1968, S. 201 f., zitiert nach Thomas Freller, Cagliostro – Die dunkle Seite der Aufklärung, Erfurt 2001, S. 115 f.

[246] In diesem Sinne wohl erstmals *Thomas Freller*, Cagliostro – Die dunkle Seite der Aufklärung, Erfurt 2001, S. 144 und öfters.

[247] Vgl. *Winfried Schröder*, Goethes „Groß-Cophta" – Cagliostro und die Vorgeschichte der Französischen Revolution, in: Goethe Jahrbuch 1988, S. 200, S. 202, S. 204 ff., S. 208.

[248] Vgl. *Karlheinz Schulz*, Goethes und Goldonis Torquato Tasso, Frankfurt a. M. u. a. 1986, S. 177.

[249] Ähnlich *Eberhard Schmitt*, Elemente einer Theorie der politischen Konspiration im 18. Jahrhundert, in: Peter Christian Ludz (Hrsg.), Geheime Gesellschaften, Heidelberg 1979, S. 65 ff.

[250] Zitiert nach Carl F. v. Beaulieu-Marconnay, Anna Amalia, Carl August und der Minister von Fritsch, Weimar 1874, S. 211; zum Verlauf von Goethes Karriere als Maurer vgl. *Joachim Bauer/Gerhard Müller*, „Des Maurers Wandeln, es gleicht dem Leben" – Tempelmaurerei, Aufklärung und Politik im klassischen Weimar, Rudolstadt/ Jena 2000, S. 107 ff.

[251] Vgl. zur „Strikten Observanz" eingehend *Joachim Bauer/Gerhard Müller*, „Des Maurers Wandeln, es gleicht dem Leben" – Tempelmaurerei, Aufklärung und Politik im klassischen Weimar, Rudolstadt/Jena 2000, S. 24 ff., S. 50 ff.; zur Schließung der Loge 1782 vgl. ebd., S. 117 ff.

[252] So *Hartwig Kloevekorn*, Anna Amalia zu den Drei Rosen, in: Zeitschrift für Gesellschaft, Kultur und Geistesleben 1999, Band 25, Heft 5, S. 20.

[253] Vgl. etwa *Liselotte Blumenthal*, Goethes Großkophta, in: Weimarer Beiträge 1961, S. 25.

[254] Vgl. *Julius Petersen* (Hrsg.), Einleitung zu Goethes Briefe an Charlotte von Stein, Band I, Leipzig 1923, S. XLI.

[255] *Horst Rüdiger*, Nachwort, Goethes Römische Elegien, Frankfurt am Main ⁴1993, S. 125.

[256] *Wilhelm Bode*, Amalie Herzogin von Weimar – Der Musenhof der Herzogin Amalie, Band II, Berlin 1908, S. 54; *F. Bornhak*, Anna Amalia, Herzogin von Sachsen-Weimar-Eisenach, Berlin 1892, S. 121.

[257] *Wilhelm Bode*, Charlotte von Stein, Berlin ⁵1920, S. 421.

[258] Brief von *Karl A. Böttiger* an Friedrich Schulz vom 27. Juli 1795, zitiert nach Dominik Jost, Deutsche Klassik: Goethes „Römische Elegien", München u. a. ²1978, S. 86.

[259] Brief an Charlotte Schiller vom 7. November 1794, zitiert nach Dominik Jost, Deutsche Klassik: Goethes „Römische Elegien", München u. a. ²1978, S. 85.

[260] Zitiert nach Jörg Drews (Hrsg.), Goethe – anekdotisch, München o. J., S. 11 f.

[261] *F. Bornhak*, Anna Amalia, Herzogin von Sachsen-Weimar-Eisenach, Berlin 1892, S. 163.

[262] Zitiert nach *Wilhelm Bode*, Amalie Herzogin von Weimar – Der Musenhof der Herzogin Amalie, Band II, Berlin 1908, S. 151 f.

[263] Zitiert nach Dominik Jost, Deutsche Klassik: Goethes „Römische Elegien", München u. a. ^{2}1978, S. 86.

[264] So der Dichter *Domenico Gnoli*, Gli amori di Volfango Goethe, Livorno 1875, S. 205, Fn. 1.

[265] So aber *Dominik Jost*, Deutsche Klassik: Goethes „Römische Elegien", München u. a. ^{2}1978, S. 168 f.

[266] Vgl. *F. Bornhak*, Anna Amalia, Herzogin von Sachsen-Weimar-Eisenach, Berlin 1892, S. 220 ff. mit dem Abdruck einiger Briefe.

[267] Hierzu etwa *Angela Borchert*, Die Entstehung der Musenhofvorstellung aus den Angedenken an Anna Amalia von Sachsen-Weimar-Eisenach, in: J. Berger (Hrsg.), Der Musenhof Anna Amalias, Köln u. a. 2001, S. 165 ff.; für die nicht überzeugende Erhebung einer Hilfskraft, der sich Goethe bediente, um die Gedenkrede in kürzester Zeit abzufassen, zum „Koautor" siehe *Joachim Berger*, Anna Amalia von Sachsen-Weimar-Eisenach (1739–1807) – Denk- und Handlungsräume einer ‚aufgeklärten' Herzogin, Jena 2002, S. 7, Fn. 4.

[268] Hierzu *Ettore Ghibellino*, Einführung zu Giuseppe Maccari, Gesamtwerk I, Poesien Italienisch – Deutsch, Weimar 2001, S. 27 ff.

[269] So *Ernst Beutler*, Vorwort zu Johann Wolfgang Goethe, West-östlicher Divan, Leipzig 1943, S. X f.

[270] Vgl. nur mit Bezug auf einen Aufsatz von Herman Grimm (1869) *Erna Merker*, Stichwort: Willemer, in: Julius Zeitler (Hrsg.), Goethe-Handbuch, Band III, Stuttgart 1918, S. 576.

[271] Vgl. *Ernst Beutler*, Erläuterungen zu Johann Wolfgang Goethe, West-östlicher Divan, Leipzig 1943, S. 580, S. 590.

[272] Zitiert nach Paul Kühn, Die Frauen um Goethe, eingeleitet und bearbeitet von G. Biermann, Salzburg 1949, S. 505.

[273] In diesem Sinne wohl *Friedrich Sengle*, Das Genie und sein Fürst, Die Geschichte der Lebensgemeinschaft Goethes mit dem Herzog Carl August, Stuttgart/Weimar 1993, S. 469.

[274] Vgl. nur *Erna Merker*, Stichwort: Wolzogen, in: Julius Zeitler (Hrsg.), Goethe-Handbuch, Band III, Stuttgart 1918, S. 512 ff.

[275] Vgl. *Regine Ziller*, Goethes Beziehung zur Musik, Goethe Museum Düsseldorf 1992, Anmerkung^{68}, letzte Faltblattseite.

[276] *Sandra Dreise-Beckmann*, Anna Amalia und das Musikleben am Weimarer Hof, in: J. Berger (Hrsg.), Der Musenhof Anna Amalias, Köln u. a. 2001, S. 63.

[277] Zitiert nach Walter Geese, Gottlieb Martin Klauer – Der Bildhauer Goethes, Leipzig 1935, S. 130; vgl. auch *Joachim Berger*, Anna Amalia von Sachsen-Weimar-Eisenach (1739–1807) – Denk- und Handlungsräume einer ‚aufgeklärten' Herzogin, Jena 2002, S. 295, Fn. 274.

[278] Vgl. Johann Wolfgang Goethe, Sämtliche Werke, Frankfurter Ausgabe, Abteilung I, Band X, Gerhard Neumann/Hans-Georg Dewitz (Hrsg.), Wilhelm Meisters Wanderjahre, Frankfurt 1989, S. 778 f.

[279] Zitiert nach Johann Wolfgang Goethe, Sämtliche Werke, Frankfurter Ausgabe, Abteilung I, Band X, Gerhard Neumann/Hans-Georg Dewitz (Hrsg.), Wilhelm Meisters Wanderjahre, Frankfurt 1989, S. 894.

[280] *Johann Wolfgang Goethe*, Sämtliche Werke, Frankfurter Ausgabe, Abteilung I, Band IX, Wilhelm Voßkamp/Herbert Jaumann (Hrsg.), Wilhelm Meisters Theatralische Sendung, Wilhelm Meisters Lehrjahre, Unterhaltungen deutscher Ausgewanderten, Frankfurt 1992, S. 1058.

[281] An K. J. L. Iken, abgedruckt bei Erich Trunz (Hrsg.), Goethe – Faust, Der Tragödie erster und zweiter Teil, Urfaust, München [14]1989 S. 455.

[282] So der Stellenkommentar in: Johann Wolfgang Goethe, Sämtliche Werke, Frankfurter Ausgabe, Abteilung I, Band X, Gerhard Neumann/Hans-Georg Dewitz (Hrsg.), Wilhelm Meisters Wanderjahre, Frankfurt 1989, S. 1117.

[283] *Homer*, Odysse, zitiert nach der Übersetzung von Roland Hampe, Stuttgart 1988, S. 317.

[284] *Josefine Rumpf-Fleck*, Ein unbekanntes Märchen der Anna Amalia, in: Goethe-Kalender auf das Jahr 1932, Goethe-Museum Frankfurt (Hrsg.), Leipzig 1931, S. 99.

[285] *Dante Alighieri*, Die Göttliche Komödie, zitiert nach der Übersetzung von Wilhelm G. Hertz, München [7]1994, S. 28 f.

[286] So der Stellenkommentar in: Johann Wolfgang Goethe, Sämtliche Werke, Frankfurter Ausgabe, Abteilung I, Band X, *Gerhard Neumann/Hans-Georg Dewitz* (Hrsg.), Wilhelm Meisters Wanderjahre, Frankfurt 1989, S. 1120.

[287] Vgl. hierzu *Claus Sommerhage*, Familie Tantalos, Über Mythos und Psychologie in Goethes Novelle Der Mann von fünfzig Jahren, in: Beihefte zur Zeitschrift für deutsche Philologie 1984, S. 95 ff.

[288] Johann Wolfgang Goethe, Sämtliche Werke, Frankfurter Ausgabe, Abteilung I, Band X, Gerhard Neumann/Hans-Georg Dewitz (Hrsg.), Wilhelm Meisters Wanderjahre, Frankfurt 1989, S. 1121.

[289] Vgl. *Claus Sommerhage*, Familie Tantalos, Über Mythos und Psychologie in Goethes Novelle Der Mann von fünfzig Jahren, in: Beihefte zur Zeitschrift für deutsche Philologie 1984, S. 100.

[290] Vgl. nur Johann Wolfgang Goethe, Sämtliche Werke, Frankfurter Ausgabe, Abteilung I, Band X, *Gerhard Neumann/Hans-Georg Dewitz* (Hrsg.), Wilhelm Meisters Wanderjahre, Frankfurt 1989, S. 1204 ff.; *Monika Schmitz-Emans*, Vom Spiel mit dem Mythos, Zu Goethes Märchen „Die neue Melusine", in: Goethe Jahrbuch 1988, S. 317 f.

[291] Vgl. *Peter Schmidt*, Goethes Farbensymbolik, Berlin 1965, S. 7 ff.

[292] So der Kommentar zu Johann Wolfgang Goethe, Poetische Werke, Berliner Ausgabe, Band X, Berlin, S. 662, zitiert nach Jürgen von Esenwein/Harald Gerlach (Hrsg.): Johann Wolfgang von Goethe: Zeit – Leben – Werk, CD-ROM, Berlin u. a. 1999.

[293] Vgl. *Peter Schmidt*, Goethes Farbensymbolik, Berlin 1965, S. 143 f., S. 213 ff.

[294] Zitiert nach Johann Wolfgang Goethe, Sämtliche Werke, Frankfurter Ausgabe, Abteilung I, Band IX, Wilhelm Voßkamp/Herbert Jaumann (Hrsg.), Wilhelm Meisters Theatralische Sendung, Wilhelm Meisters Lehrjahre, Unterhaltungen deutscher Ausgewanderten, Frankfurt 1992, S. 1403.

[295] *Karl v. Lyncker*, Am Weimarischen Hofe unter Amalien und Karl August, Berlin 1912, S. 21.

[296] *Johann Wolfgang Goethe*, Sämtliche Werke, Frankfurter Ausgabe, Abteilung I, Band IX, Wilhelm Voßkamp/Herbert Jaumann (Hrsg.), Wilhelm Meisters Theatralische Sendung, Wilhelm Meisters Lehrjahre, Unterhaltungen deutscher Ausgewanderten, Frankfurt 1992, S. 1402.

[297] Zitiert nach Christian Grawe, Johann Wolfgang Goethe, Torquato Tasso, Erläuterungen und Dokumente, Stuttgart 1981, S. 91.

[298] Zitate nach Carl F. v. Beaulieu-Marconnay, Anna Amalia, Carl August und der Minister von Fritsch, Weimar 1874, S. 155 ff., S. 160.

[299] Zum Verhältnis eingehend *Friedrich Sengle*, Das Genie und sein Fürst, Die Geschichte der Lebensgemeinschaft Goethes mit dem Herzog Carl August, Stuttgart/Weimar 1993.

[300] *Friedrich Sengle*, Das Genie und sein Fürst, Die Geschichte der Lebensgemeinschaft Goethes mit dem Herzog Carl August, Stuttgart/Weimar 1993, S. 235.

[301] Zitiert nach Gonthier-Louis Fink, Goethe und Napoleon, in: Goethe Jahrbuch 1990, S. 83.

[302] So *Ernst Beutler*, Vorwort zu Johann Wolfgang Goethe, West-östlicher Divan, Leipzig 1943, S. XII.

[303] *Alfons Nobel*, Charlotte von Stein, München 1985, S. 222, S. 208.

[304] *Johann Wolfgang Goethe*, Poetische Werke, Berliner Ausgabe, Band XVI, Berlin ²1973, S. 378.

[305] Die Unterschrift des Künstlers ist auf einer im Gemälde dargestellten Homerzeichnung angebracht, daneben steht die Jahresangabe 1806; eine andere Datierung versucht anhand von Rechnungen *Antje Vanhoefen*, Zum Oßmannstädter Porträt der Herzogin Anna Amalia von Georg Melchior Kraus, in: Die Pforte 6/2002, S. 43, dies überzeugt nicht, zumal das im Bild wiedergegebene Datum nicht berücksichtigt wird.

[306] So *Johann C. Gädicke* (Hrsg.), Freimaurer-Lexicon, Berlin 1818, Eintrag Handschuh.

[307] So ihre Hofdame *v. Göchhausen* in einem Brief an eine Freundin, zitiert nach Gabriele Henkel/Wulf Otte, Herzogin Anna Amalia – Braunschweig und Weimar, Braunschweig 1995, S. 107.

[308] Vgl. *Wilhelm Bode*, Amalie Herzogin von Weimar – Ein Lebensabend im Künstlerkreise, Band III, Berlin 1908, S. 166; *Frances Gerard*, A Grand Duchess, The life of Anna Amalia, Band II, London 1902, S. 559.

[309] *Frances Gerard*, A Grand Duchess, The life of Anna Amalia, Band II, London 1902, S. 549.

[310] Zitiert nach *Wilhelm Bode*, Amalie Herzogin von Weimar – Ein Lebensabend im Künstlerkreise, Band III, Berlin 1908, S. 163.

[311] Für eine Abbildung siehe Gerhard Femmel (Bearbeiter), Corpus der Goethezeichnungen, Band IVa, Leipzig 1966, Nr. 77.

[312] *Lieselotte Blumenthal*, Goethes Bühnenbearbeitung des Tasso, in: E. Grumach (Hrsg.), Beiträge zur Goetheforschung, Berlin 1959, S. 184.

[313] *Johann Wolfgang Goethe*, Sämtliche Werke, Frankfurter Ausgabe, Abteilung II, Band VI, Rose Unterberger (Hrsg.), Napoleonische Zeit, Frankfurt 1993, S. 183, S. 886.

[314] So *Charlotte Marlo Werner*, Goethes Herzogin Anna Amalia, Düsseldorf 1996, S. 321.

[315] Vgl. *Michael Hertl*, Gedenken in Totenmasken, Anmerkung[82], Goethe-Museum Düsseldorf 2000/2001, Faltblattseite 2.

[316] Vgl. *Walter Geese*, Gottlieb Martin Klauer – Der Bildhauer Goethes, Leipzig 1935, S. 53 ff.

[317] *Robert Steiger*, Goethes Leben von Tag zu Tag, Band V, 1807–1813, Zürich/München 1988, S. 130 f.

[318] Zum Dichter siehe *Ettore Ghibellino*, Einführung zu Giuseppe Maccari, Gesamtwerk I, Poesien Italienisch – Deutsch, Weimar 2001, S. 7 ff.

[319] *Anna Amalia*, Goethe-Museum Frankfurt (Hrsg.), Goethe-Kalender auf das Jahr 1932, Leipzig 1931, S. 101 ff.

BILDERNACHWEIS

Umschlagbild: Druckvorlage Goethe-Museum Düsseldorf; ABB. 1 und 10 aus Hans Wahl/ Anton Kippenberg, Goethe und seine Welt, Leipzig 1932, S. 58, S. 67; ABB. 2, 5 und 15 aus Gerhard Schuster/Caroline Gille (Hrsg.), Wiederholte Spiegelungen, Weimarer Klassik, München/Wien 1999, S. 389, S. 401, S. 479; ABB. 3 aus Johann Wolfgang von Goethe, Italienische Landschaft mit Grotte, „hier ist der Schlüssel zu allem", in: Aus dem Goethe Nationalmuseum, Faltblatt Nr. 15/1999; ABB. 4 aus Christian Lenz, Tischbein – Goethe in der Campagna di Roma, Frankfurt am Main 1979, S. 7; ABB. 6 aus Wilhelm Bode, Amalie Herzogin von Weimar – Ein Lebensabend im Künstlerkreise, Berlin 1908, neben S. 72; ABB. 7 und 13 Druckvorlage Stiftung Weimarer Klassik/Goethe-Nationalmuseum; ABB. 8, 9, 11 und 12 aus Gerhard Femmel (Bearbeiter), Corpus der Goethezeichnungen, Band IV a, Nachitalienische Landschaften, Leipzig ²1974 Nr. 75, Nr. 76, Nr. 344, Nr. 343; ABB. 14 aus Michael Hertl, Gedenken in Totenmasken, Anmerkung[82], Goethe-Museum Düsseldorf 2000/2001, Faltblatt; ABB. 16 aus Gerhard Femmel (Bearbeiter), Corpus der Goethezeichnungen, Band VI b, Leipzig ²1978 Nr. 212.

GIUSEPPE MACCARI

(1840 – 1867)

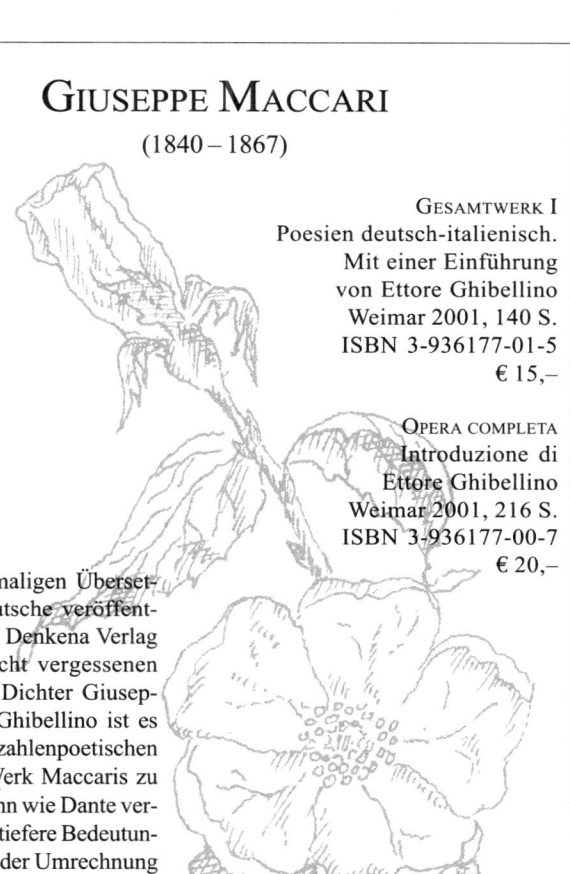

GESAMTWERK I
Poesien deutsch-italienisch.
Mit einer Einführung
von Ettore Ghibellino
Weimar 2001, 140 S.
ISBN 3-936177-01-5
€ 15,–

OPERA COMPLETA
Introduzione di
Ettore Ghibellino
Weimar 2001, 216 S.
ISBN 3-936177-00-7
€ 20,–

In einer erstmaligen Übersetzung ins Deutsche veröffentlicht der A. J. Denkena Verlag
den zu Unrecht vergessenen
italienischen Dichter Giuseppe Maccari. Ghibellino ist es
gelungen die zahlenpoetischen
Bezüge im Werk Maccaris zu
enträtseln, denn wie Dante verschlüsselte er tiefere Bedeutun-
gen mit Hilfe der Umrechnung
von Worten in Zahlenwerte.
Geheimnisse um die früh verstorbene Geliebte des Dichters
konnten so gelüftet werden.
Der nur 26-jährig verstorbene
Giuseppe Maccari schenkte
der Menschheit in 56 Gedichten ein modernes Evangelium.

A. J. DENKENA VERLAG
WEIMAR

FRANCO ZIZZO

VEREINFACHUNG ALS MOTOR FÜR DIE VEREINHEITLICHUNG VON RECHTSNORMENSYSTEMEN

ZUGLEICH

GRUNDLEGUNG DER UNIKATIVE (VEREINIGENDE STAATSGEWALT)

In der Tradition eines Locke oder Montesquieu, die Begründer der Theorie der Staatsgewalten, entwirft Zizzo auf historisch-rechtsvergleichender Grundlage eine vierte Staatsgewalt. Diese hat die Aufgabe, alle Rechtssätze, die im Rechtsnormensystem Geltung beanspruchen, dauerhaft zu bereinigen sowie leicht zugänglich und verständlich abzufassen. Durch eine Erweiterung der bisher dreigliedrigen Gewaltenteilung um eine Unikative (vereinigende Staatsgewalt) wird die Demokratie auf eine höhere Entwicklungsstufe gehoben, da dem Bürger die Mitwirkung an der Gestaltung des Rechtsnormensystems effektiv möglich ist. Neben einer beachtlichen Kostenersparnis liefert die Unikative die Rahmenbedingungen für eine erfolgreiche Osterweiterung der Europäischen Union sowie für eine konkrete Integrationsarbeit im weltregionalen und planetarischen Rahmen.

Demnächst in unserem Verlag
ISBN 3-936177-03-1

A. J. DENKENA VERLAG
WEIMAR